SPANISH MADE SIMPLE

Revised Edition

Revised by
Judith Némethy, Ph.D.

Department of Spanish and Portuguese Languages and Literatures
New York University

Illustrated by Scott Nurkin

BOOKS

A Made Simple Book
Broadway Books
New York

Produced by The Philip Lief Group, Inc.

Produced by The Philip Lief Group, Inc.
Managing Editors: Judy Linden, Lynne Kirk, Hope Gatto, Jill Korot
Design: Annie Jeon

Broadway Books titles may be purchased for business or promotional use or for special sales. For
information, please write to: Special Markets Department, Random House, Inc.
1745 Broadway, New York, NY 10019.

MADE SIMPLE BOOKS and BROADWAY BOOKS are
trademarks of Broadway Books, a division of Random House, Inc.

Visit our website at www.broadwaybooks.com

First Broadway Books trade paperback edition published 2004.

Library of Congress Cataloging-in-Publication Data
Némethy, Judith
    Spanish made simple / Judith Némethy
            p. cm
Originally published: Garden City, NY: Doubleday, 1943
Includes Index.
 1. Spanish language—Textbooks for foreign speakers—English. I. Title.

ISBN 0-7679-1541-0

2003041922

10 9 8 7 6 5 4

TABLE OF CONTENTS

INTRODUCTION 9

CHAPTER 1 11
MEET THE SPANISH LANGUAGE—Spanish Is Not a Complete Stranger, Spanish Is Not Difficult to Pronounce or Spell, Our Neighbors to the South Speak Spanish.

CHAPTER 2 13
SPANISH PRONUNCIATION—Numbers 1 to 21; Days of the Week and Months of the Year; Useful Expressions for the Traveler; Some Useful Words: how much...?; where is...?; I want...; My name is...; numbers 20 to 100. **Summary of Spanish Consonants, The Stress in Spanish Words, Dialogues for Pronunciation Practice:** How Are You?; Days of the Week; Do You Speak Spanish?; What Is Your Name?

CHAPTER 3 21
¿QUIÉN ES EL SEÑOR ADAMS?–WHO IS MR. ADAMS?—Pronunciation and Spelling Aids, Building Vocabulary, Expresiones Importantes (Important Expressions), **Completion of Text, Grammar Notes:** definite articles, gender of nouns, plural nouns, indefinite articles, some common verbs. **Ejercicios**

CHAPTER 4 26
¿POR QUÉ ESTUDIA EL SEÑOR ADAMS ESPAÑOL?—WHY IS MR. ADAMS STUDYING SPANISH?—Pronunciation and Spelling Aids, Building Vocabulary, Expresiones Importantes, Completion of Text, Grammar Notes: *es*, *está*, and *hay*; some common verbs, special uses for indefinite articles. **Ejercicios y Preguntas**

CHAPTER 5 31
EN LA SALA DEL SEÑOR ADAMS—IN MR. ADAMS'S LIVING ROOM—Pronunciation and Spelling Aids, Building Vocabulary, Expresiones Importantes, Completion of Text, Grammar Notes: contractions *del* and *al*, possession, omission of indefinite article. **Ejercicios y Preguntas**

CHAPTER 6 35
REPASO— REVIEW CHAPTERS 1–5—Repaso de Palabras (Review of Words): nouns, verbs, adjectives, adverbs, prepositions, question words, conjunctions, important expressions. **Grammar Notes, Diálogos:** ¿Dónde está la calle Lerma?; ¿Dónde para el camión (autobús)? **Lectura:** El señor Adams, comerciante de Nueva York.

CHAPTER 7 40
LOS VERBOS SON IMPORTANTES, SEÑOR— VERBS ARE IMPORTANT, SIR—Pronunciation and Spelling Aids, Building Vocabulary, Expresiones Importantes, Completion of Text, Grammar Notes: about verb endings; present tense of *hablar*, a model -*ar* verb;. polite and familiar *you*; negative and interrogative. **Ejercicios y Preguntas**

CHAPTER 8 ·········· **45**
LA FAMILIA DEL SEÑOR ADAMS—THE FAMILY
OF MR. ADAMS—**Pronunciation and Spelling
Aids, Building Vocabulary, Expresiones
Importantes, Completion of Text, Grammar
Notes:** present tense of *ser*, *ir*, and *estar*; use of *ir*
to indicate future time, the personal *a*, possessive
adjectives *mi* and *su*. **Ejercicios y Preguntas**

CHAPTER 9 ·········· **50**
EN LA OFICINA DEL SEÑOR ADAMS—IN THE
OFFICE OF MR. ADAMS—**Pronunciation and
Spelling Aids, Building Vocabulary, Expresiones
Importantes, Completion of Text, Grammar
Notes:** agreement of adjectives, more about the
uses of *ser* and *estar*. **Ejercicios y Preguntas**

CHAPTER 10 ·········· **55**
UN AMIGO VISITA LA OFICINA DEL SEÑOR
ADAMS—A FRIEND VISITS THE OFFICE OF MR.
ADAMS—**Pronunciation and Spelling Aids,
Building Vocabulary, Expresiones Importantes,
Completion of Text, Grammar Notes:** present
tense of *aprender* and *vivir*, model *-er* and
-ir verbs; verbs followed by an infinitive with *a*.
Ejercicios y Preguntas

CHAPTER 11 ·········· **59**
REPASO— REVIEW CHAPTERS 7–10—
Repaso de Palabras: nouns, verbs, adjectives,
adverbs, prepositions, question words,
conjunctions, important expressions.
Grammar Notes, Diálogos: ¿Quién es Ud.?;
¿Qué camión (autobús) tomo...?; ¿Qué tranvía
va a...? **Lecturas:** Dos amigos del señor Adams;
El señor Adams se enferma.

CHAPTER 12 ·········· **64**
EN EL COMEDOR—IN THE DINING ROOM—
**Pronunciation and Spelling Aids, Building
Vocabulary, Expresiones Importantes,**

Completion of Text, Grammar Notes:**
demonstrative adjectives, present tense of
tener and *vivir*. **Ejercicios y Preguntas**

CHAPTER 13 ·········· **69**
NÚMEROS, NÚMEROS, SIEMPRE NÚMEROS—
NUMBERS, NUMBERS, ALWAYS NUMBERS—
**Pronunciation and Spelling Aids, Building
Vocabulary, Expresiones Importantes,
Completion of Text, Grammar Notes:** verbs with
stem changes, números de uno a cien (numbers
from one until one hundred). **Ejercicios y Preguntas**

CHAPTER 14 ·········· **73**
EL SISTEMA MONETARIO DE MÉXICO—THE
MONETARY SYSTEM OF MEXICO—
**Pronunciation and Spelling Aids, Building
Vocabulary, Expresiones Importantes,
Completion of Text, Grammar Notes:** present
tense of *dar* and *saber*; números de cien a mil
(numbers from one hundred until one thousand);
more about object pronouns. **Ejercicios y Preguntas**

CHAPTER 15 ·········· **77**
PROBLEMAS DE ARITMÉTICA, EN EL
RESTAURANTE, EN EL AEROPUERTO, EN LA
TIENDA—MATH PROBLEMS IN A RESTAURANT,
IN THE AIRPORT, IN A STORE—**Pronunciation
and Spelling Aids, Building Vocabulary,
Expresiones Importantes, Grammar Notes:**
present tense of *hacer*, *decir*, *poner*, *salir*, *valer*,
traer, and *caer*; possessive adjectives; *pero* and
sino. **Ejercicios y Preguntas**

CHAPTER 16 ·········· **82**
¿QUÉ HORA ES?—WHAT TIME IS IT?—
**Pronunciation and Spelling Aids, Building
Vocabulary, Expresiones Importantes,
Completion of Text, Grammar Notes:** verbs
with stem changes, time of day. **Ejercicios
y Preguntas**

CHAPTER 17 · 86
REPASO— REVIEW CHAPTERS 12–16—
Repaso de Palabras: nouns, verbs, adjectives, adverbs, prepositions, important expressions. **Grammar Notes, Diálogos:** Un turista pide información acerca de la cerámica mexicana. **Lecturas:** La familia del señor Adams viene a visitar su oficina; Una fábula moderna.

CHAPTER 18 · 91
EL CINE—THE MOVIES—Pronunciation and Spelling Aids, Building Vocabulary, **Expresiones Importantes, Direct Object Pronouns, Ejercicios y Preguntas**

CHAPTER 19 · 95
LAS CALLES Y LAS FECHAS—THE STREETS AND THE DATES—**Pronunciation and Spelling Aids, Building Vocabulary, Expresiones Importantes, Completion of Text, Grammar Notes:** present tense of *recordar* and *oír*, ordinal numbers, dates, pronouns with prepositions. **Ejercicios y Preguntas**

CHAPTER 20 · 99
CALLES, RÍOS, Y MONTAÑAS—STREETS, RIVERS, AND MOUNTAINS—**Pronunciation and Spelling Aids, Building Vocabulary, Expresiones Importantes, Completion of Text, Grammar Notes:** comparison of adjectives, irregular comparisons, the ending *-ísimo(a)*. **Ejercicios y Preguntas**

CHAPTER 21 · 104
EL DÍA DEL SEÑOR ADAMS—MR. ADAMS'S DAY— **Pronunciation and Spelling Aids, Building Vocabulary, Expresiones Importantes, Completion of Text, Grammar Notes:** present tense of model reflexive verbs, present tense of *sentarse* and *verstirse*, other reflexive verbs. **Ejercicios y Preguntas**

CHAPTER 22 · 109
REPASO— REVIEW CHAPTERS 18–21—
Repaso de Palabras: nouns, verbs, adjectives, adverbs, prepositions, important expressions. **Ejercicios, Diálogo:** En el mercado. **Lectura:** Una visita al distrito puertorriqueño de Nueva York.

CHAPTER 23 · 113
UNA NOCHE LLUVIOSA—A RAINY NIGHT—**Pronunciation and Spelling Aids, Building Vocabulary, Expresiones Importantes, Completion of Text, Grammar Notes:** imperative (command) forms of verbs, irregular imperatives, imperatives with object pronouns. **Ejercicios y Preguntas**

CHAPTER 24 · 117
EL CLIMA DE MÉXICO—THE CLIMATE OF MEXICO—**Pronunciation and Spelling Aids, Building Vocabulary, Expresiones Importantes, Completion of Text, Grammar Notes:** present tense of *seguir* and *servir*, present participle of some common verbs, position of object pronouns with present participles. **Ejercicios y Preguntas**

CHAPTER 25 · 122
EL CLIMA DE MÉXICO (CONTINUACIÓN)— THE CLIMATE OF MEXICO (CONTINUATION)— **Pronunciation and Spelling Aids, Building Vocabulary, Expresiones Importantes, Completion of Text, Grammar Notes:** negative words, infinitives after prepositions. **Ejercicios y Preguntas**

CHAPTER 26 · 125
LA COMIDA MEXICANA—MEXICAN FOOD— **Pronunciation and Spelling Aids, Building Vocabulary, Expresiones Importantes, Completion of Text, Grammar Notes:** present tense of *sentir*, special uses of the pronoun *se*, *conocer* and *saber*. **Ejercicios y Preguntas**

CHAPTER 27 · **130**
REPASO—REVIEW CHAPTERS 23–26—
Repaso de Palabras: nouns, verbs, adjectives,
adverbs, prepositions, pronouns, negatives,
important expressions. **Ejercicios, Diálogo:**
En el mercado. **Lectura:** A Felipe no le gusta
estudiar aritmética.

CHAPTER 28 · **134**
EL PUEBLO DE MEXICO—THE TOWN OF
MEXICO—**Pronunciation and Spelling Aids,
Building Vocabulary, Expresiones Importantes,
Completion of Text, Grammar Notes:** present
tense of *volver*, *volver* + *a* + infinitive, present
tense of *acabar*, *acabar* + *de* + infinitive.
Ejercicios y Preguntas

CHAPTER 29 · **138**
LAS ARTES POPULARES—POPULAR ARTS
(FOLK ARTS)—**Pronunciation and Spelling
Aids, Building Vocabulary, Expresiones
Importantes, Completion of Text, Grammar
Notes:** demonstrative pronouns, the closer and
the farther. **Ejercicios y Preguntas**

CHAPTER 30 · **142**
LOS DIAS DE FIESTA—THE FESTIVE DAYS—
**Pronunciation and Spelling Aids, Building
Vocabulary, Expresiones Importantes,
Completion of Text, Grammar Notes:** present
tense of *coger* and *escoger*, present participle of
stem changing verbs. **Ejercicios y Preguntas**

CHAPTER 31 · **146**
¿QUÉ LUGARES QUIERE VISITAR, SEÑOR
ADAMS?—WHAT PLACES DO YOU WISH TO
VISIT, MR. ADAMS?—**Pronunciation and
Spelling Aids, Building Vocabulary, Expresiones
Importantes, Completion of Text, Grammar
Notes:** future tense, the irregular future.
Ejercicios y Preguntas

CHAPTER 32 · **151**
REPASO—REVIEW CHAPTERS 28–31—**Repaso
de Palabras:** nouns, verbs, adjectives, adverbs,
prepositions, important expressions. **Ejercicios,
Diálogos:** En el camión (autobús), sobre el correo.
Lectura: El cumpleaños de la señora Adams.

CHAPTER 33 · **155**
EL SEÑOR ADAMS ESCRIBE UNA CARTA A SU
AGENTE—MR. ADAMS WRITES A LETTER TO
HIS AGENT—**Pronunciation and Spelling Aids,
Building Vocabulary, Expresiones Importantes,
Completion of Text, Grammar Notes:** the indirect
object, indirect object pronouns, familiar verbs
that may take indirect objects, indirect objects with
gustar, *parecer*, and *importar*. **Ejercicios, Preguntas**

CHAPTER 34 · **160**
EL SEÑOR ADAMS RECIBE UNA CARTA—MR.
ADAMS RECEIVES A LETTER—**Pronunciation and
Spelling Aids, Building Vocabulary, Expresiones
Importantes, Completion of Text, Grammar
Notes:** use of *hacer* in time expressions, use of
definite articles in place of possessive adjectives,
reflexive pronouns with reciprocal meaning.
Ejercicios y Preguntas

CHAPTER 35 · **164**
LOS CONSEJOS DEL SEÑOR LÓPEZ—MR.
LOPEZ'S ADVICE—**Pronunciation and Spelling
Aids, Building Vocabulary, Expresiones
Importantes, Completion of Text, Grammar
Notes:** present perfect tense, past participles
with accent marks, irregular past participles,
haber and *tener*. **Ejercicios y Preguntas**

CHAPTER 36 · **169**
EL SEÑOR ADAMS SALE PARA MÉXICO—
MR. ADAMS LEAVES FOR MEXICO—
**Pronunciation and Spelling Aids, Building
Vocabulary, Expresiones Importantes,**

Completion of Text, **Grammar Notes:** the present tense of *dormir* and *despedirse*, the present perfect tense of *dormir* and *despedirse*, past participles used as adjectives. **Ejercicios y Preguntas**

CHAPTER 37 .... **173**
REPASO— REVIEW CHAPTERS 33–36—**Repaso de Palabras:** nouns, verbs, adjectives, adverbs, important expressions. **Ejercicios, Diálogo:** En el aeropuerto. **Lectura:** Un programa extraordinario en el cine.

CHAPTER 38 .... **178**
EL SEÑOR ADAMS LLEGA A MÉXICO—MR. ADAMS ARRIVES IN MEXICO—**Pronunciation and Spelling Aids, Building Vocabulary, Expresiones Importantes, Completion of Text, Grammar Notes:** the preterite tense, preterites of *leer, creer, caerse,* and *oír.* **Ejercicios y Preguntas**

CHAPTER 39 .... **184**
UNA VISITA A LA FAMILIA CARRILLO—A VISIT TO THE CARRILLO FAMILY—**Pronunciation and Spelling Aids, Building Vocabulary, Expresiones Importantes, Completion of Text, Grammar Notes:** irregular preterites with *-i-* stems, preterite tense of stem changing verbs like *pedir.* **Ejercicios y Preguntas**

CHAPTER 40 .... **188**
EL PASEO DE LA REFORMA—THE PASEO DE LA REFORMA—**Pronunciation and Spelling Aids, Building Vocabulary, Completion of Text, Grammar Notes:** irregular preterites with *-u-* stems, more irregular preterites, the personal *a.* **Ejercicios y Preguntas**

CHAPTER 41 .... **192**
EL MERCADO DE TOLUCA—THE TOLUCA MARKET—**Pronunciation and Spelling Aids, Building Vocabulary, Completion of Text,**

Grammar Notes: the imperfect tense; the imperfect of model verbs *hablar, aprender,* and *vivir;* the imperfect of *ver, ser,* and *ir.* **Ejercicios y Preguntas**

CHAPTER 42 .... **197**
SOBRE EL DESCANSO—ABOUT LEISURE TIME—**Completion of Text, Grammar Notes:** possessive pronouns, definite articles as pronouns. **Ejercicios y Preguntas**

CHAPTER 43 .... **201**
REPASO—REVIEW CHAPTERS 38–42—**Repaso de Palabras:** nouns, verbs, adjectives, adverbs, prepositions, conjunctions, important expressions. **Ejercicios, Diálogo:** En la gasolinera. **Lecturas:** Una visita a Xochimilco, En la Avenida Juárez.

CHAPTER 44 .... **205**
LA PLAZA—THE SQUARE—**Vocabulario, Test of Reading Comprehension, Completion of Text, Grammar Notes:** present and preterite of *dormir,* relative pronouns. **Ejercicios**

CHAPTER 45 .... **209**
UN PASEO A TEOTIHUACÁN—A WALK TO TEOTIHUACAN—**Vocabulario, Expresiones Importantes, Test of Reading Comprehension, Completion of Text, Grammar Notes:** past perfect tense of model verbs *hablar, aprender,* and *vivir;* verbs with spelling changes. **Ejercicios**

CHAPTER 46 .... **213**
EL SEÑOR ADAMS COMPRA UN BILLETE DE LOTERÍA—MR. ADAMS BUYS A LOTTERY TICKET—**Vocabulario, Test of Reading Comprehension, Completion of Text, Grammar Notes:** present conditional of model verbs *hablar, aprender,* and *vivir;* the irregular conditional. **Ejercicios**

CHAPTER 47 · **217**
EL SEÑOR ADAMS NO ES AFICIONADO A LOS
TOROS—MR. ADAMS IS NOT A FAN OF BULLS—
Vocabulario, Expresiones Importantes, Test of
Reading Comprehension, Completion of Text,
Grammar Notes: two object pronouns. Ejercicios

CHAPTER 48 · **221**
EL SEÑOR ADAMS SALE DE MÉXICO—
MR. ADAMS LEAVES MEXICO—Vocabulario,
Expresiones Importantes, Test of Reading
Comprehension, Grammar Notes: *saber* and
poder, the untranslated *que*. Ejercicios

CHAPTER 49 · **224**
REPASO— REVIEW CHAPTERS 44–48—
Repaso de Palabras: nouns, verbs, prepositions,
important expressions. **Ejercicios, Lecturas:**
Las Pirámides de Teotihuacán, En el Zócalo.

CHAPTER 50
DICCIONARIO— Spanish-English · · · · · · · · · · · **227**
DICTIONARY— English-Spanish · · · · · · · · · · · **239**

CHAPTER 51 · **248**
RESPUESTAS Y TRADUCCIONES—
ANSWERS AND TRANSLATIONS

INTRODUCTION

¡BIENVENITOS!
Welcome!

Do you wish to acquire enough knowledge of Spanish to meet your needs as tourist or business traveler in a Spanish-speaking country? Do you wish to be able to read simple Spanish texts? Do you wish to build a foundation in the Spanish language for further study in secondary school or college? SPANISH MADE SIMPLE meets the needs of the self-learner, whether the aim is the practical conversation and comprehension ability needed by a tourist or businessperson, or the wish to read in Spanish. It can also serve as an excellent refresher course for those who already have had some study of the language.

SPANISH MADE SIMPLE will enable you to attain your goal. The essential grammatical facts of Spanish grow naturally out of conversation and reading texts. The concepts are clearly explained. Nonessentials are omitted. The illustrative drills and exercises will help you gain a practical knowledge of the elements of Spanish and lay the foundation for a more advanced study of the language.

SPANISH MADE SIMPLE has several features that will help you to learn. Each chapter begins with a parallel, bilingual text, which eliminates the burdensome and time-consuming need to look up words in the dictionary. Each chapter also includes dialogues that deal with common topics, vocabulary building exercises, and Spanish practice questions. To reinforce your comprehension, there are examples provided for selected exercises. Every few chapters, you'll find a review chapter, which provides easy reference to the terms and rules covered so far. This will help you to gauge your progress as you go.

Important words, expressions, and cultural facts are presented through a series of conversations between a Mexican teacher, Mr. López, and his pupil, Mr. Adams. Mr. Adams is a businessman from New York who is about to take a trip to Latin America. He hopes to learn enough Spanish to meet his needs as both a tourist and a business traveler in a Spanish-speaking country. As you follow him through his lessons, you will also be learning to speak, read, and understand Spanish.

In the revision of this classic and popular Spanish textbook, I have removed outdated or archaic words and phrases and added idiomatic expressions. I also included new words and phrases that correspond with advancements in technology, and updated words and grammatical forms to follow new rules of spelling and written accents. I updated some of the statistical information and modernized the content of several readings. I also added some explanations of the grammatical rules, to help you better understand the structure of Spanish.

This new edition also features illustrations that highlight some of the expressions and grammatical rules covered in the chapters in which they appear. They will help you apply the information to a visual and tangible situation. For quick reference, you'll find a Spanish to English dictionary and an English to Spanish dictionary located at the back of the book. There is also an answer key, so you can check your answers and track your progress.

The most important advice I can offer is this: practice aloud, memorize the new words and expressions of each chapter, write out the exercises, and you will enjoy the process of learning a new language!

—*Dr. Judith Némethy is the Director of Spanish Language Studies, Department of Spanish and Portuguese Languages and Literatures at New York University.*

CAPÍTULO I (UNO)

MEET THE SPANISH LANGUAGE

1. SPANISH IS NOT A COMPLETE STRANGER.

On your introduction to the Spanish language you will be glad to learn that you already know or can guess the meaning of many Spanish words.

First of all, there are those words that are spelled alike and have the same meaning in Spanish and English. For example:

actor	color	doctor	gratis	canal	conductor	hospital
hotel	error	piano	animal	auto	principal	director

Then there are many Spanish words whose spelling is only a bit different from like words in English, and whose meaning is easily recognized. Thus:

aire	arte	centro	barbero	mula	profesor	conversación
air	art	center	barber	mule	professor	conversation

Many Spanish verbs differ from corresponding English verbs only in the matter of ending. Thus:

declarar	adorar	admirar	usar	informar	defender	dividir
declare	adore	admire	use	inform	defend	divide

English has borrowed words directly from Spanish with or without changes in spelling. Thus:

adobe	rodeo	fiesta	lazo	patio	tomate	siesta	rancho
adobe	rodeo	fiesta	lasso	patio	tomato	siesta	ranch

Spanish has borrowed words directly from English. This is especially true in the field of sports. You will recognize these words even in their strange spellings.

rosbif	mitin	pudín	tenis	béisbol	fútbol	básquetbol
roast beef	meeting	pudding	tennis	baseball	football	basketball

The similarities between the Spanish and English vocabularies will be a great help to you in learning Spanish. However, you must bear in mind that words of the same or similar spelling in the two languages are pronounced differently. Also you must be on the lookout for some Spanish words that are alike or similar in spelling to English words, but different in meaning.

2. SPANISH IS NOT DIFFICULT TO PRONOUNCE OR SPELL.

Spanish is a phonetic language. This means that words are spelled as they are pronounced. There are no silent letters in Spanish except **h**, which is always silent, and **u**, which is silent under certain circumstances. How much simpler this is than English, where such words as *height, knight, cough, rough, rogue, weigh, dough,* and a host of others, give so much difficulty to the foreigner learning English.

When you see the letter **a** in Spanish words like **Ana**, **mapa**, **sala**, you know it is pronounced like *a* in *father*, because Spanish **a** is always like *a* in *father*. It is never like *a* in *cat, all,* or *fame*. Like **a**, the other letters of the Spanish alphabet are an accurate guide to the pronunciation of the words.

In Chapter 2, the pronunciation of the Spanish sounds—and their spelling—is explained in detail. Most of the Spanish sounds have like sounds in English, or sounds so similar that they are easy to learn. The description of the sounds should enable you to pronounce them quite well. If possible, you should get some Spanish-speaking person to help you with your pronunciation, for it is important for you to hear the sounds correctly spoken and to have your own pronunciation checked.

You can improve your pronunciation and understanding of the spoken word by listening to Spanish recordings, radio broadcasts, and TV programs. The "commercials" are particularly valuable for this purpose, because they contain so much repetition and emphatic expression. At first a few minutes of listening each day will suffice. As you progress in your study of Spanish you should increase the amount.

3. OUR NEIGHBORS TO THE SOUTH SPEAK SPANISH

Spanish-speaking countries of the Western Hemisphere include: all the republics of South America (with the exception of Brazil, Guyana, Surinam, and French Guiana); all the republics of Central America (except Belize, formerly British Honduras); Cuba, Puerto Rico, and the Dominican Republic in the West Indies; and our nearest southern neighbor, Mexico. They include some 300 million people. The Spanish that they speak differs in some respects from Castilian Spanish, the official language of Spain. The chief differences are in the pronunciation of **z**, and **c** (before **e** and **i**). In Castilian these letters are pronounced like *th* in *think*. In the Spanish of Latin America they are pronounced like *s* in *see*.

This book teaches the pronunciation of our Spanish-speaking neighbors. This is desirable because of the ever-growing business and cultural intercourse between our country and the people in the southern half of our hemisphere. Mexico in particular has become a favorite country for businesspeople and tourists from the United States, thousands of whom visit it every year.

CAPÍTULO 2 (DOS)

SPANISH PRONUNCIATION

This chapter contains many useful words and expressions. If you follow the instructions for pronunciation practice carefully, you will acquire many of these without difficulty. It is not necessary to try to memorize all of them at this point, as they will appear again in later chapters when you will have opportunity to learn them thoroughly. However, it is desirable to memorize at once the numbers and the days of the week, as these serve to illustrate most of the Spanish sounds.

PRIMERA PARTE

The Numbers 1 to 21

Among the most important words in any language are the numbers. Let us start by learning the Spanish numbers 1 to 21. These numbers illustrate many of the Spanish sounds. Pronounce each number aloud five times. Stress (emphasize) the syllables in heavy type.

1. **uno** (*oo-noh*) Spanish **u** is like *oo* in *booth*. Symbol, *oo*.
   Spanish **o** is like *o* in *bone*. Symbol *oh*.

2. **dos** (*dohs*) Spanish **s** is like *s* in *see*.

3. **tres** (*trays*) Spanish **e** is like *ay* in *day*. Symbol, *ay*.
   Remember: **s** is like s in *see*.

4. **cuatro** (*kwah-troh*) In the combination **ua**, the **u** is pronounced like *w*. **ua** = *wah*.
   There is no letter *w* in Spanish.
   Spanish **r** is like *r* in *three*. It has a slight trill.

5. **cinco** (*seen-koh*) Spanish **i** is like *ee* in *seen*. Symbol, *ee*.
   c is pronounced as in English; like *s*, before *e* or *i* (*ceiling, cinder*); like *k*, before any other letter. There is no letter *k* in Spanish.

6. **seis** (*sayees*) The combination **ei** is pronounced *ayee*. Pronounce the first part (*ay*) stronger than the second part (*ee*).

7. **siete** (*syay-tay*) In the combination **ie**, the **i** is pronounced like *y* in *yes*. Thus **ie** = *yay*.

8. **ocho** (*oh-choh*) **ch** is like the English *ch* in *choke*. In Spanish, **ch** is considered a single letter and follows **c** in the alphabet and dictionary.

9. **nueve** (*nway-vay*) The combination **ue** is pronounced *way*.

10. **diez** (*dyays*) Spanish **z** equals *s* as in *see*. It is not like English *z*.

11. **once** (*ohn-say*)

12. **doce** (*doh-say*)

13. **trece** (*tray-say*)

14. **catorce** (*kah-tor-say*) The letter o is some-times pronounced as in the English word *for*. In such cases o is used as a symbol instead of *oh*.

15. **quince** (*keen-say*) **qu** always equals *k*. **qu** is found only before **e** and **i**.

16. **dieciséis** (*dyays-ee-sayees*)

17. **diecisiete** (*dyays-ee-syay-tay*)

18. **dieciocho** (*dyays-ee-oh-choh*)

19. **diecinueve** (*dyays ee nway-vay*)

20. **veinte** (*vayeen-tay*)

21. **veintiuno** (*vayeen-t-ee-oo-noh*)

Practice aloud and memorize:

1. **uno** (*oo -noh*)

2. **dos** (*dohs*)

3. **tres** (*trays*)

4. **cuatro** (*kwah-troh*)

5. **cinco** (*seen-ko*h)

6. **seis** (*sayees*)

7. **siete** (*syay-tay*)

8. **ocho** (*oh-choh*)

9. **nueve** (*nway-vay*)

10. **diez** (*dyays*)

11. **once** (*ohn-say*)

12. **doce** (*doh-say*)

13. **trece** (*tray-say*)

14. **catorce** (*kah-tor-say*)

15. **quince** (*keen-say*)

16. **dieciséis**

17. **diecisiete**

18. **dieciocho**

19. **diecinueve**

20. **veinte** (*vayeen-tay*)

21. **veintiuno**

Summary of Spanish Vowels and Vowel Combinations Learned Thus Far

Spanish letters	VOWELS					VOWEL COMBINATIONS			
	a	e	i (y)	o	u	ua	ue	ie	ei
Symbols	*ah*	*ay*[1]	*ee*	*oh*[1]	*oo*	*wah*	*way*	*yay*	*ayee*

NOTE: 1. *oh* and *ay* are not exact equivalents of Spanish **o** and **e** but they are near enough for practical purposes.

Days of the Week and Months of the Year

Practice aloud and memorize. The names of the days and months contain only one sound not found in the numbers 1–21; namely **j**. Spanish **j** is something like a strong English *h*.

domingo (*doh-meen-goh*)	Sunday	**jueves** (*hway-vays*)	Thursday
lunes (*loo-nays*)	Monday	**viernes** (*vyayr-nays*)	Friday
martes (*mahr-tays*)	Tuesday	**sábado** (*sah-bah-doh*)	Saturday
miércoles (*myayr-koh-lays*)	Wednesday		

enero (*ay-nay-roh*)	January	**julio** (*hoo-lyoh*)	July
febrero (*fay-bray-roh*)	February	**agosto** (*ah-gos-toh*)	August
marzo (*mahr-soh*)	March	**septiembre** (*say-tyaym-bray*)	September
abril (*ah-breel*)	April	**octubre** (*ok-too-bray*)	October
mayo (*mah-yoh*)	May	**noviembre** (*noh-vyaym-bray*)	November
junio (*hoo-nyoh*)	June	**diciembre** (*dee-syaym-bray*)	December

NOTE: The combination **io** is pronounced **yoh**.

SEGUNDA PARTE

Useful Expressions for the Traveler

Here are some key words which every traveler needs:

1. **por favor** (*por fah-vor*) please. This is most handy for introducing a question or request.

2. **señor** (*say-ñor*) Mr., sir; **señora** (*say-ño-rah*) Mrs., madame; **señorita** (*say-ño-ree-tah*) Miss. It's polite to follow your por favor with one of these. **Por favor, señor,** etc.

NOTE: ñ is like n in onion. Everyone knows this sound in **mañana**, tomorrow. ñ follows **n** in the alphabet and dictionary.

3. **¿Cuánto cuesta?** (*kwahn-toh kways-tah*) How much does it cost? For short, **¿Cuánto?** will do. The following are appropriate answers: **Es caro** (*ays kah-roh*) It is expensive. **Es más barato** (*ays mahs bah-rah-toh*) It is cheaper.

NOTE: Spanish questions begin with an inverted question mark.

4. **¿Dónde está—?** (*dohn-day ays-tah*) Where is—?

5. **Quiero** (*kyay-roh*) I want. **Deseo** (*day-say-oh*) I want. If you begin with **Por favor,** you won't sound too abrupt.

6. **¿A qué hora?** (*ah kay oh-rah*) At what time? The Spanish says: At what hour?

NOTE: h in Spanish is always silent.

7. **Muchas gracias** (*moo-chahs grah-syahs*) Many thanks. Thank you very much.

NOTE: The combination ia is pronounced yah.

8. **De nada** (*day nah-thah*) or **No hay de qué** (*ahee day kay*). Don't mention it or you're welcome. You'll hear either of these in reply to your **gracias.**

9. **¿Cómo se llama usted?** (*koh-moh say yah-mah oos-tayd*) What's your name? The Spanish says: What do you call yourself?

NOTE: ll is pronounced like y in you. ll is considered a single letter in Spanish and follows l in the alphabet and dictionary.

10. **Me llamo...** (*may yah-moh*) My name is... The Spanish say: I call myself...

Some Useful Words

Repeat aloud, three times, the words listed under each heading. Then repeat each word with the heading under which it is listed. Thus:

Ejemplo: 1. **¿Cuánto cuesta el[1] sarape?** etc.   **¿Dónde está la calle Gante?** etc.

¿Cuánto cuesta...?

1. **el sarape** (*sah-rah-pay*) or **la cobija** (*coh-bee-hah*) blanket
2. **el rebozo[2]** (*rray-boh-soh*) or **la chal** (*chal*) shawl
3. **el sombrero** (*sohm-bray-roh*) hat
4. **la blusa** (*bloo-sah*) blouse
5. **la camisa** (*kah-mee-sah*) shirt
6. **el vestido** (*vays-tee-doh*) dress
7. **la cesta** (*says-tah*) basket
8. **el plato** (*plah-toh*) plate
9. **el jarro** (*hah-rroh*) or **la jarra** (*hah-rrah*) pitcher
10. **el automóvil[3]** (*ow-toh-moh-veel*) automobile

NOTE: 1. Pronounce **el** like *ell* in *bell*. **el** = *the* before a masculine noun and **la** = *the* before a feminine noun. You will learn more about these later.

2. **r** at the beginning of a word, and **rr** are strongly trilled, like the *r* of the telephone operator in *thrrr-ee*. rr is a letter in Spanish but no word begins with **rr**.

3. **au** = *ow* as in *how*.

¿Dónde está...?

1. **la calle Gante** (*kah-yay **gahn**-tay*) Gante Street
2. **la avenida Juárez** (*ah-vay-**nee**-dah **hwah**-rays*) Juarez Avenue
3. **el hotel** (*oh-**tel***) hotel
4. **el lavabo** (*lah-**vah**-boh*) washroom
5. **el baño** (***bahn**-yoh*) bathroom
6. **el correo** (*koh-**rray**-oh*) post office
7. **el museo** (*moo-**say**-oh*) museum
8. **el agente** (*ah-**hayn**-tay*) agent
9. **la oficina** (*oh-fee-**see**-nah*) office
10. **el garage** (*gah-**rah**-hay*) garage

NOTE: g, before **e** or **i**, is pronounced like Spanish **j**. Before any other letter it is hard as in *goat*.

Quiero... Deseo...

1. **un cuarto con baño** (***kwahr**-toh kon **bah**-ñoh*) a room with bath
2. **agua caliente** (*ah-**gwah** kah **lyayn**-tay*) hot water
3. **el jabón** (*hah-**bohn***) soap
4. **toallas** (*toh-**ah**-yahs*) towels
5. **el menú** (*may-**noo***) menu
6. **la cuenta** (***kwayn**-tah*) bill
7. **la revista** (*rray-**vees**-tah*) magazine
8. **el diario** (***dyahr**-yoh*) newspaper *periodico*
9. **telefonear** (*tay-lay-foh-nay-**ahr***) to telephone
10. **cambiar dinero** (*kahm-**byahr** dee-**nay**-roh*) to change money

Me llamo...

1. **el señor Gómez** (***goh**-mays*) Mr. Gomez
2. **la señora de Gómez** Mrs. Gomez
3. **Pablo** (***pah**-bloh*) Paul
4. **Felipe** (*fay-**lee**-pay*) Philip
5. **Roberto** (*rroh-**ber**-to*) Robert
6. **José** (*hoh-**say***) Joseph
7. **Juan** (***hwahn***) John
8. **Isabel** (*ee-sah-**bel***) Isabelle
9. **Ana** (***ah**-nah*) Anna
10. **María** (*mah-**ree**-ah*) Mary

The Numbers 20 to 100

Practice aloud:

20 **veinte** (***vayeen**-tay*)	55 **cincuenta y cinco**	90 **noventa** (*noh-**vayn**-tah*)
22 **veintidós**	60 **sesenta** (*say-**sayn**-tah*)	99 **noventa y nueve**
30 **treinta** (***trayeen**-tah*)	66 **sesenta y seis**	100 **cien** (***syayn***)
33 **treinta y tres**	70 **setenta** (*say-**tayn**-tah*)	101 **ciento uno** (***syayn**-toh oo-noh*)
40 **cuarenta** (*kwah-**rayn**-tah*)	77 **setenta y siete**	
44 **cuarenta y cuatro**	80 **ochenta** (*oh-**chayn**-tah*)	
50 **cincuenta** (*seen-**kwayn**-tah*)	88 **ochenta y ocho**	

Practice aloud:

10 **diez sarapes**	50 **cincuenta camisas**	80 **ochenta platos**
20 **veinte rebozos**	60 **sesenta vestidos**	90 **noventa jarros**
30 **treinta sombreros**	70 **setenta cestas**	100 **cien garages**
40 **cuarenta blusas**		

NOTE: cien is used instead of **ciento** before a noun.

SUMMARY OF THE SPANISH CONSONANTS

Most of the Spanish consonants are pronounced like or almost like corresponding English consonants. The following however deserve special attention:

b, v	There is no difference between these sounds. Both are made with the lips slightly open. **sábado, lavabo**
c[1]	is like English *c*, that is, it is pronounced like a hissing *s* before **e** or **i**, and like *k* before any other letter. **cinco** (*seen-k*oh). **cc** = *ks*. **lección** = *layk-syohn*
d, t	like the English sounds, but tongue is against the teeth. Between vowels, d is more like th in this. **nada** (*nah-thah*)
h	always silent. **hay, hoy**
j	like a strong English *h*. **jueves** (*hway-vays*)
g	like hard *g* in *go*. Before **e** or **i** it is like Spanish **j**. **garage** (*gah-rah-hay*)
ll[1]	like *y* in *you*. **llamo** (*yah-moh*)
ñ	like *n* in *onion*. **mañana** (*man- yah-nah*)
rr	pronounced with a strong trill as in thrrrr-ee. **jarro** (*hah-rroh*)
r	pronounced like **rr**, at the beginning of a word. At other times it has a slight trill. **rebozo** (*rray-boh-soh*) **sombrero** (*sohm-bray-roh*)
s, z[1]	like hissing s in see. **sesenta** (*say-sayn-tah*) **diez** (*dyays*)
qu	like k. **quince** (*keen-say*)

NOTE: 1. In Castilian Spanish, **c** (before **e** and **i**) and **z**, are like *th* in *think*: and **ll** is like *lli* in *million*.

TERCERA PARTE

The Stress in Spanish Words

The stressed syllable of a word is the syllable that is emphasized. In the word *father*, the syllable *fa-* gets the stress; in *alone*, *-lone* gets the stress; in *education*, the stressed syllable is *-ca*. There are no good rules for stress in English.

In Spanish there are three simple rules by means of which you can tell which syllable of a word is stressed. They are:

RULE 1. If a word ends in **a e i o u n** or **s**, the next to the last syllable is stressed.

som-**bre**-ro	a-ve-**ni**-da	**sie**-te	**quin**-ce	lu-**nes**	se-**ño**-ra	re-**bo**-zo

RULE 2. If a word ends in any consonant, except n or s, the last syllable is stressed.

se-**ñor**	ho-**tel**	fa-**vor**	I-sa-**bel**	us-**ted**	cam-**biar**	te-le-fo-ne-**ar**

RULE 3. If the stress does not follow Rules 1 or 2, an accent mark shows which syllable is stressed.

sá-ba-do	**miér**-co-les	**Gó**-mez	ja-**bón**	Jo-**sé**	au-to-**mó**-vil

Dialogues for Pronunciation Practice

Directions for Study of Dialogues

1. Read the Spanish text silently, sentence by sentence, using the English translation to get the meaning.
2. Practice aloud the words that follow the text under the heading "Practice These Words."
3. Finally read the whole Spanish text aloud several times.

Diálogo 1 (*dee-ah-loh-goh*)

¿Cómo Está Usted?

1. **Buenos días, señor López. ¿Cómo está usted?**
2. **Muy bien, gracias. ¿Y usted?**
3. **Muy bien, gracias. ¿Y cómo está la señora de López?**
4. **Muy bien, gracias. ¿Y cómo están su papá y su mamá?**
5. **Muy bien, gracias. Hasta la vista, señor López.**
6. **Hasta mañana, Felipe.**

How Are You?

1. Good day, Mr. Lopez. How are you?
2. Very well, thank you. And you?
3. Very well, thank you. And how is Mrs. Lopez?
4. Very well, thank you. And how are your father and mother?
5. Very well, thank you. Good-bye, Mr. Lopez.
6. Until tomorrow, Philip.

Practice These Words

1. **buenos días** (*bway-nohz dee-ahs*). Pronounce the s of **buenos** like the English z instead of like the usual s sound.
2. **muy bien** (*mwee byayn*) **gracias** (*grah-syas*)
3. **cómo** (*koh-moh*) **están** (*ays-tahn*)
4. **papá** (*pah-pah*) **mamá** (*mah-mah*)
5. **hasta la vista** (*ahs-tah lah vees-tah*)
6. **usted** (*oos-tayd*)
7. **hasta** (*ahs-tah*)

Diálogo 2

Los días de la semana

1. **¡Oiga, Jaime! ¿Cuántos días hay en una semana?**
2. **Hay siete días en una semana.**
3. **Bueno. Dígame, por favor, los siete días.**
4. **Los siete días de la semana son lunes, martes, miércoles, jueves, viernes, sábado y domingo.**
5. **Muy bien. ¡Oiga, Jorge! ¿Qué día es hoy?**
6. **Hoy es lunes. Mañana es martes.**
7. **Carlos, ¿sabe usted los números desde uno hasta doce?**
8. **Sí, señor, los números son uno, dos, tres, cuatro, cinco, seis, siete, ocho, nueve, diez, once, doce.**
9. **Muy bien, Carlos.**

The Days of the Week

1. Listen, James. How many days are there in one week?
2. There are seven days in one week.
3. Good. Tell me, please, the seven days.
4. The seven days of the week are Monday, Tuesday, Wednesday, Thursday, Friday, Saturday, and Sunday.
5. Very good. Listen, George, what day is today?
6. Today is Monday. Tomorrow is Tuesday.
7. Charles, do you know the numbers from one to twelve?
8. Yes, sir, the numbers are one, two, three, four, five, six, seven, eight, nine, ten, eleven, twelve.
9. Very good, Charles.

Practice These Words

1. **oiga** (*oi-gah*) oi in Spanish is like oi in oil.
2. **hoy** (*oy*) oy in Spanish is like oy in boy.
3. **hay** (*ay*) ay and ai are like ai in aisle.
4. **semana** (*say-mah-nah*)

5. **dígame** (*dee-gah-may*)
6. **Jorge** (*hor-hay*)
7. **sabe** (*sah-bay*)
8. **desde** (*dayz-day*)

Diálogo 3

¿Habla Usted Español?

1. ¿Habla usted español, Claudio?
2. Sí, señor, yo hablo español.
3. ¿Habla Pancho español?
4. Sí, señor, él habla español bien.
5. ¿Habla Paulina español?
6. Sí, señor, ella habla español bien.
7. ¿Habla ella inglés también?
8. No, señor, ella no habla inglés.
9. ¿Es Pablo de México?
10. Sí, señor, él es de México. Es mexicano.

Do You Speak Spanish?

1. Do you speak Spanish, Claude?
2. Yes, sir, I speak Spanish.
3. Does Frank speak Spanish?
4. Yes, sir, he speaks Spanish well.
5. Does Pauline speak Spanish?
6. Yes, sir, she speaks Spanish well.
7. Does she speak English also?
8. No, sir, she does not speak English.
9. Is Paul from Mexico?
10. Yes, sir, he is from Mexico. He is a Mexican.

NOTE: The subject pronouns—**yo**, I; **el**, he; and **ella**, she—are usually omitted in Spanish. They are used here for emphasis.

Practice These Words

1. **español** (*ays-pah-ñol*)
2. **hablo** (*ah-bloh*), **habla** (*ah-blah*)
3. **yo** (*yoh*), **él** (*el*), **ella** (*ay-yah*), **usted** (*oos-tayd*) or (*oos-stay*)

4. **Paulina** (*pow-lee-nah*)
5. **México** (*may-hee-coh*). The x in México is pronounced like Spanish **j**. Outside the country of México the name is often spelled **Méjico**. The usual pronunciation of Spanish **x** is as in English.

Diálogo 4

¿Cómo Se Llama Ud.[1]?

1. ¿Cómo se llama Ud., joven?
2. Me llamo Pablo Rivera.
3. ¿Dónde vive Ud.?
4. Vivo en la calle 23 (veintitrés).
5. ¿Cuántas personas hay en su familia?
6. Hay cinco personas: mi padre, mi madre, mi hermano Carlos, mi hermana Ana y yo.
7. Ud. habla bien español. ¿Estudia Ud. esta lengua en la escuela?

What Is Your Name?

1. What is your name, young man?
2. My name is Paul Rivera.
3. Where do you live?
4. I live on 23rd Street.
5. How many persons are there in your family?
6. There are five persons, my father, my mother, my brother Charles, my sister Anna, and I.
7. You speak Spanish well. Are you studying the language in school?

NOTE: 1. **Ud.** or **Vd.** are abbreviations of usted.

8. Sí, señor. Además hablamos Español en casa.
   Mis padres son puertorriqueños.
9. Adiós, Pablo.
10. Adiós, señor.

8. Yes, sir. Besides, we speak Spanish at home.
   My parents are Puerto Ricans.
9. Good-bye, Paul.
10. Good-bye, sir.

Practice These Words

1. llama (*yah-mah*) calle (*kah-yay*)
2. joven (*hoh-vayn*) Rivera (*rree-vay-rah*)
3. vive (*vee-vay*) vivo (*vee-voh*)
4. personas (*per-soh-nahs*) familia (*fah-mee-lyah*)
5. padre (*pah-dray*) madre (*mah-dray*)
6. mi hermana (*mee er-mah-nah*)
7. estudia (*ays-too-dyah*) lengua (*layn-gwah*)
8. en la escuela (*ayn lah ays-kway-lah*)
9. hablamos (*ah-blah-mohs*)
10. además (*ah-day-mahs*)
11. puertorriqueños (*pwer-toh-rree-kay-ñohs*)
12. adiós (*ah-dyohs*)

CAPÍTULO 3 (TRES)

You now have a good working knowledge of Spanish pronunciation and are ready for a more intimate study of the language. However, pronunciation must at no time be neglected. Practice conscientiously the pronunciation aids after each conversational text and follow all directions for reading aloud and speaking. Remember: the only way you can learn to speak a language is by speaking it.

This chapter will introduce you to Mr. Adams, a New York businessman who is as eager as you are to learn Spanish. You will also meet his congenial teacher, el Señor López, a Mexican living in New York. As he teaches Mr. Adams he will also teach you in a pleasant and interesting way.

So buena suerte (good luck) and buen viaje (happy voyage) as you accompany Mr. Adams on the road which leads to a practical knowledge of the Spanish language.

PRIMERA PARTE

¿Quién es el señor Adams? Who Is Mr. Adams?

Instrucciones para estudiar. Instructions for study.

1. Read the Spanish text silently, referring to the English only when necessary to get the meaning.
2. Cover up the English text and read the Spanish text silently.
3. Study the Pronunciation and Spelling Aids which follow the text.
   Then read the Spanish text aloud, pronouncing carefully.
4. Study the section "Building Vocabulary."
5. Do the exercise "Completion of Text."
6. Proceed to Segunda Parte.
7. Follow these instructions with the conversational texts in succeeding chapters.

1. **El señor Adams es un comerciante de Nueva York. Es norteamericano**

2. **Vive con su familia en uno de los suburbios de la ciudad.**

3. **En la familia Adams hay seis personas: el padre, el señor Adams; la madre, la señora Adams; dos hijos y dos hijas. El señor Adams es un hombre de cuarenta años de edad. La señora Adams es una mujer de treinta y cinco años.**

4. **Los hijos se llaman Felipe y Guillermo. Las hijas se llaman Rosita y Anita.**

1. Mr. Adams is a businessman of New York. He is a North American.

2. He lives with his family in one of the suburbs of the city.

3. In the Adams family there are six persons: the father, Mr. Adams; the mother, Mrs. Adams; two sons, and two daughters. Mr. Adams is a man forty years of age. Mrs. Adams is a woman of thirty-five years.

4. The sons are named Philip and William. The daughters are named Rosie and Annie.[1]

NOTE: 1. Literally (word for word): The sons call themselves Philip and William. The daughters call themselves Rosie and Annie. Lit. will be used hereafter as an abbreviation for literally.

5. La casa del señor Adams tiene siete cuartos: el comedor, la sala, la cocina, tres dormitorios y un cuarto de baño. Hay también un zaguán.

6. Es una casa particular, y todos los cuartos están en un piso.

7. La oficina del señor Adams está en la calle Whitehall.

8. Está en el décimo piso de un edificio muy grande.

9. El lunes, el martes, el miércoles, el jueves y el viernes, el señor Adams va en tren a su oficina en la ciudad.

10. Allí trabaja diligentemente todo el día.

5. Mr. Adams's house has seven rooms: the dining room, the living room, the kitchen, three bedrooms, and a bathroom. There is also a vestibule.

6. It is a private house and all the rooms are on one floor.

7. Mr. Adams's office is on Whitehall Street.

8. It is on the tenth floor of a very big building.

9. On Monday, Tuesday, Wednesday, Thursday, and Friday, Mr. Adams goes by train to his office in the city.

10. There he works diligently all day.

Prounciation and Spelling Aids

1. Practice Aloud:

ins-truc-**cio**-nes	su-**bur**-bios	par-ti-cu-**lar**
co-mer-**cian**-te	co-me-**dor**	o-fi-**ci**-na
fa-**mi**-lia	dor-mi-**to**-rios	ca-lle (**cah**-yay)
nor-te-a-me-ri-**ca**-no	Gui-**ller**-mo (gee-yer-moh)	za-**guán** (sah-**gwahn**)

2. The **u** in **gui** (Gui-**ller**-mo) is silent. Its purpose is to show that the g is hard as in gold. Without silent **u**, it would be like **g** in **gente** (**hayn**-tay). Remember: **g** before **e** or **i** is pronounced like Spanish **j**.

NOTE: Span. will be used hereafter as an abbreviation for Spanish.

Building Vocabulary

A. **La familia**   The Family

el padre the father	**la madre** the mother	**el hijo** the son **la hija** the daughter
el niño the child (little boy)	**la niña** the child (little girl)	**el muchacho** the boy (teenage)
la muchacha the girl (teenage)	**el hermano** the brother	**la hermana** the sister
el tío the uncle	**la tía** the aunt	**el señor** the gentleman
la señora the lady, Mrs.	**el hombre** the man	**la mujer** the woman

B. **Los cuartos de la casa**   The Rooms of the House

el comedor the dining room	**la sala** the living room
la cocina the kitchen	**el cuarto** the room
el dormitorio the bedroom	**la recámara (Mex.)** the bedroom /el dormitorio
el baño the bathroom	**el zaguán** the vestibule

NOTE: Mex. will be used hereafter as an abbreviation for expressions particular to Mexico.

Expresiones Importantes   Important Expressions

por tren by train   **todo el día** all day

Exercise No. 1—Completion of Text

For maximum benefit follow these instructions carefully in all "Completion of Text" exercises.

1. Complete each sentence by putting the English words into Spanish. Where you can, do this from memory.

2. If you do not remember the words, refer to the Spanish text. There you will find the words in the order of their appearance in the sentences. You have only to reread the text to find them easily.

3. When you have completed the sentence with the needed words, read the complete sentence aloud in Spanish.

4. Write down and read aloud each completed sentence. This is true for all exercises.

5. The correct Spanish words for the "Completion of Text Exercises" are in the Answer Section of this book, along with the answers to all other exercises. Check all your answers.

WARNING: Never refer to the English text when you do the Completion of Text Exercise.

Replace the English word with its Spanish equivalent.

Ejemplo (Example): 1. El señor Adams es un comerciante de Nueva York.

1. **El señor Adams es un** (businessman) **de Nueva York.**
2. **¿**(Who) **es el señor Adams?**
3. **Vive** (with) **su familia.**
4. **El señor Adams es el** (father).
5. **La señora Adams es la** (mother).
6. (There are) **seis personas.**
7. **En** (his) **familia hay seis personas.**
8. **Los hijos** (are named) **Felipe, Guillermo, Rosita y Anita.**
9. **Es una casa** (private).
10. (All the rooms) **están en un piso.**
11. **La oficina está en el décimo** (floor).
12. **Está en la** (street) **Whitehall.**
13. **El edificio es** (big).
14. (There) **trabaja el señor Adams** (all day).
15. **Su oficina está en la** (city).

SEGUNDA PARTE

Grammar Notes

1. *The Definite Article.* Note the four forms of the definite article.

	MASCULINE	FEMININE
Singular:	**el padre** *the* father	**la madre** *the* mother
Plural:	**los padres** *the* fathers/*the* parents	**las madres** *the* mothers

The definite article has four forms. These agree with their nouns in number and gender.

2. *The Gender of Nouns.*

 a. Nouns are either masculine or feminine in gender. This is true for thing-nouns as well as person-nouns. Thus:

el señor	**el hijo**	**el cuarto** room	**el piso** floor	**el comedor** dining rm.
la señora	**la hija**	**la sala** liv. rm.	**la calle** street	**la casa** house

cama = bed

b. Nouns ending in -o are usually masculine. Nouns ending in -a are usually feminine.

c. The definite article must be repeated before each noun to which it refers. Thus: **el padre y la madre** the father and mother.

d. Many nouns for persons have a masculine form in -o and a feminine form in -a. Thus: **el hermano** the brother, **la hermana** the sister; **el muchacho** the boy, **la muchacha** the girl; **el tío** the uncle, **la tía** the aunt; **el esposo** the husband, **la esposa** the wife.

3. *The Plural of Nouns.* Note the singular and plural of the following nouns.

el padre	el hermano	la casa	la mujer	el señor	la ciudad	
los padres[1]	los hermanos	las casas		las mujeres	los señores	las ciudades

To form the plural of nouns add -s if the nouns end in a vowel. Add -es if the nouns end in a consonant.

NOTE: 1. **los padres** means either *the fathers*, or *the parents*; **los hermanos** *the brothers*, or *brother(s) and sister(s)*; **los hijos** *the sons, son(s) and daughter(s), or children*. In such words the plural masculine may include both genders.

4. *The Indefinite Article.* Note the four forms of the indefinite article.

un cuarto *a* room   **una casa** *a* house

unos cuartos *some* rooms   **unas casas** *some* houses

un *a* or **one**, is used before a masculine noun; **una** *a* or *one*, before a feminine noun; **unos**, *some*, before a masculine plural; **unas** *some*, before a feminine plural.

5. *Some Common Verbs.*

es (he, she, it) is   **vive** (he, she, it) lives

son (they) are   **tiene** (he, she, it) has

está (he, she, it) is (located)   **se llama** (he, she, Ud.) is named

están (they) are (located)   (*Lit.* they call themselves)

hay there is, there are

NOTE: The subject pronouns corresponding to he, she, it, and they are usually omitted in Spanish, since the ending of the verb indicates the subject pronoun quite clearly. Subject pronouns are used only to contrast or emphasize the person being referred to.

TERCERA PARTE

Ejercicios (Exercises) No. 2A-2B-2C

2A. Replace the English articles by the correct Spanish articles.

Ejemplo: La familia Adams vive en Nueva York.

1. (The) **familia Adams vive en Nueva York.**
2. **Nueva York es** (a) **ciudad grande.**
3. (The) **casa está en** (the) **suburbios.**
4. (The) **padre es el señor Adams;** (the) **madre es la señora Adams.**
5. **Anita es** (a) **hija; Felipe es** (a) **hijo.**
6. (The) **dormitorio es grande.**
7. (The) **cuartos están en** (one) **piso.**
8. (Some) **muchachos están en** (the) **sala;** (some) **muchachas están en** (the) **cocina.**
9. (The) **niños están en** (the) **calle.**
10. (The) **hermanos y** (the) **hermanas están en** (the) **ciudad.**

2B. Change the following nouns into the plural.

1. **la calle**	4. **el señor**	7. **la madre**	10. **la hija**	13. **la mujer**
2. **el comedor**	5. **la recámara**	8. **el padre**	11. **la ciudad**	14. **el hombre**
3. **el cuarto`**	6. **la cocina**	9. **la sala**	12. **el año**	15. **el tío**

2C. Translate into Spanish.

1. Mr. Adams is a North American.
2. He lives in New York.
3. There are six persons in the family.
4. The house has six rooms.
5. It is a private house.

6. Mrs. Adams is the mother.
7. Mr. Adams is the father.
8. The office is in Whitehall Street.
9. He goes by train to the city.
10. There he works all day.

Ejercicio No. 3

Study and read aloud the questions and answers. Note: a) the question words, b) the inverted question mark which begins all Spanish questions, and c) the omission of subject pronouns in Spanish

Preguntas Questions

1. **¿Quién es el señor Adams?**
   Es un comerciante de Nueva York.

2. **¿Es norteamericano?**
   Sí, señor, es norteamericano.

3. **¿Dónde vive el señor Adams?**
   Vive en los suburbios de la ciudad.

4. **¿Cuántas personas hay en su familia?**
   Hay seis personas en su familia.

5. **¿Cómo se llaman sus hijos?**
   Se llaman Felipe y Guillermo.

6. **¿Cómo se llaman sus hijas?**
   Se llaman Rosita y Anita.

7. **¿Cuántos cuartos tiene la casa del señor Adams?**
   Tiene siete cuartos.

8. **¿Dónde están todos los cuartos?**
   Están en un piso.

9. **¿En qué calle está la oficina del señor Adams?**
   Está en la calle Whitehall.

10. **¿Es grande el edificio?**
    Sí, señor, es muy grande.

Respuestas Answers

1. Who is Mr. Adams?
   He is a New York businessman.

2. Is he a North American?
   Yes, sir, he is a North American.

3. Where does Mr. Adams live?
   He lives in the suburbs of the city.

4. How many persons are there in his family?
   There are six persons in his family.

5. What are the names of his sons?
   They are named Philip and William.

6. What are the names of his daughters?
   They are named Rosie and Annie.

7. How many rooms has the house of Mr. Adams?
   It has seven rooms.

8. Where are all the rooms?
   They are on one floor.

9. On what street is the office of Mr. Adams?
   It is on Whitehall Street.

10. Is the building big?
    Yes, sir, it is very big.

En esta lección aprendemos que las palabras que terminan en -o- son generalmente masculinas.

Y casi todas las que terminan en -a- son femeninas. Pero hay excepciones.

CAPÍTULO 4 (CUATRO)

PRIMERA PARTE

¿Por qué estudia el Sr. Adams Español?
Why is Mr. Adams studying Spanish?

Instrucciones para estudiar. (See Chapter 3)

1. El Sr. Adams es importador.

2. Importa objetos de arte y otros artículos de México y de Guatemala.

3. En la primavera el Sr. Adams va a hacer un viaje a México. Desea visitar a su agente en la ciudad de México. Desea hablar con él en español.

4. También desea ver unos lugares de interés en México. Espera además ir a Guatemala, y tal vez a Colombia.

5. El Sr. Adams sabe leer el español un poco. Pero no habla español. Por eso estudia la lengua.

6. Su maestro es el Sr. López.

7. El Sr. López, amigo del Sr. Adams, es mexicano. Es un hombre de cuarenta y cinco años de edad.

8. Los martes y los jueves los dos señores tienen una cita, casi siempre en la casa del Sr. Adams. Allí hablan español.

9. El Sr. López es un maestro bueno.

10. El Sr. Adams es muy inteligente y aprende rápidamente.

11. En la primera conversación aprende de memoria este diálogo:

12. —Buenos días, Sr. López. ¿Cómo está Ud.?
—Muy bien, gracias. ¿Y Ud.?
—Yo también, gracias.

13. El Sr. Adams aprende también unos saludos y unas despedidas.

1. Mr. Adams is an importer.

2. He imports art objects and other articles from Mexico and Guatemala.

3. In the spring Mr. Adams is going to make a trip to Mexico. He wants to visit his agent in Mexico City. He wants to speak with him in Spanish.

4. He also wants to see some places of interest in Mexico. He expects, moreover, to go to Guatemala, and perhaps to Colombia.

5. Mr. Adams knows how to read Spanish a little. But he does not speak Spanish. Therefore he is studying the language.

6. His teacher is Mr. Lopez.

7. Mr. Lopez, a friend of Mr. Adams, is a Mexican. He is a man forty-five years old.

8. On Tuesdays and Thursdays the two gentlemen have an appointment, almost always in the house of Mr. Adams. There they speak Spanish.

9. Mr. Lopez is a good teacher.

10. Mr. Adams is very intelligent and learns rapidly.

11. In the first conversation he learns this dialogue by heart.

12. Good day, Mr. Lopez. How are you?
Very well, thank you. And you?
Me too, thank you.

13. Mr. Adams also learns some greetings and farewells.

14. **Buenos días. Buenas tardes. Buenas noches.**

15. **Adiós. Hasta la vista. Hasta luego. Hasta mañana.**

14. Good morning. Good afternoon. Good night.

15. Good-bye. Until I see you. Until later. Until tomorrow.

NOTE: All the expressions in sentence 15 are ways of saying "Good-bye."

Pronunciation and Spelling Aids

1. Practice:

im-por-ta-**dor**

a-**llí** (ah-yee) *over there (allá)*

de-**se**-a

es-**tu**-dia

es-**pe**-ra

lue-go

Gua-te-**ma**-la

a-de-**más**

ar-**tí**-cu-los

sa-**lu**-dos

ciu-**dad** (*syoo-dahd*)

ma-**es**-tro

rá-pi-da-men-te

im-**por**-ta

Co-**lom**-bia

a-**gen**-te   pri-ma-**ve**-ra

des-**pe**-di-das

in-te-li-**gen**-te (*in-tay-lee-hayn-tay*)

2. **el** = the   **él** = he or him

3. The names of countries are capitalized. The names of nationalities, languages (español, Spanish), days of the week, and months are written with small letters.

Building Vocabulary

A. Synonyms (Words of the Same Meaning)

1. **el negociante = el comerciante** businessman

2. **también = además** also, moreover

3. **el maestro = el profesor** teacher (*m*)
   la maestra = la profesora teacher (*f*)

B. Antonyms (Words of Opposite Meaning)

1. **grande** big, **pequeño** small *un poco*

2. **bueno** good, **malo** bad *un poquito*

3. **allí** there, **aquí** here

4. **importador** importer, **exportador** exporter

5. **el saludo** greeting, **la despedida** farewell

C. Lenguas (Languages)

1. **el español** Spanish

2. **el inglés** English

3. **el francés** French

4. **el portugués** Portuguese

5. **el alemán** German

6. **el italiano** Italian

Expresiones Importantes

1. **buenos días** Good morning (day)

2. **buenas tardes** Good afternoon

3. **buenas noches** Good evening (night)

4. **adiós** good-bye

5. **hasta la vista** until we meet again

6. **hasta luego** so long

7. **hasta mañana** until tomorrow

8. **de memoria** by heart

9. **por eso** therefore

10. **tal vez** perhaps

Ejercicio No. 4—Completion of Text

Follow carefully the instructions given in Exercise No. 1.

1. ¿(Who) **es el Sr. Adams?**
2. **Es** (a businessman of New York).
3. (His office) **está en Nueva York.**
4. **Importa objetos de arte y** (other) **artículos.**
5. **En la primavera** (he is going) **a hacer un viaje.**
6. (He wants) **visitar la ciudad de México.**
7. **Espera** (moreover) **ir a Guatemala.**
8. (But) **no habla español.**
9. (He is studying) **la lengua.**
10. **Los** (Tuesdays) **y los** (Thursdays) **tienen una cita.**
11. **El Sr. Adams aprende** (rapidly).
12. **Es** (very intelligent).
13. **El Sr. López es** (Mexican).
14. **Es** (a good teacher).
15. **El Sr. Adams aprende un diálogo** (in the first conversation).

SEGUNDA PARTE

Grammar Notes

1. The Use of **es—está—hay**.

In Spanish there are three words for to be, **ser—estar—haber** (always in third person: **hay**). The form **es** comes from **ser**. The form **está** comes from estar. Both mean *he, she,* or *it is.* **Hay** is impersonal: it means *there is, there are.*

a. The form **es** and other forms of **ser** are used in such questions and answers as:

¿Quién es el Sr. Adams?	Who is Mr. Adams?
Es un comerciante de Nueva York.	He is a New York businessman.
¿Qué es el Sr. López?	What is Mr. Lopez?
Es un maestro de español.	He is a Spanish teacher.

b. The form **está**, and other forms of **estar**, are used in questions and answers that have to do with place. They really mean *is* or *are located.* Thus:

¿Dónde está la Sra. Adams?	Where is Mrs. Adams?
Está en casa.	She is at home.

c. The form **hay** for *to be* is used similarly to the English *there is, there are.*

Hay un niño en el cuarto.	There is a boy in the room

Later you will learn more about the uses of **ser**, **estar**, and **haber**.

2. Some Common Verbs.

habla (he, she, it) speaks	**sabe** (he, she, it) knows
hablan they speak	**hablar** to speak
no habla (he, she, it) does not speak	**visitar** to visit
importa (he, she, it) imports	**leer** to read
estudia (he, she, it) studies	**ver** to see =7 *veo = I see*
desea (he, she, it) wants	**ir** to go
espera (he, she, it) expects *waits for, hopes for*	**va a hacer** he is going to make
aprende (he, she, it) learns	

NOTE: The verb endings **-a** and **-e** correspond to **he, she,** or **it.** The ending **-n** corresponds to **they,** while **-ar, -er,** and **-ir** denote the infinitive form of the verb.

3. Special Uses of the Definite Article

   a. Use the definite article before titles when speaking about a person. Omit it when speaking to a person.

   El Sr. Adams va a México.   Mr. Adams is going to Mexico.
   Buenos días, Sr. Adams.   Good day, Mr. Adams.

   b. Use the definite article before a language. Omit it if the language is used after the verb **hablar** or after **en**.

   El **francés es la lengua de Francia.**   French is the language of France.
   El **Sr. Adams no habla francés.**   Mr. Adams does not speak French.
   en **español** *en* **francés** *en* **inglés**   *in* Spanish *in* French *in* English

TERCERA PARTE

Ejercicios (Exercises) **No. 5A-5B-5C**

5A. Complete the sentences with **es**, **está** or **hay** as the sense requires.

Ejemplo: 1. El Sr. Adams es importador.

1. El Sr. Adams _____*es*_____ importador.
2. ¿Dónde _____ su oficina?
3. ¿Qué _____ el Sr. López?
4. La familia _____ en la sala.
5. ¿Quién _____ norteamericano?
6. ¿Carlos mexicano?
7. Su agente _____ en México.
8. La ciudad de Nueva York no _____ en México.
9. ¿Qué _____ el Sr. Adams?
10. _____ una computadora nueva en la oficina

5B. Select from Column II the word groups that best complete the sentences begun in Column I.

Ejemplo: 1. El Sr. Adams desea hablar con su agente en español.

Column I

1. **El Sr. Adams desea hablar**
2. **El Sr. Adams sabe leer**
3. **Es muy inteligente y por eso**
4. **Importa objetos de arte**
5. **Los dos señores tienen una cita**
6. **El Sr. López es un hombre**

Column II

a) **aprende rápidamente.**
b) **de México y Guatemala.**
c) **en la casa del Sr. Adams.**
d) **con su agente en español.**
e) **de cuarenta y cinco años de edad.**
f) **el español un poco.**

5C. Find the corresponding Spanish words in the text or in "Building Vocabulary" and write them.

1. and	5. to	9. there	13. How are you?	17. small
2. in	6. perhaps	10. here	14. very well	18. good
3. with	7. but	11. almost	15. thank you	19. bad
4. also	8. therefore	12. always	16. big	20. rapidly

Ejercicio No. 6—Preguntas y Respuestas

Study and read aloud the questions and answers. Note: a) the word order, b) the omission of subject pronouns, and c) that all question words have an accent mark.

1. ¿Quién es el maestro?
   El maestro es el Sr. López.
2. ¿Habla español?
   Sí, señor, habla español.
3. ¿Quién es el comerciante?
   El comerciante es el Sr. Adams.
4. ¿Habla español?
   No, señor, no habla español.
5. ¿Dónde está la oficina del Sr. Adams?
   Está en la calle Whitehall.
6. ¿Importa automóviles?
   No, no importa automóviles.
7. ¿Aprende rápidamente?
   Sí, señor, aprende rápidamente.
8. ¿Cuándo tienen los señores una cita?
   Los martes y los jueves tienen una cita.
9. ¿Es inteligente el Sr. Adams?
   Es muy inteligente.
10. ¿Por qué[1] estudia español?
    Porque desea hacer un viaje a México.

1. Who is the teacher?
   Mr. Lopez is the teacher.
2. Does he speak Spanish?
   Yes, sir, he speaks Spanish.
3. Who is the businessman?
   Mr. Adams is the businessman.
4. Does he speak Spanish?
   No, sir, he does not speak Spanish.
5. Where is the office of Mr. Adams?
   It is on Whitehall Street.
6. Does he import automobiles?
   No, he does not import automobiles.
7. Does he learn rapidly?
   Yes, sir, he learns rapidly.
8. When do the gentlemen have an appointment?
   On Tuesdays and Thursdays they have an appointment.
9. Is Mr. Adams intelligent?
   He is very intelligent.
10. Why is he studying Spanish?
    Because he wants to make a trip to Mexico.

NOTE: 1. **por qué** means *why*, **porque** means *because*.

CAPÍTULO 5 (CINCO)

PRIMERA PARTE

En la sala del señor Adams

1. Es martes, 5 (cinco) de enero de 2003[1].

2. Son las 8 (ocho) de la noche.

3. El señor Adams está sentado en la sala de su casa. El señor López está sentado a su lado.

4. El señor López le dice al señor Adams:—Alrededor de nosotros hay muchas cosas; en la casa, en la calle, en la oficina, en el parque, en la ciudad y en el campo.

5. —Sr. López, dígame, por favor. ¿Qué es esto?

6. —Es un hifi. Mi esposa escucha mucha música clásica.

7. —Bueno. ¿Y qué libros hay en el estante?

8. —Hay libros de música y de arte.

9. —¿Y qué hay en la pared encima del estante?

10. —Es un cuadro de Frida Kahlo.

11. —¡Qué fantástico! Dígame, por favor, los nombres en español de otros objetos en la sala y dónde están.

12. —El otro estante está delante de una ventana. El escritorio está cerca de la puerta. La silla está cerca del escritorio. Encima del escritorio hay un lápiz, un bolígrafo, unos papeles y unas cartas. Hay unos libros en la mesita. La lámpara está en el rincón, entre el sillón y el sofá.

13. —Bueno. Basta por hoy. Hasta luego, señor Adams.

14. Hasta el jueves, señor López.

1. It is Tuesday, January 5, 2003.

2. It is eight o'clock in the evening.

3. Mr. Adams is seated in the living room of his house. Mr. Lopez is seated near him.

4. Mr. Lopez says to Mr. Adams, "Around us there are many things: in the house, in the street, in the office, in the park, in the city, and in the country."

5. Mr. Lopez, tell me, please, what is this?

6. It is a hi-fi. My wife listens to a lot of classical music.

7. Good. And what books are there on the shelf?

8. There are music and art books.

9. And what is there on the wall over the bookcase?

10. It is a painting by Frida Kahlo.

11. Wow! Tell me, please, the names in Spanish of other objects in the living room and where they are.

12. The other bookcase is in front of a window. The desk is near the door. The chair is near the desk. There are a pencil, a pen, some papers, and some letters on the desk. There are some books on the little table. The lamp is in the corner, between the armchair and the couch.

13. Good. Enough for today. So long, Mr. Adams.

14. Until Thursday, Mr. Lopez.

NOTE: 1. 2003 = dos mil tres

Pronunciation and Spelling Aids

1. Pronounce carefully.

acá = here

al-re-de-dor *around*   a-quí (ah-kee) *here*   es-ta-mos *we are*   es-tan-te *bookcase shelf*   lá-piz *pencil*

es-cri-to-rio *desk*   ne-ce-sa-rio *necessary*   ex-ce-len-te *excellent*   dí-ga-me *tell me*   via-ja *she travels*

2. All question words in Spanish have an accent mark.

¿quién? (sing.)	who	¿cuándo?	when	¿cuánto? *(a)*	how much
¿quiénes? (plur.)	who	¿qué?	what	¿cuántos? *(as)*	how many
¿dónde?	where	¿cómo?	how	¿por qué?	why

¿adónde? *to where*

¿de dónde? *from where*

porque = b/c

Building Vocabulary

A. **En la sala** In the Living Room

la carta	letter	**la mesa**	table	**la puerta**	door
el escritorio	desk	**la mesita**	little table	**el cuadro**	~~block~~ *painting*
el estante	bookcase	**el papel**	paper	**la silla**	chair
la lámpara	lamp	**la pared**	wall	**el sillón**	armchair
el libro	book	**el bolígrafo**	pen	**la ventana**	window
el lápiz	pencil	**el rincón**	corner	**el sofá**	couch

B. Some Common Prepositions

a	to, at *(only for time)*	**debajo de**	under	**con**	with
de	of, from	**delante de**	in front of	**en**	in, on, at
alrededor de	around	**detrás de**	behind	**entre**	between
(a)cerca de	near	**encima de**	on top of	**sobre**	over, above

Expresiones Importantes

está sentado *is seated*
dígame tell me
por favor please

cinco de enero January 5
basta por hoy enough for today
son las ocho it's eight o'clock

Ejercicio No. 7—Completion of Text

1. **El señor** (is seated) **en la sala.**
2. (There are) **muchas cosas en la calle.**
3. **Es necesario** (to know) **los nombres.**
4. (Tell me)—**¿Qué es esto?**
5. (My wife) **escucha música.**
6. **La pintura está** (over the bookcase).
7. **En el escritorio hay** (a pencil, a pen, and some paper).
8. (There are) **unos libros** (on the little table).
9. (Enough) **por hoy.**
10. (Until Thursday), **Sr. López.**

SEGUNDA PARTE

Grammar Notes

1. The Contractions **del** and **al**

    a. The preposition **de** (*of, from*) contracts with **el** and forms **del** (*of, from the*).

      ¿Dónde está la oficina *del* comerciante?   Where is the office *of the* businessman?

    b. The preposition **a** (*to*) contracts with **el**, and forms **al** (*to the*).

      El maestro habla *al* comerciante.   The teacher speaks *to the* businessman.

    c. The other forms of the definite article do not contract with **de** or **a**.

      El padre *de los* niños está aquí.   The father *of the* children is here.
      Los niños van *a la* escuela.   The children go *to* school.

2. Possession

    a. Possession is indicated by a phrase with **de**, never by means of an apostrophe.

      la casa **del maestro**   the house *of the teacher*   the teacher's house
      el tío **de María**   the uncle *of Mary*   Mary's uncle

    b. **de quién, de quiénes** whose, of whom

      ¿De quién es la oficina?   Whose office is it?
      Es la oficina del Sr. Adams.   It is Mr. Adams's office.
      ¿De quiénes son estos libros?   Whose are these books?
      Son los libros de los alumnos.   They are the students' books.

3. Omission of the Indefinite Article

    Omit the indefinite article with words indicating professions and occupations after the verb ser to be. If such words are modified, the indefinite article is not omitted.

    El Sr. Adams es negociante.   Mr. Adams is a businessman.
    Es un negociante bueno.   He is a good businessman.

TERCERA PARTE

Ejercicios No. 8A-8B-8C-8D

8A. Write the singular, plural, and meaning of the following nouns. Use the definite article.

Ejemplo: el edificio, los edificios building

1. **calle** street   3. **pared** wall   5. **señor** mister   7. **papel** paper   9. **estante** shelf bookcase
2. **oficina** office   4. **silla** chair   6. **mesa** table   8. **puerta** door   10. **ventana** window

8B. Complete in Spanish. First review "Building Vocabulary B."

Ejemplo: 1. El lápiz está debajo de los papeles.

1. **El lápiz está** (under) **los papeles.**
2. **Hay un parque** (near) **la casa.**
3. (On top of the) **escritorio hay muchas cartas.**
4. **La pintura está** (above) **el estante.**
5. **Hay un sillón** (between) **las ventanas.**
6. **Hay un automóvil** (in front of the) **edificio.**
7. **Las sillas están** (around) **la mesa.**
8. **¿Qué hay** (behind) **la puerta?**
9. **¿Qué hay** (under) **la mesa?**
10. **¿Qué hay** (near the) **escritorio?**

8C. Use **del, de la, de los, de las, al, a la, a los,** or **a las** as required. First review "Grammar Notes 1."

Ejemplo: 1. La sala de la casa es grande.

1. **La sala** (of the) **casa es grande.**
2. **María habla** (to the) **maestro.**
3. **La señora Gómez es la maestra** (of the) **muchachas.**
4. **El Sr. López es un amigo** (of the) **negociante.**
5. **Los señores van** (to the) **puerta.**
6. **Felipe es un amigo** (of the) **niños.**
7. **El maestro habla** (to the) **alumnos.**
8. **El negociante va por tren** (to the) **ciudad.**
9. **¿Quién habla** (to the) **padre?**
10. **¿Quién habla** (to the) **alumnas?**

8D. Practice the Spanish aloud.

1. **¿De quién es este sombrero?**
   Es el sombrero de Juan.
2. **¿Es este estante de Carlos o de María?**
   Es de María.
3. **¿Es este bolígrafo de él o de ella?**
   Es de ella.

4. **¿De quién es la pintura?**
   Es la pintura de Frida Kahlo.
5. **¿De quiénes son estos papeles?**
   Son los papeles de los maestros.

1. Whose hat is this?
   It is John's hat.
2. Is this bookcase Charles's or Mary's?
   It is Mary's.
3. Is this fountain pen his or hers?
   (*Lit.* of him or of her)
   It is hers. (*Lit.* of her)

4. Whose portrait is it?
   It is Frida Kahlo's portrait.
5. Whose are these papers?
   They are the teachers' papers.

Ejercicio No. 9—Preguntas

Answer in complete Spanish sentences. Consult the text for your answers. The correct answers to these questions and those in all later lessons are given in the Answer Section of the Appendix. Check all your answers.

1. **¿Dónde está sentado el Sr. Adams?**
2. **¿Quién está sentado cerca de él?**
3. **¿Hay muchas cosas alrededor de nosotros?**
4. **¿Hay muchas cosas en la calle?**
5. **¿Quién escucha mucha música?**
6. **¿Dónde hay libros de música y arte?**
7. **¿Dónde está la pintura de Frida Kahlo?**
8. **¿Qué hay delante de una ventana?**
9. **¿Dónde está el escritorio?**
10. **¿Qué hay cerca del escritorio?**
11. **¿Dónde están las cartas?**
12. **¿Dónde están los libros?**

REVIEW, CHAPTERS 1–5
REPASO, CAPÍTULOS 1–5

PRIMERA PARTE

Each Review Chapter will begin with a summary of the most important words and expressions that have occurred in the chapters reviewed. Check yourself as follows:

1. Cover up the English words on the right of the page with a piece of paper or blotter. Read one Spanish word at a time aloud and give the English meaning. Uncover the English word of the same number in order to check.

2. Cover up the Spanish words. Say aloud, one at a time, the Spanish for each English word. Uncover the Spanish word to check.

3. Write the words you have difficulty in remembering, three or four times.

Repaso de palabras (Word Review)
NOUNS

1. el alumno	17. la esposa	33. la muchacha	1. student (m)	17. wife	33. girl
2. la alumna	18. la familia	34. el niño	2. student (f)	18. family	34. child (m)
3. el amigo	19. el hermano	35. la niña	3. friend (m)	19. brother	35. child (f)
4. el automóvil	20. la hermana	36. el objeto	4. automobile	20. sister	36. object
5. el bolígrafo	21. el hijo	37. el padre	5. pen	21. son	37. father
6. la calle	22. la hija	38. el papel	6. street	22. daughter	38. paper
7. la casa	23. el hombre	39. la puerta	7. house	23. man	39. door
8. el campo	24. el lápiz	40. la sala	8. country	24. pencil	40. living room
9. la carta	25. la lengua	41. el señor	9. letter	25. language	41. Mr.
10. la ciudad	26. el lugar	42. la señora	10. city	26. place	42. Mrs.
11. el comedor	27. el libro	43. la silla	11. dining room	27. book	43. chair
12. la cosa	28. la madre	44. el tío	12. thing	28. mother	44. uncle
13. el cuarto	29. la mesa	45. la tía	13. room	29. table	45. aunt
14. el día	30. la mujer	46. el tren	14. day	30. woman	46. train
15. el edificio	31. el maestro	47. la ventana	15. building	31. teacher (m)	47. window
16. el escritorio	32. el muchacho	48. el viaje	16. desk	32. boy	48. trip

VERBS

1. es	9. aprende	17. saber	1. he is	9. he learns	17. to know
2. está	10. sabe	18. ver	2. he is (place)	10. he knows (how)	18. to see
3. estamos	11. tiene	19. ir	3. we are (place)	11. he has	19. to go
4. están	12. vive	20. pedir	4. they are (place)	12. he lives	20. to ask for
5. espera	13. hablar	21. hay	5. he expects	13. to speak	21. there is
6. estudia	14. visitar	22. dígame	6. he studies	14. to visit	22. tell me
7. habla	15. hacer		7. he speaks	15. to make (do)	
8. va	16. leer		8. he goes	16. to read	

NOTE: The same form of the verb is good for *he, she, it,* and *you* **(usted)**.

Thus: **es** = *he, she, it* is, *you (formal)* are **espera** = *he, she, it* expects, *you (formal)* expect.

ADJECTIVES

1. bueno	6. mi	11. sentado	1. good	6. my	11. seated
2. excelente	7. mucho	12. su	2. excellent	7. much	12. his, her, its
3. grande	8. necesario	13. todos	3. great, big	8. necessary	13. all
4. importante	9. otro	14. un poco	4. important	9. other	14. a little
5. malo	10. pequeño		5. bad	10. small	

ADVERBS

1. allí	6. diligentemente	11. además	1. there	6. diligently	11. moreover
2. aquí	7. muy	12. si	2. here	7. very	12. if
3. basta	8. rápidamente	13. sí	3. enough	8. rapidly	13. yes
4. bien	9. siempre	14. ya	4. well	9. always	14. now, already
5. casi	10. también		5. almost	10. also	

PREPOSITIONS

1. a	6. del	11. delante de	1. to, at	6. of the	11. in front of
2. al	7. sobre	12. detrás de	2. to the	7. above	12. behind
3. con	8. alrededor de	13. encima de	3. with	8. around	13. on top of
4. en	9. cerca de	14. por	4. in, on	9. near	14. for, by, through
5. de	10. debajo de		5. of, from	10. under	

QUESTION WORDS

1. ¿cómo?	4. ¿dónde?	6. ¿cuánto?	1. how?	4. where?	6. how much?
2. ¿qué?	5. ¿quién?	7. ¿cuántos (as)?	2. what?, which?	5. who?	7. how many?
3. ¿por qué?			3. why?		

CONJUNCTIONS

1. o 2. pero 3. porque 4. y 1. or 2. but 3. because 4. and

IMPORTANT EXPRESSIONS

1. basta	11. en casa	1. enough	11. at home
2. por hoy	12. es necesario	2. for today	12. it is necessary
3. buenos días	13. hasta luego	3. good day	13. until later
4. buenas noches	14. hasta mañana	4. good night	14. until tomorrow
5. buenas tardes	15. hasta la vista	5. good afternoon	15. until I see you again
6. adiós	16. por eso	6. good-bye	16. therefore
7. ¿Cómo está Ud.?	17. por favor	7. How are you?	17. please
8. ¡Qué fantástico!	18. ¿Qué es esto?	8. How fantastic!	18. What is this?
9. muy bien	19. todo el día	9. very well	19. all day
10. gracias	20. tal vez	10. thanks	20. perhaps

SEGUNDA PARTE

Grammar Notes

Ejercicio 10. From Group II select the antonym (opposite) for each word in Group I.

Group I		Group II	
1. bueno	7. mucho	a. delante de	g. malo
2. sí	8. detrás de	b. el campo	h. grande
3. allí	9. buenos días	c. la muchacha	i. aquí
4. pequeño	10. el muchacho	d. buenas noches	j. debajo de
5. encima de	11. la ciudad	e. no	k. poco
6. padre	12. la mujer	f. el hombre	l. madre

Ejercicio 11. Complete the following sentences in Spanish.

1. **Trabajo** (all day).
2. **Dígame** (please).
3. (Perhaps) **está en la oficina.**
4. (Good afternoon) **señor.**
5. **Aprende los saludos** (with pleasure).
6. (Therefore) **estudia español.**
7. ¿(How) **está Ud.?**
8. ¿(Where) **vive el señor?**
9. ¿(What) **es esto?**
10. ¿(Who) **es negociante?**

Ejercicio 12. Select the group of words in the right-hand column which best completes each sentence begun in the left-hand column.

Ejemplo: 1. En la familia Adams (d) hay seis personas.

1. **En la familia Adams**
2. **La casa del Sr. Adams**
3. **El Sr. Adams va en tren**
4. **Estudia español**
5. **Trabaja todo el día**
6. **Sabe leer español**
7. **Aprende rápidamente**
8. **Los martes y los jueves**
9. **En la primera conversación**
10. **La esposa del Sr. Adams**
11. **El Sr. Adams va a hacer**

a. **aprende los saludos y las despedidas.**
b. **toca bien el piano.**
c. **porque es muy inteligente.**
d. **hay seis personas.**
e. **un viaje a México.**
f. **está en los suburbios.**
g. **pero no habla la lengua.**
h. **en su oficina.**
i. **a la ciudad.**
j. **los señores tienen una cita.**
k. **porque desea hablar la lengua.**

Ejercicio 13. Complete these sentences in Spanish.

1. **El automóvil está** (in front of the house).
2. **Las sillas están** (near the door).
3. **Los suburbios están** (around the city).
4. **El Sr. Adams está sentado** (behind the desk).
5. **Las lámparas están** (on top of the piano).
6. (The boy's books, the books of the boy) **están en la mesa.**
7. (The girls' mother, the mother of the girls) **está en casa.**
8. (Philip's brother) **es médico.**
9. (Mary's father) **es profesor.**
10. (The children's teacher) **es mexicano.**

TERCERA PARTE

Practice all Spanish dialogues aloud:

Diálogo I

¿Dónde está la calle Lerma?

1. Por favor, señor, ¿Dónde está la calle Lerma?	1. Please sir, where is Lerma Street?
2. Siga adelante, señorita.	2. Continue straight ahead, Miss.
3. ¿Cuántas cuadras?	3. How many blocks?
4. Cinco cuadras, señorita.	4. Five blocks, Miss.
5. Muchas gracias.	5. Many thanks.
6. De nada.	6. Don't mention it. (You're welcome.)

Diálogo 2

¿Dónde para el camión (autobús)?

1. Señor, ¿me podría decir dónde para el camión (autobús)?	1. Could you please tell me, sir, where does the bus stop?
2. Para en la esquina allá, señorita.	2. It stops at the corner over there, Miss.
3. Muchas gracias, señor.	3. Many thanks, sir.
4. No hay de qué. (De nada.)	4. You're welcome.

LECTURA (READING SELECTION)

Ejercicio No. 14—How to Read the Lecturas

1. Read the passage silently from beginning to end to get the meaning as a whole.

2. Reread the passage, looking up any words you may have forgotten in the Spanish-English dictionary at the end of this book. There are few new words in the Lecturas of the Review Chapters, and the meaning of these is given in parentheses.

3. Read the passage a third time, this time aloud. Then translate it and check your translation with that given in the Answer Section of the Appendix.

4. Follow this procedure in all succeeding Lecturas.

Ejercicio No. 14A—El señor Adams, comerciante de Nueva York

El señor Adams es un comerciante norteamericano que (who) importa objetos de arte de México. Por eso desea hacer un viaje a México en la primavera. Desea hablar con su agente y visitar unos lugares de interés en México. Pero no sabe hablar español.

El señor Adams tiene un maestro bueno. Es un mexicano que vive en Nueva York y se llama señor López. Los martes y los jueves el maestro va por tren a la casa de su estudiante. Allí los dos señores hablan un poco en español. El señor Adams es muy inteligente y aprende rápidamente.

Por ejemplo (For example), **en la primera conversación aprende de memoria los saludos y las despedidas. Ya** (already) **sabe decir** (to say) **«Buenos días», «¿Cómo está Ud.?», «Hasta la vista» y «Hasta mañana». Ya sabe decir en español los nombres de muchas cosas que** (which) **están en su sala, y sabe contestar** (to answer) **bien a las preguntas «¿Qué es esto?» y «¿Dónde está...?»**

El señor López está muy satisfecho (satisfied) **con el progreso de su estudiante y dice** (says)— **Bueno. Basta por hoy. Hasta luego.**

En español, el posesivo se indica con «de».

Sí, está en la lección de hoy.

CAPÍTULO 7 (SIETE)

PRIMERA PARTE

Los verbos son importantes, señor.

1. Los señores Adams y López están sentados en la sala del señor Adams. El Sr. López explica con entusiasmo. El Sr. Adams lo[1] escucha con atención.

2. —Ya sabe Ud. que los nombres de las cosas y de las personas son importantes. Pero los verbos son importantes también, señor. No es posible formar una oración sin verbos. Tampoco es posible conversar sin verbos.

3. —Vamos a practicar unos verbos corrientes. Voy a hacer unas preguntas. Yo pregunto y Ud. contesta. Si no sabe la respuesta, diga, por favor «No sé».

4. —Bueno—dice el señor Adams.—Si no sé la respuesta le voy a decir «No sé».

5. —¿Es Ud. comerciante?

6. —Sí, señor, soy comerciante, importador de objetos de arte y otros artículos de varios países hispano americanos y sobre todo de México.

7. —¿Y por qué estudia español?

8. —Estudio español porque deseo hacer un viaje a México para visitar a mi agente allí. Deseo hablar con él en español. Él no habla inglés.

9. —¿Espera visitar otros países?

10. —Sí, espero ir además a Guatemala, y tal vez a Colombia.

11. —¿Cuándo sale de Nueva York para México?

12. —Salgo el 31 (treinta y uno) de mayo.

13. —¿Viaja en tren, por barco o en avión?

14. —Viajo por avión porque es el modo más rápido.

1. Mr. Lopez and Mr. Adams are seated in the living room of Mr. Adams. Mr. Lopez explains with enthusiasm. Mr. Adams listens to him attentively.

2. You already know that the names of things and of persons are important. But verbs are important, too, sir. It is not possible to make a sentence without verbs. Neither it is possible to converse without verbs.

3. We are going to practice some common verbs. I am going to ask some questions. I ask and you answer. If you do not know the answer, please say "I do not know."

4. "Good," says Mr. Adams. "I will say I don't know if I don't know the answer."

5. Are you a businessman?

6. Yes, sir, I am a businessman, importer of art objects and other things from various Spanish-American countries and especially from Mexico.

7. And why are you studying Spanish?

8. I am studying Spanish because I want to take a trip to Mexico to visit my agent there. I want to speak with him in Spanish. He does not speak English.

9. Do you expect to visit other countries?

10. I expect to go besides to Guatemala, and perhaps Colombia.

11. When do you leave New York for Mexico?

12. I am leaving on May 31.

13. Are you traveling by train, by boat, or by plane?

14. I am traveling by plane because it is the quickest way.

15. —¿Cuánto cuesta el vuelo?

16. —No sé. Mañana voy a pedir información y una reservación.

17. —Excelente, señor. Ud. aprende el español muy rápidamente.

18. —Gracias, pero Ud. exagera.

19. —No, es verdad. Pues, basta por hoy. Hasta luego.

20. —Hasta el próximo jueves.

15. How much does the flight cost?

16. I do not know. Tomorrow I am going to ask for information and make a reservation.

17. Excellent, sir. You are learning Spanish very quickly.

18. Thank you, but you exaggerate.

19. No, it is the truth. Well, enough for today. So long.

20. Until next Thursday

NOTE: 1. **lo** *him.* It is an object pronoun. Object pronouns usually precede the verb.

Pronunciation and Spelling Aids

1. Practice:

a-ten-**ción**	ha-**cer**	es-**tu**-dio	**via**-jo	a-**pren**-de	es-**tán**
re-ser-va-**ción**	prac-ti-**car**	de-**se**-o	es-**tu**-dia	**sa**-le	co-**rrien**-tes
con-ver-**sar**	de-**cir**	es-**pe**-ro	es-**pe**-ra	es-**tá**	**via**-ja

2. **pa-í-ses** (*pah-ee-says*). The accent mark over the **í** shows that the **í** is a separate syllable. Otherwise *ai* would be pronounced like *ai* in the English word *aisle* and in the Spanish word *ai-re*.

Building Vocabulary

A. **Los países de Sudamérica.** The countries of South America.

| 1. **la Argentina** | 3. **Colombia** | 5. **el Ecuador** | 7. **el Perú** | 9. **Venezuela** |
| 2. **Bolivia** | 4. **Chile** | 6. **el Paraguay** | 8. **el Uruguay** | 10. **el Brasil** |

Los habitantes (inhabitants) del Brasil hablan portugués. Los habitantes de los otros países de Sudamérica hablan español.

B. **Algunos países de Europa** (*ayoo-roh-pah*). Some Countries of Europe.

1. **Inglaterra** England
2. **Francia** France
3. **Alemania** Germany
4. **Italia** Italy
5. **España** Spain
6. **Portugal** Portugal

C. **Los países de Norteamérica.** The Countries of North America.
1. **Los Estados Unidos** The United States
2. **México** Mexico
3. **el Canadá** Canada

Expresiones Importantes

1. **con entusiasmo**
2. **hacer preguntas**
3. **hacer un viaje**
4. **por avión (tren, barco)**
5. **sobre todo**

with enthusiasm
to ask questions
to take a trip
by plane (train, boat)
above all, especially

Ejercicio No. 15—Completion of Text

Complete the following sentences based on the text.

1. **Los verbos** (are important) **señor.**
2. **Vamos a practicar** (some common verbs).
3. ¿(Why) **estudia Ud. el español?**
4. (Because) **deseo visitar a** (my) **agente.**
5. **Deseo hablar** (with him in Spanish).
6. **Espero ir** (to other countries).
7. **¿Viaja Ud.** (by train or by plane)?
8. ¿(How much) **cuesta el vuelo?**
9. **Ud. aprende** (very rapidly).
10. (Enough for today.)

SEGUNDA PARTE

Grammar Notes

1. About Verb Endings

The infinitive is the base form of the verb. In English it is expressed by *to*. Thus: *to* speak, *to* learn, *to* live, etc. In Spanish there are infinitive endings which mean *to*. Thus:

<table>
<tr><td>hablar to speak</td><td>aprender to learn</td><td>vivir to live</td></tr>
</table>

The infinitives of all Spanish verbs end in -**ar**, -**er**, or -**ir**. That part of the verb which is left after the ending is removed is called the stem. Thus **habl-**, **aprend-**, **viv-**, are the stems of **hablar**, **aprender**, and **vivir**.

The infinitive endings of the verb are dropped and other endings added to the stem as the verb is used in various persons and tenses. Let us see how the endings change, and what they mean, in the present tense of the verb **hablar**.

2. Present Tense of **hablar**. Model Regular -**ar** Verb

(yo)	**habl-o**	I speak	(nosotros)	**habl-amos**	we speak
(tú)	**habl-as**	you speak (fam.)	(vosotros)	**habl-áis**	you speak (fam.)
usted	**habl-a**	you speak	ustedes	**habl-an**	you speak
(él)	**habl-a**	he, it speaks	(ellos)	**habl-an**	they (m) speak
(ella)	**habl-a**	she, it speaks	(ellas)	**habl-an**	they (f) speak

a. The endings of a regular -ar verb in the present tense are:

SINGULAR -o -as -a   PLURAL -amos -áis -an

NOTE: The verb ending -a is used with usted, él, and ella. The verb ending -an is used with ustedes, ellos, and ellas.

b. Since the ending indicates the subject pronoun quite clearly, subject pronouns are usually omitted [**usted (Ud.)** and **ustedes (Uds.)** less frequently]. They may be used for emphasis or to make the meaning clear.

Yo hablo inglés. **Ella** habla francés.   *I* speak English. *She* speaks French.

c. The present tense may be translated: I speak, I do speak, I am speaking, etc.

d. **nosotros** and **vosotros** have feminine forms **nosotras**, **vosotras**.

3. Polite and Familiar *you.*

   a. **usted** (*you, sing.*) and **ustedes** (*you, plur.*) are the polite forms of address. They are used most of the time.

¿Habla Ud. francés, Sr. Muñoz?	Do you speak French, Mr. Munoz?
Uds. hablan muy bien, señoras.	You speak very well, ladies.

   b. **tú** (*you, sing.*) and **vosotros (as)** (*you, plur.*) are the familiar forms of address. They are used with members of the family, with good friends, and with children. In Latin America (L.A.) the **vosotros** form is not used; **ustedes** takes its place.

¿Hablas (tú) inglés, papá?	Do you speak English, papa?
(Vosotros) habláis demasiado alto, niños.	You speak too loudly, children.
L.A.—Ustedes hablan demasiado alto, niños.	You speak too loudly, children.

4. The Negative and Interrogative.

   a. To form the negative, put the word **no** (*not*) directly before the verb.

No hablamos portugués.	We do not speak Portuguese.

   b. To form a question, place the subject after the verb. If the subject is not expressed, the double question mark is sufficient.

¿Platican los alumnos?	Are the students chatting?
¿No van a hacer un viaje?	Are they not going to make a trip?

TERCERA PARTE

Ejercicios No. 16A-16B-16C-16D

16A. Translate the following **-ar** verbs. They take the same endings as the model **-ar** verb, **hablar.**

1. **escuchar**	4. **formar**	7. **practicar**	10. **contestar**	13. **importar**
2. **desear**	5. **esperar**	8. **viajar**	11. **platicar**	14. **tocar** (an instrument)
3. **visitar**	6. **conversar**	9. **preguntar**	12. **estudiar**	15. **entrar**

16B. Practice aloud the following brief dialogues. Translate them.

   1. **¿Habla Ud. español?**
      Sí, hablo español.
      ¿Qué lenguas habla su maestro?
      Habla inglés, español y francés.

   2. **¿Quién toca el piano?**
      María toca el piano.
      ¿No tocas tú el piano, Rosita?
      No, no toco el piano.

   3. **¿Estudian los alumnos la lección?**
      No, no estudian la lección.
      ¿Platican en español?
      Sí, platican en español.

   4. **¿Escuchan Uds. con atención cuando el maestro habla?**
      Sí, escuchamos con atención cuando el maestro habla.

16C. Copy each sentence filling in the correct verb endings.

Ejemplo: El Sr. Adams no habla español.

1. El Sr. Adams no habl _____ español.
2. Nosotros estudi _____ la lección.
3. ¿Quién import _____ objetos de arte?
4. ¿Dese _____ Ud. aprender a hablar Español?
5. Yo esper _____ ir a Cuba.
6. Uds. platic _____ mucho.
7. Juan y Carlos (ellos) practic _____ la pronunciación.
8. ¿Viaj _____ el señor en tren o en avión?
9. Pablo y yo (nosotros) esper _____ salir mañana.
10. Eva y Ana (ellas) escuch _____ música.

16D. Complete with the form of the verb that fits the pronoun.

Ejemplo: yo miro

1. yo (mirar)
2. él no (escuchar)
3. tú (formar)
4. ella (conversar)
5. ellos (practicar)
6. ¿(preguntar) Ud.?
7. ellas (contestar)
8. ¿(estudiar) nosotros?
9. Uds. (desear)
10. yo no (visitar)
11. yo (viajar)
12. ¿(esperar) Ud.?

Ejercicio No. 17—Preguntas

Answer in complete Spanish sentences.

1. ¿Dónde están sentados los señores?
2. ¿Quién explica?
3. ¿Quién escucha con atención?
4. ¿Quién pregunta?
5. ¿Quién contesta?
6. ¿Son importantes los verbos?
7. ¿Es comerciante el Sr. Adams?
8. ¿Habla (él) español?
9. ¿Por qué desea hablar español?
10. ¿Qué países espera visitar?
11. ¿Viaja en tren, en avión o por barco?
12. ¿Aprende el Sr. Adams rápidamente o despacio (slowly)?

CAPÍTULO 8 (OCHO)

PRIMERA PARTE

La familia del señor Adams

1. Es jueves, el 14 (catorce) de enero a las 8 (ocho) de la noche.

2. El señor López toca el timbre de la casa de la familia Adams. La criada abre la puerta y dice:—Pase Ud. a la sala, por favor.

3. En la sala el señor Adams espera al señor López, y cuando éste entra, dice:—Buenas noches. ¿Cómo está Ud.?

4. —Regular. ¿Y cómo está Ud.? ¿Y su familia?

5. —Yo estoy muy bien, gracias. Pero mi niña Anita está enferma. Tiene un resfriado.

6. —Lo siento mucho. ¿Tiene Ud. otros hijos?

7. —Por supuesto. Tengo cuatro hijos, dos muchachos y dos muchachas. Somos una familia de seis personas.

8. —¿Y cómo se llaman sus hijos?

9. —Se llaman Felipe, Guillermo, Rosita y Anita.

10. —¿Cuántos años tienen?

11. —Felipe tiene diez años. Es el mayor. Guillermo tiene ocho años. Rosita tiene seis años. Anita es la menor. Tiene cinco años.

12. —Todos menos Anita van a la escuela.

13. Los señores platican un rato más. Entra la señora Adams. — Le presento a mi esposa — dice el señor Adams. — ¡Mucho gusto, Sra. Adams! — El gusto es mío. — responde la señora Adams.

14. Entonces el señor Adams invita al señor López a visitar su oficina el próximo lunes, a las doce y media de la tarde.

15. A las nueve el señor López dice: —Hasta la vista.

16. El señor Adams responde:—Hasta el lunes a las doce y media de la tarde.

1. It is Thursday, January 14, at 8 o'clock in the evening.

2. Mr. Lopez rings the bell of the Adams house. The maid opens the door and says, "Go to the living room, please."

3. In the living room Mr. Adams is awaiting Mr. Lopez, and when the latter enters, he says, "Good evening. How are you?"

4. So so. And how are you and your family?

5. I am very well, thank you. But my child Annie is ill. She has a cold.

6. I'm very sorry. Do you have other children?

7. Of course. I have four children, two boys and two girls. We are a family of six people.

8. And what are the names of your children?

9. Their names are Philip, William, Rosie, and Annie.

10. How old are they?

11. Philip is ten years old. He is the oldest. William is eight years old. Rosie is six years old. Annie is the youngest. She is five years old.

12. All except Annie go to school.

13. The two gentlemen chat a while longer. Mrs. Adams comes in. "May I introduce my wife?" says Mr. Adams. — "Nice to meet you, Mrs. Adams." — "Nice to meet you too," Mrs. Adams replies.

14. Then Mr. Adams invites Mr. Lopez to visit his office the following Monday at 12:30 p.m.

15. At nine o'clock Mr. Lopez says, "So long."

16. Mr. Adams answers, "Till Monday at 12:30 p.m."

Pronunciation and Spelling Aids

1. Practice:

jue-ves	en-**fer**-ma	in-vi-**tar**	a-cep-**tar**	**lue**-go
fa-**mi**-lia	**sien**-to	in-vi-ta-**ción**	**tie**-nen	**lla**-man (*yah-mahn*)
res-**fria**-do	Gui-**ller**-mo	res-**pon**-de	se-gu-ra-**men**-te	

Building Vocabulary

A. Most Spanish words ending in **-ción** have corresponding English words ending in *-tion*. Words ending in -ción are feminine.

1. **la invitación**	4. **continuación**	7. **aplicación**	10. **solución**
2. **pronunciación**	5. **atención**	8. **invención**	11. **revolución**
3. **elección**	6. **dirección**	9. **prevención**	12. **reservación**

B. The ending **-mente** is equal to the ending *-ly* in English.

1. **seguramente** surely	3. **generalmente** generally	5. **atentamente** attentively
2. **rápidamente** rapidly	4. **ciertamente** certainly	6. **probablemente** probably

Expresiones Importantes

1. **¿Cómo se llama Ud.?**	1. What is your name?
2. **Me llamo Felipe.**	2. My name is Philip.
3. **¿Cómo se llama su amigo?**	3. What is your friend's name?
4. **Mi amigo se llama Pablo.**	4. My friend's name is Paul.
5. **¿Cuántos años tiene Ud.?**[1]	5. How old are you?
6. **Tengo 13 (trece) años.**[1]	6. I am thirteen years old.
7. **¿Cuántos años tiene Pablo?**	7. How old is Paul?
8. **Tiene 15 (quince) años.**	8. He is fifteen years old.
9. **¡Mucho gusto!**[2]	9. Nice to meet you.
10. **El gusto es mío.**[3]	10. Nice to meet you too.

Ejercicio No. 18—Completion of Text

Complete the following sentences based on the text.

1. **La esposa** (opens) **la puerta.**
2. **Dice—**(Go) **a la sala, por favor.**
3. (Good evening). **¿Cómo está** (your) **familia?**
4. **Ella tiene** (a cold).
5. **¿Tiene Ud.** (other) **hijos?**
6. (I have) **cuatro hijos.**
7. (We are) **una familia de seis personas.**
8. **¿Cuántos** (years) **tienen sus hijos?**
9. **Anita es** (the youngest).
10. **Felipe es** (the oldest).
11. **Platican** (a while longer).
12. **El Sr. Adams invita** (Mr. Lopez).

NOTE: 1. *Lit.* How many years have you? I have 13 years.　　2. *Lit.* It is a pleasure.　　3. *Lit.* The pleasure is mine.

SEGUNDA PARTE

Grammar Notes

1. Present Tense of **ser** *to be*, **estar** *to be*, and **ir** *to go*.

SINGULAR

soy	I am
eres	you are (fam.)
Ud. es	you are
es	he, she, it is

PLURAL

somos	we are
sois	you are (fam.)
Ud. son	you are
son	they are

SINGULAR

estoy	I am
estás	you are (fam.)
Ud. está	you are
está	he, she, it is

PLURAL

estamos	we are
estáis	you are (fam.)
Uds. están	you are
están	they are

SINGULAR

voy	I go
vas	you go (fam.)
Ud. va	you go
va	he, she, it goes

PLURAL

vamos	we go
ais	you go (fam.)
Uds. van	you go
van	they go

NOTE: All forms of **estar** except **estamos** are stressed on the last syllable.

2. Use of **ir** to Indicate Future Time

    a. **Voy a hacer un viaje a Cuba.**   I am going to take a trip to Cuba.
       ¿Van Uds. a aprender el francés?   Are you going to learn French?

    b. **Vamos** may be translated: *Let us*, or *We are going to*, whichever makes best sense.

       Vamos a comenzar. Vamos a ver.   Let us begin. Let's see.
       Vamos a visitar a nuestro amigo.   We are going to visit our friend.

3. The Personal **a**. This is placed before the direct object, if the direct object is a person or proper name. The personal **a** is not translated. **¿a quién?** and **¿a quiénes?** (as a question) equal *whom.*

    ¿A quién espera Ud.?   Whom are you expecting?
    Espero a Juan.   I am expecting John.

4. The Possessive adjectives **mi** and **su**. Observe the forms and meanings of **mi** and **su**:

    a. *Mi* niña está enferma.   *My* child is ill.
    b. *Mis* niños van a la escuela.   *My* children go to school.
    c. Ana, ¿dónde está *su* madre?   Anna, where is *your* mother?
    d. Juan, ¿dónde están *sus* libros?   John, where are *your* books?
    e. María está aquí. *Su* amiga está ausente.   Mary is here. *Her* friend is absent.
    f. Felipe está aquí. *Su* amigo está ausente.   Philip is here. *His* friend is absent.
    g. Los alumnos están aquí. *Su* maestro está ausente. The pupils are here. *Their* teacher is absent.

    mi (*my*) is used with a sing. noun: **mis** (*my*) with a plur. noun.
    su (*his, her, its, their, your*) is used with a sing. noun.
    sus (*his, her, its, their, your*) is used with a plur. noun.

The sense of the sentence determines which meaning of **su (sus)** applies.

Ejercicios No. 19A-19B-19C

19A. Fill in the correct forms of **ser** and **estar**.

Remember: **ser** is used to express *Who is?* or *What is?* **estar** is used to express *place, location (where someone or something is),* or *health.*

1. **¿Quién** (is) **el señor López?** (He is) **maestro.**

2. **¿Cómo** (are) **Ud.?** (I am) **muy bien.**

3. **¿Dónde** (are) **Uds.?** (We are) **en la sala.**

4. **¿**(Are) **Ud. negociante? Sí,** (I am) **negociante.**

5. **¿**(Is) **enferma su hija? Sí, mi hija** (is) **enferma.**

6. **¿Cómo** (are) **Uds.?** (We are) **muy bien, gracias.**

7. **¿Dónde** (are) **los libros?** (They are) **en el estante.**

8. **¿**(Are) **Uds. mexicanos? No,** (we are) **norteamericanos.**

9. **¿Quiénes** (are) **en la sala? Los dos señores** (are) **allí.**

10. **¿**(Are) **Uds. amigos del maestro? Sí,** (we are) **sus amigos.**

19B. Complete the following sentences with the words in parentheses, using the personal **a** whenever necessary.

Ejemplo: Hoy invitamos *al* señor Adams.

1. **Hoy invitamos (el señor Adams).**
2. **No voy a visitar (la escuela).**
3. **Carlos espera (su amigo) Pablo.**
4. **Estudian (la lección).**
5. **Vamos a visitar (la señora de López).**

6. **Esperan Uds. (el tren)?**
7. **No, esperamos (Isabel).**
8. **El Sr. Adams desea ver (su agente).**
9. **Ellos no visitan (el parque).**
10. **Hoy visitamos (José).**

19C. Translate into Spanish.

1. How are you?
2. So so, thank you.
3. My daughter is sick.
4. I am very sorry.
5. You are a family of six people.
6. Do your children go to school?
7. Do you speak Spanish?
8. No. I do not speak Spanish.
9. I invite Charles to visit my house.
10. We are going to chat a while.
11. Let's begin.
12. I want to study Spanish.

TERCERA PARTE
Ejercicio No. 20—Preguntas

1. ¿Quién abre la puerta?
2. ¿Quién toca el timbre?
3. ¿Dónde espera el Sr. Adams al Sr. López?
4. ¿Quién está enferma?
5. ¿Qué tiene ella?
6. ¿Cuántos hijos tiene el comerciante?
7. ¿Cuántas personas hay en su familia?
8. ¿Cómo se llaman sus hijos?
9. ¿Cuántos años tiene Felipe?
10. ¿Platican los señores un rato más?
11. ¿A quién (whom) invita el negociante a visitar su oficina?
12. ¿Acepta el maestro la invitación?

CAPÍTULO 9 (NUEVE)

PRIMERA PARTE

En la oficina del señor Adams

1. La oficina del señor Adams está en el décimo piso de un edificio alto, en un rascacielo. No es grande, pero es muy cómoda. Hay dos ventanas grandes que dan a la calle. En las paredes grises hay algunos carteles de México en colores vivos y un mapa de México.

2. En el escritorio, cerca de la puerta azul, hay una computadora. Al lado está el ratón rojo y una impresora con muchos papeles blancos. Entre las dos ventanas hay una mesa larga y verde. En la mesa hay periódicos y revistas.

3. El señor Adams, que está sentado detrás de su escritorio cuando el señor López entra en la oficina, se levanta y va a saludarlo.

4. —Buenas tardes, señor López. Mucho gusto en verlo.

5. —El gusto es mío. ¿Cómo está Ud.?

6. —Muy bien, gracias.

7. —Su oficina es hermosa. ¡Qué colores más fantásticos! Me gusta este moderno teléfono negro con su contestador amarillo.

8. —Sí, hay tres mensajes en el contestador, los contesto por correo electrónico.

9. —A propósito, ¿cuál es su dirección electrónica?

10. —adams–arroba – arul – punto – com (adams@arul.com)

11. —¡Dios mío, es la una! ¡Por eso tengo hambre! ¿No tiene Ud. hambre?

12. —Sí. Tengo hambre también.

13. —Bueno. No lejos de aquí hay un restaurante bueno.

14. —Pues, ¡vámonos!

1. Mr. Adams's office is on the tenth floor of a tall building. It is not large, but it is very comfortable. There are two large windows that face the street. On the gray walls there are some posters of Mexico in bright colors and a map of Mexico.

2. On the desk, near the blue door, there is a computer. Next to it are the red mouse and the printer with a lot of white papers. Between the two windows there is a long green table. On the table there are newspapers and magazines .

3. Mr. Adams, who is seated behind his desk when Mr. Lopez enters the office, gets up and goes to greet him.

4. Good afternoon, Mr. Lopez. I am very glad to see you.

5. The pleasure is mine. How are you?

6. Very well, thank you.

7. Your office is beautiful. What great colors! I like this modern black telephone with its yellow answering machine.

8. Yes, there are three messages on the answering machine. I answer them by e-mail.

9. By the way, what is your e-mail address?

10. adams@arul.com

11. My goodness, it's one o'clock! That's why I am so hungry. Are you not hungry?

12. Yes, I am also hungry.

13. Good. Not far from here there is a good restaurant.

14. Well, let's go!

Pronunciation and Spelling Aids

1. Practice: e-di-**fi**-cio   re-**vis**-tas   pro-**pó**-si-to   **bas**-ta   **má**-qui-na
              pe-**rió**-di-cos   mu-**chí**-si-mo   a-ma-**ri**-llo   ce-ni-**ce**-ro

2. ¿**quién**?, ¿**cuándo**?, ¿**qué**? and other question words drop the accent mark when they are not used as question words. Thus: **El Sr. Adams, que está sentado cuando el Sr. López entra en la sala, se levanta.**

Building Vocabulary

A. Common Descriptive Adjectives

amarillo	yellow	**malo**	bad	**corto**	short
azul	blue	**barato**	cheap	**largo**	long
blanco	white	**caro**	dear, expensive	**pobre**	poor
negro	black	**bonito**	pretty	**rico**	rich
gris	gray	**hermoso**	beautiful	**fácil**	easy
rojo	red	**simpático**	nice	**difícil**	hard
verde	green	**alto**	high, tall	**cómodo**	comfortable
vivo	lively	**bajo**	low	**inteligente**	intelligent
enfermo	sick	**grande**	big	**importante**	important
bueno	good	**pequeño**	little	**interesante**	interesting

B. New Nouns in Technology

computadora	computer	**ratón**	mouse	**impresora**	printer
correo electrónico	e-mail	**contestador**	answering machine	**arroba**	@
dirección electrónica	e-mail address	**mensaje**	message	**punto**	dot

C. **-ísimo** This ending means *very*. Thus:

1. **muchísimo** very much
2. **altísimo** very high
3. **pobrísimo** very poor
4. **hermosísimo** very beautiful
5. **larguísimo** very long
6. **bonísimo** very good

Expresiones Importantes

1. **dan a la calle** they face the street. The usual meaning of **dan** is *they give*.
2. **¿Tiene Ud. hambre?** Are you hungry? (*Lit.* Have you hunger?) **Tengo hambre.** I am hungry. (*Lit.* I have hunger.)
3. **a propósito** by the way.
4. **¿De qué color es el papel?** What color (*Lit.* of what color) is the paper?
5. Expressions of liking: In Spanish the idea of liking is expressed by means of the verb **gustar** *to be pleasing to*. The person to whom something is pleasing begins the sentence. The thing which is pleasing follows the verb. Thus: **Me gusta el libro.** I like the book. (*Lit.* To me is pleasing the book.) **Me gustan los carteles.** I like the posters. (*Lit.* To me are pleasing the posters.)
6. **¡Dios mío!** My God!
7. **Dirección electrónica** e-mail address, **arroba** @, **punto** dot

Ejercicio No. 21—Completion of Text

1. **Dos ventanas** (face the street).
2. **En la mesa hay** (newspapers).
3. **El Sr. Adams está sentado** (behind his desk).
4. **El Sr. López** (enters the office).
5. (I'm very glad to see you).
6. (The pleasure is mine).
7. (I like = to me is pleasing) **ese mapa.**
8. (By the way), **¿ve Ud. ese cartel?**
9. (I see) **la computadora y el ratón.**
10. ¿(What color) **es el ratón?**
11. ¿(What colors) **la mesa y la puerta?**
12. (My goodness!) **Es la una.**
13. (I am hungry).
14. (Not far from here) **hay un restaurante.**
15. (Let's go!)

SEGUNDA PARTE

Grammar Notes

1. Agreement of Adjectives

Observe the position of the adjectives in the following examples and how they agree with the nouns they modify.

el hombre bueno	the good man	**el libro azul**	the blue book
la mujer buena	the good woman	**la casa azul**	the blue house
los hombres buenos	the good men	**los libros azules**	the blue books
las mujeres buenas	the good women	**las casas azules**	the blue houses

El edificio es grande y hermoso.	The building is large and beautiful.
La ciudad es grande y hermosa.	The city is large and beautiful.
Los edificios son grandes y hermosos.	The buildings are large and beautiful.
Las ciudades son grandes y hermosas.	The cities are large and beautiful.
El moderno teléfono negro	The modern black telephone

a. Adjectives agree with the nouns they modify in number and gender.

b. Adjectives ending in -o change to -a in the feminine. (**bueno buena; hermoso hermosa**)

c. Adjectives not ending in -o do not change in the feminine. (**grande grande; azul azul**)

d. Adjectives, like nouns, form their plurals by adding -s if they end in a vowel (**bueno buenos**) (**verde verdes**); and by adding -es if they end in a consonant. (**azul azules; gris grises**)

e. Descriptive adjectives usually follow the noun. Adjectives of quantity precede it.

   una mesa larga   a long table   **muchas hijas bonitas**   many pretty daughters

f. If you use two adjectives you have two possibilities:—add both adjectives after the noun, with the conjunction **y**—or place the noun between the two adjectives.

2. More About the Uses of **ser** and **estar**.

  a. You have learned:

    ser is used in answer to such questions as *Who is? What is?*

      ¿Quién es el maestro? El Sr. López es el maestro.

      ¿Qué es esto? Es el retrato de mi esposa.

    estar is used in expressions of *place and health.*

      ¿Dónde está la oficina? Está en la calle Whitehall.

      ¿Cómo está su niño? Mi niño está enfermo.

  b. Study the following sentences and note:

    ser is used with adjectives that indicate *lasting qualities,* that is, qualities not likely to change, such as color, size, shape, personal characteristics.

    estar is used with adjectives that indicate *non-lasting qualities*, that is, qualities quite subject to change.

  Among these are adjectives of health.

Adjectives with **ser** *(Lasting Qualities)*	Adjectives with **estar** *(Non-lasting Qualities)*
1. **La oficina es pequeña.**	1. **La cocina está caliente** (hot).
2. **Los libros son azules.**	2. **La sala está fría** (cold).
3. **La lección es fácil.**	3. **Estamos listos** (ready).
4. **Mis amigos son inteligentes.**	4. **¿Están Uds. contentos** (happy)?
5. **Las cestas son baratas.**	5. **Las ventanas están limpias** (clean).
6. **María es simpática.**	6. **El jarro está lleno** (full).
7. **El niño es bueno.**	7. **Estoy bueno (bien)** (well).
8. **Los cuartos no son malos.**	8. **Jorge está malo** (sick).

NOTE: bueno and malo go with **ser** when they mean *good* and *bad.*	**NOTE:** bueno and malo go with **estar** when they mean *well* and *sick.*

  c. **estar** is also used with adjectives indicating a finished action, like **sentado** seated, or **escrito** written.

    Los señores están sentados. La carta está escrita.

TERCERA PARTE
Ejercicios No. 22A-22B-22C

22A. Fill in the correct form of the adjective in parentheses.

Ejemplo: Los colores de los carteles son vivos.

1. **Los colores de los carteles son** (lively).
2. **La oficina es** (comfortable).
3. **Veo las casas con tejados** (red).
4. **¿Dónde están las montañas** (green)?
5. **Los edificios de mi ciudad son muy** (high).
6. **Hay** (many) **carteles en la pared.**
7. **Las casas son** (white).
8. (Many) **ventanas dan a la calle.**
9. **La puerta es** (blue).
10. **Es una señorita muy** (nice).

22B. Fill in the correct form of **ser** or **estar** as needed.

1. Los niños _____ simpáticos.

2. El auto azul _____ en la esquina.

3. El color de los tejados _____ rojo.

4. ¿Cómo _____ Ud.?

5. _____ muy bien.

6. Mis niños _____ enfermos.

7. Nosotros _____ sentados en el comedor.

8. Nosotros _____ los amigos de Felipe.

9. Los alumnos _____ muy inteligentes.

10. ¿_____ muy altos los edificios?

22C. Translate:

1. The office of Mr. Adams is very nice.

2. The windows of the office are large.

3. There are many papers in the printer.

4. The walls of the office are grey.

5. The table is green.

6. The answering machine is yellow.

7. The building is very high.

8. How are you, Mr. Adams?

9. I am very well, thank you.

10. The posters are beautiful.

Ejercicio No. 23—Preguntas

Answer in complete Spanish sentences.

1. ¿Dónde está la oficina del Sr. Adams?

2. ¿Es grande la oficina?

3. ¿Es cómoda la oficina?

4. ¿Dónde hay algunos carteles de México?

5. ¿Dónde hay muchos papeles?

6. ¿Dónde está el ratón?

7. ¿Qué hay entre las dos ventanas?

8. ¿Quién está sentado?

9. ¿De qué color es el ratón?

10. ¿De qué color es el contestador?

11. ¿De qué color son los papeles?

12. ¿Es azul el teléfono?

13. ¿De qué color son las paredes?

14. ¿Es verde la mesa?

15. ¿De quién (whose) es la oficina?
    Es la oficina del _____.

CAPÍTULO 10 (DIEZ)

PRIMERA PARTE

Un amigo visita la oficina del señor Adams

1. El señor Gómez, amigo del señor Adams, es un habitante de Nueva York. Sin embargo, habla bien el español, porque sus padres son puertorriqueños. Es un caballero de treinta y cinco años de edad.

2. Sabe que su amigo Adams aprende el español. Desea saber cómo su amigo adelanta. Por eso entra un día en la oficina del señor Adams y lo saluda en español. Sigue la conversación.

3. —¿Qué tal, amigo?

4. —Muy bien, gracias. ¿Y Ud.?

5. —Más o menos. A propósito, ¿Ud. aprende el español, verdad?

6. —¡Cómo no! Aprendo a hablar, a leer y a escribir español.

7. —¿Es difícil el español?

8. —Pues, no es difícil. Me gusta la lengua y estudio diligentemente.

9. —¿Quién es su maestro de español?

10. —El señor López. Es un maestro muy bueno, y día por día hablo, leo y escribo mejor. Aprendo las palabras y las expresiones de la vida diaria. Yo comprendo al señor López cuando él habla español, y él me[1] comprende cuando yo hablo la lengua. Me gusta mucho el español.

11. —Amigo mío, Ud. habla estupendamente bien.

12. —Es favor que Ud. me hace.

13. —No es favor. Es verdad. Mis amigos me dicen que Ud. va a hacer un viaje a México el verano que viene.[2]

1. Mr. Gomez, a friend of Mr. Adams, is an inhabitant of New York. Nevertheless, he speaks Spanish well because his parents are Puerto Ricans. He is a gentleman of thirty-five years of age.

2. He knows that his friend Adams is learning Spanish. He wants to find out how his friend is progressing. Therefore he enters the office of Mr. Adams one day and greets him in Spanish. The conversation follows.

3. How do you do, friend?

4. Very well, thank you. And you?

5. So, so. By the way, you are learning Spanish, aren't you?

6. Of course. I am learning to speak, read, and write Spanish.

7. Is Spanish difficult?

8. Well, it's not difficult. I like the language and I study diligently.

9. Who is your Spanish teacher?

10. Mr. Lopez. He is a very good teacher and day by day I speak, read, and write better. I learn the words and expressions of daily life. I understand Mr. Lopez when he speaks Spanish, and he understands me when I speak it. I like Spanish very much.

11. My friend, you speak stupendously well.

12. You flatter me.

13. It is not flattery. It is the truth. My friends tell me that you are going to take a trip to Mexico the coming summer.

NOTE: 1. **me** me. Object pronouns usually precede the verb.   2. *Lit.* the summer that is coming.

14. —**Espero ir en la primavera, el 31 de mayo. Voy a viajar por avión. Quiero llegar a México cuanto antes.**

14. I hope to go in the spring, the 31st of May. I am going to travel by plane. I want to arrive in Mexico as soon as possible.

15. —**¡Buen viaje! ¡Y buena suerte! Hasta luego, amigo.**

15. Happy voyage! And good luck! So long, friend.

16. —**Hasta la vista.**

16. So long.

Pronunciation and Spelling Aids

1. Practice:

ha-bi-**tan**-te	con-ver-sa-**ción**	es-tu-pen-da-**men**-te	**bue**-na
puer-to-rri-**que**-ño	di-li-gen-te-**men**-te	**fá**-cil	**suer**-te
a-de-**lan**-te	ex-pre-**sio**-nes	di-**fí**-cil	buen **via**-je

Building Vocabulary

A. **Palabras relacionadas** (Related Words)

1. **habitar**	to inhabit	**el habitante**	the inhabitant		
2. **conversar**	to converse	**la conversación**	the conversation		
3. **estudiar**	to study	**el estudiante**	the student	**el estudio**	the study
4. **comprender**	to comprehend/ to understand	**la comprensión**	the comprehension, the understanding		
5. **viajar**	to travel	**el viaje**	the voyage	**el viajero**	the traveler

B. More Adverbs Ending in **–mente**

1. **diligentemente**	diligently	3. **rápidamente**	rapidly	5. **ciertamente**	certainly
2. **estupendamente**	wonderfully	4. **seguramente**	surely	6. **posiblemente**	possibly

Expresiones Importantes

1. **sin embargo**   nevertheless
2. **por eso**   therefore
3. **¿Qué tal?**   How goes it?
4. **¿Cómo no?**   Of course, why not?
5. **día por día**   day by day
6. **cuanto antes**   as soon as possible

7. **¿verdad?, ¿no es verdad?** is it not true? Translated in various ways, such as: Isn't he, she, it? Aren't you? etc.
8. **el verano que viene** next summer (*Lit.* the summer that is coming).

Ejercicio No. 24—Completion of Text

1. (His parents) **son puertorriqueños.**
2. **Su amigo** (is progressing).
3. **Cuando el Sr. Gómez entra, dice:—¿**(How goes it?)
4. (By the way) **Ud. aprende el español,** (aren't you)?
5. (Of course).
6. (I am learning) **a hablar, a leer y a escribir el español.**
7. **Es** (easy). **No es** (difficult).
8. (I am studying) **diligentemente, porque** (I want) **ir a México.**
9. **Cuando él habla, yo** (understand).
10. **¿Aprende Ud. las** (words) **de la vida** (daily)?
11. **Sí, y aprendo las** (expressions) **también.**
12. (I like = to me is pleasing) **la lengua.**

SEGUNDA PARTE

Grammar Notes

1. Present Tense of **aprender** and **vivir**. Model **-er** and **-ir** Verbs.

SINGULAR			SINGULAR	
aprend-o	I learn		**viv-o**	I live
aprend-es	you learn (fam.)		**viv-es**	you live (fam.)
Ud. **aprend-e**	you learn	Ud.	**viv-e**	you live
aprend-e	he, she, it learns		**viv-e**	he, she, it lives

PLURAL			PLURAL	
aprend-emos	we learn		**viv-imos**	we live
aprend-éis	you learn (fam.)		**viv-ís**	you live (fam.)
Ud. **aprend-en**	you learn	Uds.	**viv-en**	you live
aprend-en	they learn		**viv-en**	they live

a. The endings of **aprender** are like the endings of **hablar**, except that the letter -e replaces the letter -a. The endings of **aprender** are the same as those of **vivir**, except in the **nosotros** (*we*) and **vosotros** (*you, fam.*) forms.

b. Some common **-er** and **-ir** verbs like **aprender** and **vivir**.

beber	to drink	**responder**	to answer	**dividir**	to divide
comer	to eat	**ver**[1]	to see	**recibir**	to receive
comprender	to understand	**abrir**	to open	**permitir**	to permit
leer	to read	**escribir**	to write	**prohibir**	to prohibit

NOTE: 1. The present tense of **ver**: Sing.= **veo, ves, ve.** Plur.= **vemos, veis, ven.**

2. Verbs followed by an Infinitive with **a**

Va a hacer un viaje.	He is going to make a trip.	**Empezamos a hablar.**	We begin to speak.
Aprende a leer.	He learns to read.	**Comenzamos a comer.**	We begin to eat.

After the verbs **ir**, **aprender**, **comenzar**, and **empezar**, a complementary infinitive must be preceded by **a**.

TERCERA PARTE

Ejercicios No. 25A-2SB

25A. Practice these short dialogues aloud. They will give you a "feeling" for the correct use of verbs in the present tense.

1. ¿Aprenden Uds. español?
   Sí, aprendemos español.
   ¿Aprende Carlos español?
   No, no aprende español.

2. ¿Escribe Ud. una carta?
   No, no escribo una carta.
   ¿Qué escribe Ud.?
   Escribo los ejercicios.

3. ¿Qué lee Ud.?
   Leo el diario.
   ¿Qué lee Ana?
   Ella lee una revista.

4. ¿Quién abre la puerta?

La criada abre la puerta.

¿Quién entra en la casa?

El Sr. López entra en la casa.

5. ¿Qué ve Ud.?

Veo el mapa.

¿Ve Ud. los carteles?

No, no veo los carteles.

6. ¿Dónde viven Uds.?

Vivimos en Nueva York.

¿Dónde viven los mexicanos?

Viven en México.

25B. Fill in the missing endings. -ar, -er and -ir verbs are included in this exercise.

Ejemplo: Aprendo el español.

1. (Yo) aprend—español.

2. El señor López toc— el timbre.

3. (Nosotros) estudi— diligentemente.

4. (Ellos) no comprend— al maestro.

5. ¿Le— Uds. los periódicos?

6. Los niños beb— leche.

7. ¿Escrib— Ud. los ejercicios?

8. ¿Viv— (ella) en la ciudad?

9. Niño, ¿por qué no beb— la leche?

10. Papa, ¿dese— (tú) la revista?

11. (Ellas) no viaj— en la primavera.

12. La esposa abr— la puerta.

Ejercicio No. 26—Preguntas

1. ¿Quién es un habitante de Nueva York?

2. ¿Habla el Sr. Gómez bien el español?

3. ¿Son sus padres norteamericanos?

4. ¿Qué sabe el señor Gómez?

5. ¿En dónde entra un día?

6. ¿A quién saluda el Sr. Gómez en español?

7. ¿Quién aprende a hablar, a leer y a escribir el español?

8. ¿Cómo estudia el Sr. Adams?

9. ¿Quién es su maestro de español?

10. ¿Es un maestro bueno?

11. ¿Comprende el señor Adams cuando el maestro habla español?

12. ¿Qué clase de (what kind of) palabras aprende el señor Adams?

13. ¿Quién va a hacer un viaje a México?

14. ¿Cuándo espera ir a México?

15. ¿Quién dice—Buen viaje y buena suerte?

En español, los verbos terminan en «ar», «er» e «ir».

Eso es fácil de recordar.

CHAPTER 11

REVIEW, CHAPTERS 7–10
REPASO, CAPÍTULOS 7–10

PRIMERA PARTE

Repaso de palabras (Word Review)

NOUNS

1. el año	16. el parque	1. year	16. park
2. el avión	17. el periódico	2. airplane	17. newspaper
3. el caballero	18. la plaza	3. gentleman	18. square
4. el cartel	19. la pregunta	4. poster	19. question
5. la noche	20. la respuesta	5. night	20. answer
6. el contestador	21. el restaurante	6. answering machine	21. restaurant
7. la escuela	22. la revista	7. school	22. magazine
8. el estudiante	23. el sol	8. student	23. sun
9. el habitante	24. la suerte	9. inhabitant	24. luck
10. la lección	25. la tarde	10. lesson	25. afternoon
11. la manera	26. la verdad	11. manner	26. truth
12. la computadora	27. el viaje	12. computer	27. voyage
13. el ratón	28. la vida	13. mouse	28. life
14. arroba	29. el vuelo	14. @	29. flight
15. el país		15. country	

VERBS

1. aceptar	14. practicar	27. responder	1. to accept	14. to practice	27. to answer
2. adelantar	15. preguntar	28. tener	2. to progress	15. to ask	28. to have
3. contestar	16. empezar	29. saber	3. to answer	16. to begin	29. to know
4. desear	17. saludar	30. ver	4. to want	17. to greet	30. to see
5. entrar (en)	18. tocar	31. abrir	5. to enter	18. to play (music)	31. to open
6. escuchar	19. trabajar	32. escribir	6. to listen	19. to work	32. to write
7. esperar	20. viajar	33. ir	7. to expect	20. to travel	33. to go
8. estudiar	21. visitar	34. pedir	8. to study	21. to visit	34. to ask for
9. hablar	22. aprender	35. seguir	9. to speak	22. to learn	35. to follow
10. invitar	23. beber	36. salir (de)	10. to invite	23. to drink	36. to leave, go out of
11. llegar	24. comprender	37. salgo	11. to arrive	24. to understand	37. I leave
12. pasar	25. hacer	38. no sé	12. to pass	25. to make	38. I don't know
13. platicar	26. leer	39. voy a	13. to chat	26. to read	39. I am going to

ADJECTIVES

1. **alto**	10. **difícil**	19. **listo**	1. high	10. difficult	19. ready
2. **amarillo**	11. **enfermo**	20. **limpio**	2. yellow	11. sick	20. clean
3. **azul**	12. **fácil**	21. **lleno**	3. blue	12. easy	21. full
4. **bajo**	13. **frío**	22. **próximo**	4. low	13. cold	22. next
5. **barato**	14. **gris**	23. **rápido**	5. cheap	14. gray	23. rapid
6. **caro**	15. **hermoso**	24. **rico**	6. expensive	15. beautiful	24. rich
7. **caliente**	16. **importante**	25. **rojo**	7. hot	16. important	25. red
8. **cómodo**	17. **inteligente**	26. **sucio**	8. comfortable	17. intelligent	26. dirty
9. **corriente**	18. **largo**	27. **verde**	9. common	18. long	27. green

ADVERBS

1. **alto**	3. **hoy**	5. **tampoco**	1. loudly	3. today	5. neither
2. **despacio**	4. **tan**	6. **demasiado**	2. slowly	4. such, so	6. too much

PREPOSITIONS

1. **para**	3. **lejos de**	5. **menos**	1. for, in order to	3. far from	5. except
2. **sin**	4. **por**	6. **cerca de**	2. without	4. for, by	6. near, through

NOTE: The uses of **por** and **para** offer some difficulty in Spanish. You can best get a feeling for their correct use by memorizing **por** and **para** phrases as you meet them. Thus: **por favor**, **por barco**, **por avión**, etc.; **basta por**; **para visitar** (in order to visit); **Sale para México.** He leaves for Mexico.

In general, **para** is used to indicate *purpose, destination*, **por** is used to indicate *price* (**por peso**); *duration of time* (**por dos meses**); *through* (**por la calle**).

QUESTION WORDS

1. **quién**	3. **a quién**	5. **de quién**	1. who	3. whom, to whom	5. of whom, whose
2. **cuál**	4. **cuáles**	6. **cuándo**	2. which (one)	4. which (ones)	6. when

CONJUNCTIONS

1. **pues**	3. **cuando**	1. then, since	3. when
2. **si**	4. **porque**	2. if	4. because

IMPORTANT EXPRESSIONS

1. **buena suerte**	15. **lo siento mucho**	1. good luck	15. I am very sorry
2. **buen viaje**	16. **pedir información**	2. happy voyage	16. to ask for information
3. **a propósito**	17. **en/por tren**	3. by the way	17. by train
4. **¿Cómo no?**	18. **por barco**	4. Of course, why not?	18. by boat
5. **con su permiso**	19. **en/por avión**	5. if you please	19. by airplane
6. **con mucho gusto**	20. **¿Qué tal?**	6. with great pleasure	20. How goes it?
7. **¿Cuánto cuesta?**	21. **Tengo hambre.**	7. How much does it cost?	21. I am hungry.
8. **¿Cuántos años tiene?**	22. **sin embargo**	8. How old are you?	22. nevertheless
9. **Tengo quince (15) años.**	23. **sobre todo**	9. I am 15 years old.	23. especially
10. **¿De qué color?**	24. **Vámonos.**	10. What color is it?	24. Let's go.
11. **¿(No es) verdad?**	25. **un rato más**	11. Isn't it so?	25. a while longer
12. **hacer un viaje**	26. **contestador automático**	12. to take a trip	26. answering machine
13. **hacer preguntas**	27. **correo electrónico**	13. to ask questions	27. e-mail
14. **mucho gusto en verlo**		14. very glad to see you	

SEGUNDA PARTE

Grammar Notes

Ejercicio 27. Give the Spanish words that correspond to these English words. The ending *-tion* becomes *-ción*

Ejemplo: atención attention

1. civilization	3. instruction	5. revolution	7. application	9. invention
2. reservation	4. exception	6. observation	8. election	10. solution

Ejercicio 28. Answer each of the following questions in complete sentences, using the suggested words in the answer.

Ejemplo: ¿De qué color es el jarro? (azul). El jarro es azul. or Es azul.

1. ¿De qué color es la puerta? (azul)
2. ¿Qué lengua hablan los mexicanos? (español)
3. ¿Quién tiene hambre? (El Sr. Adams)
4. ¿De qué color es la revista? (blanco-y negro)
5. ¿Dónde vive Ud.? (en Estados Unidos)
6. ¿De qué color son los papeles? (blanco)
7. ¿Qué beben los niños? (leche)
8. ¿A quién saluda el Sr. Adams? (a su amigo)
9. ¿Cuántos años tiene Ud.? (treinta años)
10. ¿Cómo se llama Ud.? (your own name)

Ejercicio 29. Select the words in the right-hand column which best complete the sentence begun in the left-hand column.

Ejemplo: 1. No comprendo bien al maestro (e) cuando habla rapidamente.

1. No comprendo bien al maestro
2. El señor dice:—Con su permiso—
3. Si Ud. no sabe la respuesta
4. El profesor dice:—Lo siento mucho
5. Vamos por avión porque
6. Si estudiamos diligentemente
7. Cuando tengo hambre
8. Las ventanas de la oficina
9. El amigo saluda al señor Adams y dice:—
10. No sé cuánto cuesta

a. diga:—No sé.
b. es el modo más rápido.
c. voy al restaurante.
d. dan a la calle.
e. cuando habla rápidamente.
f. el vuelo a México.
g. cuando pasa delante de una persona.
h. vamos a adelantar día por día.
i. porque la niña está enferma.
j. Mucho gusto en verlo.

Ejercicio 30. Complete each verb with the correct ending.

Ejemplo: nosotros vivimos.

1. nosotros viv _____
2. ellos aprend _____
3. él trabaj _____
4. Ud. sab _____
5. Uds. escrib _____
6. tú abr _____
7. yo permit _____
8. Ud. beb _____
9. nosotros adelant _____
10. yo ve _____

Ejercicio 31. Answer each of the following questions in the affirmative:

Ejemplo: ¿Habla Ud. inglés? Sí, hablo inglés.

1. ¿Aprende Ud. español?
2. ¿Estudia Ud. la lección?
3. ¿Trabaja Ud. diligentemente?
4. ¿Espera Ud. viajar?
5. ¿Ve Ud. los carteles?
6. ¿Lee Ud. el periódico?
7. ¿Comprende Ud. la pregunta?
8. ¿Acepta Ud. la invitación?
9. ¿Visita Ud. al maestro?

Ejercicio 32. Complete with the correct forms of **ser** or **estar** (*See grammar notes* 2a, b, c).

Ejemplo: El padre es profesor. or **Es profesor.**

1. **El padre** (is) **profesor.**
2. **¿Cómo** (are) **Ud.?**
3. (I am) **enfermo.**
4. (We are) **contentos.**
5. **La casa** (is) **blanca.**

6. (He is) **sentado.**
7. **Los niños** (are) **buenos.**
8. **Ella** (is) **inteligente.**
9. **Los muchachos** (are) **simpáticos.**
10. **La sala** (is) **fría.**

11. (They are) **importantes.**
12. **Tú** (are) **bonito, niño.**
13. **Ud.** (are) **alto.**
14. **Uds. no** (are) **ricos.**
15. (I am) **bien.**

TERCERA PARTE

Diálogo I

Practice the Spanish aloud.

¿Quién es Ud.?

1. **¿Cómo se llama Ud.?**
2. **Me llamo Carlos Sánchez.**
3. **¿Cuántos años tiene Ud.?**
4. **Tengo veinte años.**
5. **¿Dónde vive Ud.?**
6. **Vivo en la calle Orizaba 50.**
7. **¿Dónde trabaja Ud.?**
8. **Trabajo en la casa Velarde y Cía. (Compañía).**

Who Are You?

1. What is your name?
2. My name is Charles Sanchez.
3. How old are you?
4. I am 20 years old.
5. Where do you live?
6. I live at 50 Orizaba St.
7. Where do you work?
8. I work for the firm Velarde & Company.

Diálogo 2

¿Qué camión (autobús) tomo?

1. **Dispénseme, señor, ¿qué camión (autobús) tomo para el Zócalo? (para Coyoacán)? (para el centro)?**
2. **Tome Ud. el camión (autobús) número 24. Para aquí mismo en la esquina.**
3. **Muchas gracias, señor.**
4. **De nada.**

What Bus Do I Take?

1. Excuse me, sir, what bus do I take for the Zocalo? (for Coyoacan?) (for downtown?)
2. Take bus number 24. It stops right here on the corner.
3. Thank you very much, sir.
4. You're welcome.

Diálogo 3

¿Qué tranvía va a . . . ?

1. **Dispénseme, señor, ¿me hace el favor de decirme, qué tranvía va al parque de Chapultepec? (al Palacio de Bellas Artes)? (al Jardín Zoológico)?**
2. **No sé, señor. Pero aquel policía en la esquina puede decirle, estoy seguro.**
3. **Muchas gracias, señor. Voy a preguntarle.**

What Streetcar Goes to . . . ?

1. Excuse me, sir, would you please tell me, what street car goes to Chapultepec Park? (to the Palace of Fine Arts)? (to the Zoo)?
2. I do not know, sir. But that policeman on the corner can tell you, I am sure.
3. Thank you very much, sir. I am going to ask him.

LECTURA 1

Follow the instructions given in Ejercicio No. 14.

Ejercicio No. 33—Dos amigos del señor Adams

El señor Adams ya sabe los nombres de todos los objetos de su casa. Ahora empieza a estudiar los verbos porque desea aprender a leer, a escribir y a conversar en español. También desea saber los números en español. Siendo (being) un comerciante que espera visitar a su agente en México, necesita (he needs) la práctica de charlar (chatting) con españoles o hispanoamericanos. Afortunadamente (Luckily) tiene dos amigos que son de México y que trabajan cerca de su oficina en la calle Whitehall.

Un día el señor Adams va a visitar a estos (these) mexicanos. Los dos señores escuchan con atención al señor Adams mientras (while) habla con ellos en español. Después de (After) diez minutos de conversación, los mexicanos hacen muchas preguntas a su (their) amigo y están muy contentos (pleased) de sus (his) respuestas.

LECTURA 2

Ejercicio No. 34—El Sr. Adams se enferma (gets sick).

El jueves veintidós de abril, a las nueve de la noche, llega (arrives) el señor López[1] a la casa de su estudiante, el señor Adams. El hijo mayor, un muchacho de diez años, abre la puerta y saluda al maestro. Entran en la sala donde el señor Adams general-mente espera a su profesor.

Pero esta (this) noche no está en la sala. Tampoco (Neither) está allí la señora Adams. El señor López está muy sorprendido (surprised) y le pregunta al muchacho:—¿Dónde está tu papá? El hijo responde tristemente:— Mi papá está enfermo y no puede (cannot) salir de su dormitorio. Está en cama (bed) porque está muy resfriado. También tiene dolor de cabeza (headache).

El profesor se pone (becomes) muy triste y dice: —¡Qué lástima! (What a pity!) Entonces hoy no podemos tener clase, pero la semana próxima vamos a estudiar dos horas. Hasta el martes próximo.

NOTE: 1. Quite frequently the subject is placed after the verb in Spanish, even when the sentence is not a question. Thus: **llega el Sr. Adams = el Sr. Adams llega.** Watch out for this inverted word order.

CAPÍTULO 12 (DOCE)

PRIMERA PARTE

En el comedor

1. Los señores Adams y López están sentados en el comedor de la casa Adams. Toman café y comen pan dulce.

2. Dice el señor Adams:—¿Le gustan estas tazas y estos platillos?

3. —¡Qué bonitos son!—contesta el señor López.—Esta taza blanca con dibujos azules es de Puebla, ¿verdad?

4. —Sí, este tipo de cerámica se llama Talavera de Puebla. Es conocida por todas partes. Es interesante ver que cada distrito tiene su propio estilo de cerámica.

5. —¿De dónde es ese jarro verde y blanco?

6. —Este jarro para crema es de Oaxaca. Mire los dibujos de pájaros y flores. Ese otro para agua es de Michoacán.

7. —Ya sabe Ud., señor Adams, que los indios son verdaderos artistas. Trabajan despacio. Como cualquier artista, no tienen prisa.

8. —Sí, es difícil hoy día obtener un surtido adecuado para el mercado norteamericano.

9. —Pobre artista—dice el señor López—. Para aquel mercado lejano tiene que trabajar de prisa. Así no es fácil mantener la calidad artística.

10. —Es verdad—responde el señor Adams—. Pero de todos modos veo mucha cerámica de interés artístico.

11. —¡Ya lo creo!—contesta el señor López—. Me gustan mucho aquellos platos para frutas en el aparador. ¡Qué finos son los dibujos amarillos y azules en el fondo blanco!

1. Mr. Adams and Mr. Lopez are seated in the dining room of the Adams house. They are having coffee and sweet rolls.

2. Mr. Adams says, "Do you like these cups and saucers?"

3. "How pretty they are!" answers Mr. Lopez. "This white cup with the blue designs is from Puebla, is it not?"

4. Yes, this kind of pottery is called Puebla Talavera. It is known everywhere. It is interesting to see that each district has its own style of pottery.

5. Where does that green-and-white pitcher come from?

6. This cream pitcher is from Oaxaca. Look at the designs of birds and flowers. That other one for water is from Michoacán.

7. You already know, Mr. Adams, that the Indians are true artists. They work slowly. Like any artist, they are not in a hurry.

8. Yes, it is hard nowadays to obtain an adequate assortment for the North American market.

9. "Poor artist," says Mr. Lopez. "For that distant market he has to work fast. Thus it is not easy to maintain artistic quality."

10. "It is true," answers Mr. Adams. "But anyway, I see much pottery of artistic interest."

11. "I should say so!" answers Mr. Lopez. "I like very much those fruit dishes on the sideboard. How fine the yellow-and-blue designs are on the white background!"

12. —¡Tengo también ejemplares de cerámica corriente. Es muy sencilla. Como ese plato cerca de Ud., muchas veces es color café.

13. —Es para el uso—dice el señor López—. Pero también tiene dibujos.

14. —¿Quiere más café? ¿No quiere también esa torta?

15. —Gracias. Todo está muy sabroso,—contesta el señor López.

12. I also have samples of ordinary pottery. It is very simple. Like that plate near you, it is often brown.

13. "It is for use" says Mr. Lopez. "But it also has designs."

14. Do you want more coffee? Do you want that cake, too?

15. "Thank you. Everything is very tasty," answers Mr. Lopez.

Pronunciation and Spelling Aids

1. Practice:

pla-**ti**-llo	co-no-**ci**-do	ar-te-**sa**-no	cu-cha-**ri**-ta	Michoacán (mee-chwah-**cahn**)
di-**bu**-jo	**pá**-ja-ro	a-pa-ra-**dor**	le-**ja**-no	Oaxaca (wah-**hah**-cah)
ce-**rá**-mi-ca	a-zu-ca-**re**-ro	sen-**ci**-llo	Taxco (**tahs**-koh)	

2. Exclamations begin with a reversed exclamation point.

¡Qué finos son los dibujos!   How fine the designs are!

3. When a feminine noun begins with a stressed **a**, the masculine article **el** is used for the sake of the sound. Thus: **el agua**, but **las aguas**; **el arte**, **las artes**

Building Vocabulary

A. **En el comedor** In the Dining Room

el aparador	buffet	**el cuchillo**	knife	**el plato**	plate
el azucarero	sugar bowl	**la mesa**	table	**el platillo**	saucer
la cuchara	spoon	**el jarro para crema**	cream pitcher	**el sillón**	armchair
la cucharita	teaspoon	**el jarro para agua**	water pitcher	**el vaso**	glass

B. The endings -ito, -ita, -illo, -illa, when added to a noun, have the meaning *small*. They are also used to indicate affection, friendliness, sympathy, or informality. The Mexicans are very fond of these endings and use them even on adjectives and adverbs.

cuchara	spoon	**Ana**	Anna
cucharita	little (tea) spoon	**Anita**	Annie
plato	plate	**Juan**	John
platillo	saucer	**Juanito**	Johnny, Jack
hijo (a)	son, daughter	**ahora**	now
hijito (a)	sonny, girlie	**ahorita**	right away

Expresiones Importantes

1. **cada artista** — each artist
2. **de todos modos** — anyway
3. **hoy día** — nowadays
4. **muchas veces** — many times, often
5. **por todas partes** — everywhere
6. **tener que** — to have to
7. **Tiene que trabajar.** — He has to work.
8. **tener prisa** — to be in a hurry
9. **tengo prisa** — I am in a hurry
10. **¡Ya lo creo!** — Of course! I should say so!
11. **tomar una bebida, tomar café** — to have a drink, to have coffee
12. **comer un pastel** — to eat a cake

Ejercicio No. 35—Completion of Text

1. (They are having) **café y pan dulce.**
2. **¡Qué bonitos son estos** (designs)!
3. **Este tipo de cerámica es conocido** (everywhere).
4. (Each) **distrito tiene su** (own) **estilo.**
5. **Este jarro es** (for cream).
6. **Ese otro es** (for water).
7. **Cualquier artista trabaja** (slowly).
8. (He has to) **trabajar de prisa.**
9. **Pero** (anyway) **veo mucha cerámica.**
10. (I have) **ejemplares de cerámica corriente.**
11. **Ese plato es** (very simple).
12. (Often) **es color de café.**
13. **Es** (for use), **pero tiene dibujos.**
14. ¿(Do you wish) **más café?**
15. ¿(Do you not wish) **esta torta?**

SEGUNDA PARTE

Grammar Notes

1. The Demonstrative Adjectives. Note the forms and meanings of **este**, **ese**, and **aquel** in the following sentences.

Este jarro es de Puebla. — *This* pitcher is from Puebla.
Esta taza es de Oaxaca. — *This* cup is from Oaxaca.
Estos jarros son de Puebla. — *These* pitchers are from Puebla.
Estas tazas son de Oaxaca. — *These* cups are from Oaxaca.

Ese plato es de Puebla. — *That* plate is from Puebla.
Esa cuchara es de Taxco. — *That* spoon is from Taxco.
Esos platos son de Puebla. — *Those* plates are from Puebla.
Esas cucharas son de Taxco. — *Those* spoons are from Taxco.

Mire Ud. **aquel** tejado rojo. — Look at *that* red roof.
Mire Ud. **aquella** montaña alta. — Look at *that* high mountain.
Mire Ud. **aquellos** tejados rojos. — Look at *those* red roofs.
Mire Ud. **aquellas** montañas altas. — Look at *those* high mountains.

a. Demonstrative adjectives agree in number and gender with the nouns they modify.

b. **ese**, **esa**, **esos**, **esas** (*that, those*) are used to point out persons or things near the persons spoken to; **aquel**, **aquella**, **aquellos**, **aquellas** (*that, those*) are used to point out distant persons or things.

2. Present Tense of **tener** to have, **venir** to come

<table>
<tr><td colspan="2">SINGULAR</td><td></td><td colspan="2">SINGULAR</td><td></td></tr>
<tr><td></td><td>**tengo**</td><td>I have</td><td></td><td>**vengo**</td><td>I come</td></tr>
<tr><td></td><td>**tienes**</td><td>you have (*fam.*)</td><td>Ud.</td><td>**vienes**</td><td>you come (*fam.*)</td></tr>
<tr><td>Ud.</td><td>**tiene**</td><td>you have</td><td></td><td>**viene**</td><td>you come</td></tr>
<tr><td></td><td>**tiene**</td><td>he, she, it has</td><td></td><td>**viene**</td><td>he, she, it comes</td></tr>
</table>

<table>
<tr><td colspan="2">PLURAL</td><td></td><td colspan="2">PLURAL</td><td></td></tr>
<tr><td></td><td>**tenemos**</td><td>we have</td><td></td><td>**venimos**</td><td>we come</td></tr>
<tr><td></td><td>**tenéis**</td><td>you have (*fam.*)</td><td></td><td>**venís**</td><td>you come (*fam.*)</td></tr>
<tr><td>Uds.</td><td>**tienen**</td><td>you have</td><td>Uds.</td><td>**vienen**</td><td>you come</td></tr>
<tr><td></td><td>**tienen**</td><td>they have</td><td></td><td>**vienen**</td><td>they come</td></tr>
</table>

NOTE: Memorize the proverb (**el refrán**): **Quien primero viene primero tiene.** First come first served. (*Lit.* Who comes first has first.)

TERCERA PARTE

Ejercicios No 36A-36B-36C

36A. Complete with the correct form of **este**, **ese**, **aquel**. The abbreviation, *dist.* (*distant*) after *that* and *those*, means use the correct form of **aquel**, not of **ese**.

Ejemplo: ¿Ven Uds. *aquellas* montañas verdes?

1. ¿**Ven Uds.** (those-*dist.*) **montañas verdes?**
2. (This) **taza es de Puebla.**
3. (These) **señores toman café.**
4. (These) **sillas son nuevas.**
5. (Those) **revistas son muy interesantes.**
6. (Those) **dibujos son muy finos.**
7. (That-*dist.*) **casa es gris.**
8. (This) **retrato es de mi esposa.**
9. **Vamos a visitar** (those -*dist.*) **ciudades.**
10. (This) **camisa es de Juan.**
11. (That) **blusa es de María.**
12. **Me gustan** (these) **dibujos.**

36B. Read each question and answer aloud several times.

1. **¿Tiene Ud. que escribir una carta?**
   Sí, tengo que escribir una carta.

2. **¿Tienen Uds. que hacer un viaje?**
   No, no tenemos que hacer un viaje.

3. **¿Tienes hambre, hijito?**
   Sí, tengo hambre.

4. **¿Tienes prisa, Carlitos?**
   No, no tengo prisa.

5. **¿De dónde viene Ud.?**
   Vengo del cine.

6. **¿De dónde vienen Uds.? Venimos del parque.**

36C. Translate into Spanish.

1. These gentlemen are seated in the dining room
2. These cups are from Puebla.
3. I like (**me gustan**) these designs.
4. Those plates are from Oaxaca.

5. Do those (*dist.*) artists work slowly?

6. Has this family five children?

7. Are you hungry, sonny?

8. No, I am not hungry.

9. Do you have to write a letter, Mr. Adams?

10. Yes, I have to write a letter.

CUARTA PARTE

Ejercicio No. 37—Preguntas

Answer in complete Spanish sentences.

1. ¿Dónde están sentados los señores Adams y López?

2. ¿Qué toman?

3. ¿Qué dice el Sr. Adams?

4. ¿De dónde es la taza blanca con los dibujos azules?

5. ¿Tiene cada distrito su propio estilo?

6. ¿De dónde es el jarro para crema?

7. ¿De dónde es el jarro para agua?

8. ¿Son verdaderos artistas los indios?

9. ¿Cómo trabajan los artesanos indios, despacio o de prisa?

10. ¿Tienen prisa los artistas?

11. ¿Para qué mercado es difícil obtener un surtido adecuado?

12. ¿Quién ve mucha cerámica de interés artístico?

13. ¿Dónde están los platos para frutas?

14. ¿De qué color son los dibujos en los platos para frutas?

15. ¿Tiene el Sr. Adams ejemplares de cerámica corriente?

CAPÍTULO 13 (TRECE)

CHAPTER 13

PRIMERA PARTE

Números, números, siempre números

1. —Ya sabe que los nombres de cosas y de personas son importantes. Ya sabe que no es posible hacer una frase sin verbos.

2. —Es verdad, Sr. López.

3. —Pues, hay palabras, señor, que son tan importantes como los nombres y los verbos. En efecto, no es posible imaginar nuestra civilización moderna sin estas palabras. ¿Puede adivinar en qué pienso?

4. —Creo que sí. Ud. quiere decir[1] los números.

5. —Tiene razón. ¿Puede decirme cuándo usamos números hoy en día?

6. —Por supuesto. Nada es más fácil. Necesitamos números para comprar y vender.

7. —¡Ja, Ja, Ja! El comerciante piensa primero en comprar y vender. Pero sin dinero no valen mucho los números ¿no es verdad?

8. —¿Cómo no? Pues, necesitamos números para indicar la fecha, las horas del día, la temperatura; para expresar medidas y cantidades; para telefonear; para la radio; para la computadora; para todas las ciencias, y para mil cosas más.

9. —Números, números, siempre números. Sí, Sr. Adams, no es posible vivir sin números. Pero una cosa es saber los números. Otra cosa es usarlos[2] correctamente en la vida diaria.

10. —Ud. tiene razón. Yo voy a hacer todo lo posible para usarlos perfectamente.

11. —Entretanto quiero decir que día por día Ud. adelanta mucho.

12. —Es favor que me hace, señor López.

13. —No es favor. Es verdad. Pues basta por hoy. Hasta luego.

14. —Hasta el jueves próximo, señor.

1. You already know that the names of things and of persons are important. You already know that it is not possible to make a sentence without verbs.

2. It's true, Mr. Lopez.

3. Well, there are words, sir, that are as important as nouns and verbs. In fact, it is not possible to imagine our modern civilization without these words. Can you guess what I am thinking of?

4. I think so. You mean numbers.[1]

5. You are right. Can you tell me when do we use numbers nowadays?

6. Of course. Nothing is easier. We need numbers for buying and selling.

7. Ha, ha, ha! The businessman thinks first of buying and selling. But without money numbers are not worth much, are they?

8. Of course. Well, we need numbers to indicate the date, the time of day, the temperature; to express measures and quantities; to telephone; for the radio; for the computer; for all the sciences, and for a thousand more things.

9. Numbers, numbers, always numbers. Yes, Mr. Adams, it is not possible to live without numbers. But it is one thing to know numbers. It is another thing to use them correctly in daily life.

10. You are right. I am going to do everything possible to use them perfectly.

11. Meanwhile I want to say that day by day you are making much progress.

12. You flatter me, Mr. Lopez.

13. It is not flattery. It is the truth. Well, enough for today. So long.

14. Until next Thursday, sir.

NOTE: 1. *Lit.* you wish to say. 2. **los** them. Pronouns which are objects of infinitives follow the verb and are attached to it.

Pronunciation and Spelling Aids

1. Practice:

ci-vi-li-za-**ción**	ne-ce-si-**tar**	se-gu-ra-**men**-te	en-tre-**tan**-to	can-ti-**da**-des
e-nu-me-**rar**	a-di-vi-**nar**	tem-pe-ra-**tu**-ra	**cien**-cias	per-fec-ta-**men**-te

Building Vocabulary

A. **Palabras relacionadas** (Related Words)

1. **necesitar**	to need	**necesario**	necessary	**la necesidad**	necessity
2. **civilizar**	to civilize	**la civilización**	civilization		
3. **indicar**	to indicate	**la indicación**	indication		

B. **El día** and **el mapa** are among the exceptions to the rule that nouns ending in **a** are feminine.

Expresiones Importantes

1. **basta por hoy**	enough for today	6. **pensar en**	to think of
2. **Creo que sí.**	I think so.	7. **Favor que me hace.**	You flatter me.
3. **Creo que no.**	I think not.	8. **no valen mucho**	are not worth much
4. **Ud. tiene razón.**	You are right.	9. **en la vida diaria**	in daily life
5. **en efecto**	in fact	10. **todo lo posible**	everything possible

Ejercicio No. 38—Completion of Text

1. ¿(Do you know) **los números?**

2. **¿Hay palabras que son** (as important as) **los verbos?**

3. (Our civilization) **no es posible sin números.**

4. (You are right.)

5. ¿(Can you) **decirme cuándo usamos números?**

6. **Los números sin dinero** (are not worth) **mucho.**

7. (We need) **números para indicar** (the date).

8. **No es posible** (to get along) **sin números.**

9. (In the meantime) **quiero decir** (that) **Ud. adelanta mucho.**

10. ¿(What is the meaning of) **esta palabra?**

SEGUNDA PARTE

Grammar Notes

1. Verbs with Stem Changes: **pensar** to think, **querer** to wish, **contar** to count, **poder** to be able.

The stem of a verb is that part that remains after the infinitive ending **-ar**, **-er**, or **-ir** has been removed. Note the stem changes in the following verbs. The endings are regular.

I think, etc.	I wish, etc.	I count, etc.	I am able, etc.
pienso	quiero	cuento	puedo
piensas	quieres	cuentas	puedes
piensa	quiere	cuenta	puede
pensamos	queremos	contamos	podemos
pensáis	queréis	contáis	podéis
piensan	quieren	cuentan	pueden

Many verbs have stem changes from **e** to **ie**, like **pensar** and **querer**.

Many verbs have stem changes from **o** to **ue**, like **contar** and **poder**.

They will be indicated in the vocabulary as follows: **pensar(ie)**, **querer(ie)**, **poder(ue)**, **contar(ue)**.

NOTE: The stem changes do not occur in the **nosotros-as** (we) and the **vosotros-as** (you, fam.) forms.

2. **Los números desde uno (1) hasta cien (100)**

0 cero	12 doce	24 veinticuatro	54 cincuenta y cuatro
1 uno	13 trece	25 veinticinco	60 sesenta
2 dos	14 catorce	26 veintiséis	65 sesenta y cinco
3 tres	15 quince	27 veintisiete	70 setenta
4 cuatro	16 dieciséis	28 veintiocho	76 setenta y seis
5 cinco	17 diecisiete	29 veintinueve	80 ochenta
6 seis	18 dieciocho	30 treinta	87 ochenta y siete
7 siete	19 diecinueve	31 treinta y uno	90 noventa
8 ocho	20 veinte	32 treinta y dos	99 noventa y nueve
9 nueve	21 veintiuno	40 cuarenta	100 cien
10 diez	22 veintidós	43 cuarenta y tres	101 ciento uno
11 once	23 veintitrés	50 cincuenta	102 ciento dos

a. Before a masculine noun **uno** becomes **un**. Before a feminine noun **una** becomes **un**

   un amigo   **una amiga**   **veintiún amigos**   **veintiuna amigas**

b. Like any other adjective, **cuánto** (sing. *how much*, plur. *how many*) must agree with the noun it
   modifies: **cuánto dinero cuánta tinta** (ink) **cuántos niños cuántas niñas**

TERCERA PARTE

Ejercicios No. 39A-39B-39C-39D

39A. Read aloud, saying the numbers in Spanish.

Ejemplo: treinta palabras españolas

1. 30 palabras españolas	5. 16 colores vivos	9. 62 papeles verdes
2. 10 lecciones fáciles	6. 78 señoritas inteligentes	10. 97 libros azules
3. 50 personas buenas	7. 17 casas blancas	11. 84 ciudades grandes
4. 49 carteles mexicanos	8. 15 niños bonitos	12. 13 plumas negras

39B. Read aloud and write in Spanish.

1. $2 + 6 = 8$	**dos mas seis son ocho**	5. $4 + 9 = 13$	9. $19 - 8 = 11$
2. $10 - 7 = 3$	**diez menos siete son tres**	6. $7 \times 8 = 56$	10. $16 - 3 = 13$
3. $5 \times 4 = 20$	**cinco por cuatro son veinte**	7. $8 \times 3 = 24$	11. $8 + 7 = 15$
4. $12 \div 4 = 3$	**doce dividido por cuatro son tres**	8. $80 \div 20 = 4$	12. $50 \div 10 = 5$

39C. Read questions and answers aloud, saying all numbers in Spanish.

Ejemplo: ¿Cuántos días hay en enero? (31) treinta y un días.

1. ¿Cuántos días hay en junio? (30 días)
2. ¿Cuántos meses tiene el año? (12 meses)
3. ¿Cuántos días hay en la semana? (7 días)
4. ¿Cuántas horas tiene un día? (24 horas)
5. ¿Cuántos minutos hay en una hora? (60 minutos)
6. ¿Cuántos segundos tiene un minuto? (60 segundos)
7. ¿Cuántos libros hay en el estante? (75 libros).
8. ¿Cuántos alumnos hay en la clase? (36 alumnos).
9. ¿Cuántos años tiene Ud.? Tengo (35 años).
10. ¿Cuántos años tiene Carlos? Tiene (16 años).

39D. Substitute the correct form of the verb for the infinitive in parentheses.

Ejemplo: Yo quiero aprender los números.

1. Yo (querer) aprender los números.
2. Yo no (poder) ir a casa.
3. Nosotros (pensar) en los números.
4. ¿(Pensar) Ud. en su maestro?
5. ¿Qué (querer) decir esta palabra?[2]
6. Rosa no (querer) ir a la escuela.
7. ¿(Querer) Uds. hablar español?
8. Ellos no (poder) comprar el automóvil.
9. ¿(Poder) tú adivinar la respuesta?
10. Ellas (pensar) en comprar y vender.
11. Este radio[1] (valer) mucho.
12. Yo (contar) en español.
13. Tú (contar) en inglés.
14. ¿(Contar) ella bien en español?

NOTE: 1. **el radio** = the radio apparatus. **la radio** = the radio system, broadcasting.
2. What does this word mean? (*Lit.* What does this word wish to say?)

Ejercicio No. 40—Preguntas

Answer each question in a complete Spanish sentence.

1. ¿Son importantes los números?
2. ¿Son los números tan importantes como los nombres?
3. ¿Qué necesitamos para comprar y vender?
4. ¿En qué piensa primero el negociante?
5. ¿Valen mucho los números sin dinero?
6. ¿Es posible comprar y vender sin dinero?
7. ¿Vende y compra un comerciante?
8. ¿Es un comerciante comprador y vendedor?
9. ¿Quién adelanta día por día?
10. Dígame estos números en español: 10, 20, 30, 40, 50, 100.

Basta por hoy. Estudiamos mucho.

Muy chistoso. Acabas de repetir una expresión de este capítulo.

CAPÍTULO 14 (CATORCE)

PRIMERA PARTE

El sistema monetario de México

1. —En nuestra última conversación dijimos que no es posible imaginar nuestra civilización moderna sin números, es decir sin matemáticas. Igualmente, no es posible imaginar un viaje sin matemáticas.

2. —¿Sabe cuántas veces se usan las matemáticas en un viaje?

3. —Creo que sí. Se usan para cambiar dinero, para comprar boletos y comida, para pesar maletas, para medir distancias y tamaños y para ir de compras en tiendas, mercados y almacenes.

4. —¿Conoce el sistema monetario de México?

5. —¡Qué cosa! Por supuesto lo conozco! Yo soy un negociante que importa artículos mexicanos, ¿no es verdad? El peso es el «dólar» de México, pero no sé cuánto vale en dólares.

6. Obviamente debe fijarse en el cambio oficial del día. Digamos que el dólar vale 9 pesos y Ud. quiere cambiar quinientos (500) dólares...

7. —Entonces voy a recibir cuatro mil quinientos (4500) pesos.

8. —¿Y si quiere cambiar cincuenta dólares en pesos?

9. —Voy a recibir cuatrocientos cincuenta (450).

10. —Otro ejemplo. Ud. va a la estación de ferrocarril. Quiere comprar dos boletos para Guadalajara. Cada boleto cuesta 45 pesos. Ud. le da al vendedor 100 pesos. ¿Cuánto recibe Ud. de cambio?

11. —Recibo 10 (diez) pesos de cambio.

12. —Está bien. En nuestra próxima conversación vamos a continuar este tema importante. El ejercicio hace al maestro.

1. In our last conversation we said that it is not possible to imagine our modern civilization without numbers, that is to say, without mathematics. Likewise, it is not possible to imagine a trip without mathematics.

2. Do you know how many times one uses mathematics on a trip?

3. I think so. One uses it in order to change money, buy tickets and food, to weigh suitcases, to measure distances and sizes, and to make purchases in shops, markets, and department stores.

4. Do you know the monetary system of Mexico?

5. What a question! I certainly do know it. I am a businessman who imports Mexican things, am I not? The peso is the "dollar" of Mexico, but I don't know what its value is in dollars.

6. Obviously you have to check the current exchange rate. Let's say the exchange rate is 9 dollars per peso and you want to change 500 dollars.

7. Then I'll get 4,500 pesos.

8. And if you want to change 50 dollars in pesos?

9. I'll get 450.

10. Another example. You go to the railroad station. You want to buy two tickets for Guadalajara. Each ticket costs 45 pesos and you give the ticket agent 100 pesos. How much do you receive in change?

11. I receive 10 pesos in change.

12. O.K. In our next conversation let us continue this important topic. Practice makes perfect. (*Lit.* Practice makes the master.)

NOTE: lo (m) it. Object pronouns usually precede the verb.

Pronunciation and Spelling Aids

1. Practice:

i-gual-**men**-te   dis-**tan**-cias   Gua-da-la-**ja**-ra   es-ta-**ción** de fe-rro-ca-**rril**   con-ti-**nuar**

2. Una vez, dos veces. Since the letter **z** is unusual before **e** or **i**, words ending in **z** change **z** to **c** in the plural. Other examples are: **el lápiz** (pencil) **los lápices; la voz** (voice) **las voces; la actriz** (actress) **las actrices**

Building Vocabulary

A. 1. **la maleta, la valija** suitcase   2. **el equipaje** baggage   3. **el baúl** trunk

B. **El sistema monetario de México**
The dollar sign ($) is used in Mexico to indicate **pesos**. Thus $25 (Mex.) means **25 pesos;** but it's a good idea to ask whether pesos are meant or U.S. dollars.

Expresiones Importantes

1. **es decir**   that is to say
2. **¡Qué cosa!**   The idea!
3. **de cambio**   in change
4. **ir de compras**   to go shopping
5. **El ejercicio hace al maestro.** Practice makes perfect.
6. **por supuesto**   of course
7. **digamos que**   let's say

Ejercicio No. 41—Completion of Text

1. **Nuestra civilización no es posible sin números** (that is to say) **sin matemáticas.**

2. ¿(How many times) **usa Ud. las matemáticas en un día?**

3. **Compro** (tickets and meals).

4. **Ud. no puede pesar** (suitcases) **y saber los** (sizes) **y las** (distances).

5. (The monetary system) **de México no es difícil.**

6. (Let's say each) **dólar norteamericano vale** _____ **pesos.**

7. **En cada peso hay cien** (cents).

8. (Of course). **Ud. va a recibir ocho pesos** (in change).

9. **Dos boletos para Guadalajara cuestan** (ninety) **pesos.**

10. **En nuestra** (next) **conversación vamos a continuar** (this) **tema.**

SEGUNDA PARTE

Grammar Notes

1. Present tense of **dar**[1] to give, and **saber**[2] to know, to know how.

<u>I give, etc.</u>

doy	damos
das	dais
da	dan

<u>I know, etc.</u>

sé	sabemos
sabes	sabéis
sabe	saben

NOTE: 1. Spanish verbs in the **yo** (*I*) form, present tense, end in **-o.** There are only six exceptions: **soy, estoy, voy, doy, he** and **sé.** 2. Spanish verbs **conocer** and **saber** both mean "to know" but are used differently.

2. Los numeros desde el cien (100) hasta un mil (1,000).

100 **cien**	200 **doscientos (as)**	500 **quinientos (as)**	800 **ochocientos (as)**
101 **ciento uno (un, una)**	300 **trescientos (as)**	600 **seiscientos (as)**	900 **novecientos (as)**
102 **ciento dos**	400 **cuatrocientos (as)**	700 **setecientos (as)**	1,000 **mil**

a. **Ciento** is used only connected to another number. Ex.: **ciento tres**, **ciento cuarenta**, etc.

b. **y** is never used between the hundreds and tens. Thus: 342 (**trescientos cuarenta y dos**)

c. Note the formation of numbers over one thousand:

1998 **mil novecientos noventa y ocho**   2662 **dos mil seiscientos sesenta y dos**

d. The hundreds agree in gender with the nouns they modify. Thus:

trescientos libros   **trescientas plumas**

3. More about Object Pronouns.

a. **lo** (*it*), direct object pronoun, stands for a thing in the masculine gender.

b. **la** (*it*), direct object pronoun, stands for a thing in the feminine gender.

¿Sabe Ud. el cambio de hoy? Lo sé.   Do you know today's exchange rate? I know it.
¿Sabe Ud. la respuesta? La sé.   Do you know the answer? I know it.

Ejercicios No. 41A-41B-41C

41A. Write out the numbers in Spanish.

Ejemplo: 250 = doscientos cincuenta

1. 400	3. 525	5. 627	7. 560	9. 200
2. 350	4. 860	6. 490	8. 780	10. 970

41B. Practice the following table aloud (1 dólar = 9 pesos):

$ 10.00 **Diez dólares valen**	$ 90 **noventa pesos**
$ 20.00 **Veinte dólares valen**	$ 180 **ciento ochenta pesos**
$ 30.00 **Treinta dólares valen**	$ 270 **doscientos setenta**
$ 40.00 **Cuarenta dólares valen**	$ 360 **trescientos sesenta pesos**
$ 50.00 **Cincuenta dólares valen**	$ 450 **cuatrocientos cincuenta pesos**
$ 60.00 **Sesenta dólares valen**	$ 540 **quinientos cuarenta pesos**
$ 70.00 **Setenta dólares valen**	$ 630 **seiscientos treinta pesos**
$ 80.00 **Ochenta dólares valen**	$ 720 **setecientos veinte pesos**
$ 90.00 **Noventa dólares valen**	$ 810 **ochocientos diez pesos**
$100.00 **Diez dólares valen**	$ 900 **novecientos pesos**
$150.00 **Ciento cincuenta dólares valen**	$1500 **mil quinientos pesos**

NOTE: The exchange rate of the peso as of 2003 is 9 pesos to the dollar.

41C. Translate.

1. I know the numbers.
2. Do you (**Ud.**) know where he lives?
3. We know what (**que**) he wants.
4. We do not give the money.
5. Do they give the tickets?

6. What does John give?
7. She does not know the answer.
8. We are not giving our books.
9. Do you (**tú**) know the questions?
10. They do not know who (**quién**) lives here.

Ejercicio No. 42—Preguntas

Answer each question giving the numbers in full in Spanish.

Ejemplo: Recibo cuarenta pesos de cambio.

1. Si una cosa cuesta 10 pesos y Ud. da un billete de 50 pesos, ¿cuánto recibe Ud. de cambio?

2. Si un boleto cuesta 250 pesos, ¿cuánto da por tres boletos?

3. Si una revista cuesta 25 pesos, ¿cuánto da por dos revistas?

4. Si un diario cuesta 10 pesos y Ud. le[1] da al vendedor un billete de cincuenta pesos, ¿cuánto recibe Ud. de cambio?

5. Si Ud. tiene un billete de cincuenta pesos, dos billetes de cien pesos, y veinte billetes de un peso, ¿cuánto dinero tiene Ud. en el bolsillo (pocket)?

6. Si un hombre tiene un millón de pesos, ¿es millonario?

7. ¿Qué vale más, $20 (veinte dólares) norteamericanos o 2800 (dos mil ochocientos) pesos?

8. ¿Sabe Ud. cuánto dinero hay en el banco de México?

9. ¿Sabe Ud. quién es el presidente de México?

10. ¿Cuándo vamos a continuar este tema?

NOTE: 1. **le** = *to him.* Do not translate it. The Spanish often uses a pronoun object, even when the noun object (in this case **al vendedor**) is expressed.

CAPÍTULO 15 (QUINCE)

PRIMERA PARTE

Problemas de aritmética. En el restaurante. En el aeropuerto. En la tienda.

1. —Vamos a continuar nuestro estudio de los usos de las matemáticas en un viaje.

2. —En el restaurante cenamos. Somos cuatro. Las cenas cuestan $200 (doscientos pesos), $105 (ciento cinco pesos), $120 (ciento veinte pesos), y $135 (ciento treinta y cinco pesos). Le damos al mesero una propina de quince por ciento. ¿Cuánto es la cuenta? ¿La propina?

3. —La cuenta es de $560 (quinientos sesenta pesos). La propina es $84 (ochenta y cuatro).

4. —Está bien. En el aeropuerto pongo la maleta en la balanza. Pesa 30 kilos. ¿Qué hago para saber cuánto pesa la maleta en libras?

5. —No es difícil. En un kilo hay aproximadamente 2.2 (dos punto dos) libras. Ud. multiplica 30 (treinta) por 2.2. La maleta pesa 66 (sesenta y seis) libras.

6. —Correcto. En México y en los otros países de Hispanoamérica, no se usan millas sino kilómetros para medir las distancias. ¿Sabe Ud. cambiar kilómetros en millas?

7. —Por cierto. Divido por ocho y multiplico por cinco. De este modo ochenta kilómetros son iguales a cincuenta millas. En el taxi pagamos por kilómetro.

8. —Ud. calcula muy rápido. Solamente un problema más. En una tienda Ud. compra un sarape a 105 (ciento cinco) pesos, dos rebozos a 90 (noventa) pesos, tres cestas a 75 (setenta y cinco) pesos y cuatro cinturones a 45 (cuarenta y cinco) pesos.[1] ¿Cuál es el precio total?

9. —$690 (seiscientos noventa pesos). Y si le doy al comerciante $700 voy a recibir 10 pesos de cambio.

1. We are going to continue our study of the uses of mathematics on a trip.

2. In the restaurant we have dinner. We are four. The dinners cost $200 (Mex.), $105, $120, and $135. We give the waiter a 15 percent tip. How much is the bill? The tip?

3. The bill is $560 (Mex.). The tip is $84.

4. That is good. In the airport I put the suitcase on the scale. It weighs 30 kilos. What do I do to find out how much the suitcase weighs in pounds?

5. It is not difficult. In one kilo there are approximately 2.2 pounds. You multiply 30 by 2.2. The suitcase weighs 66 pounds.

6. Correct. In Mexico and in the other countries of Latin America, not miles but kilometers are used to measure distances. Do you know how to change kilometers into miles?

7. Certainly. I divide by eight and multiply by five. Thus eighty kilometers are equal to fifty miles. In the taxi we pay by kilometer.

8. You figure very fast. Only one more problem. In a store you buy one sarape for 105 pesos, two shawls at 90 pesos, three baskets at 75 pesos, and four belts at 45 pesos. What is the total price?

9. 690 pesos. And if I give the merchant $700, I will receive 10 pesos in change.

NOTE: 1. These numbers may not reflect today's current prices. Prices change often.

10. Bueno. No hablemos más de matemáticas por hoy. El jueves vamos a platicar sobre la hora. Es un tema de inmensa importancia.

10. Good. We won't speak of mathematics any more today. On Thursday we are going to talk about the time of day. It is a topic of great importance.

11. Seguramente. Espero una conversación interesante.

11. Surely. I am expecting an interesting conversation.

12. —A propósito, Sr. Adams, el próximo jueves no puedo llegar antes de las ocho y media de la noche.

12. By the way, Mr. Adams, next Thursday I cannot arrive before 8:30 p.m.

13. —Bien. Más vale tarde que nunca.

13. That's all right. Better late than never.

14. —Bien dicho. Hasta la vista, Sr. Adams.

14. Well said. Good-bye, Mr. Adams.

15. —Hasta el jueves, Sr. López.

15. Until Thursday, Mr. Lopez.

Pronunciation and Spelling Aids

1. Practice:

res-tau-**ran**-te   mul-ti-pli-**car**   cin-tu-**ro**-nes   mul-ti-**pli**-co   co-mer-**cian**-te   pa-í-ses
Remember: **au** is pronounced like *ow* in *cow*.

2. **kilómetro**. A few foreign words borrowed by Spanish are spelled with **k**.

Building Vocabulary

A. **el día**, **el mapa**, **el sistema**, **el problema**, and **el tema** are masculine. Remember: Most nouns ending in -a are feminine.

B. Synonyms (words of about the same meaning)
   1. **rápido, rápidamente** rapidly, fast
   2. **el negociante, el comerciante** the businessman
   3. **despacio, lentamente** slowly
   4. **de este modo, de esta manera** in this way

C. Antonyms (opposites)

   1. **rápidamente** rapidly   **despacio** slowly
   2. **comprador** buyer   **vendedor** seller
   3. **dar** to give   **recibir** to receive
   4. **multiplicar** to multiply   **dividir** to divide

Expresiones Importantes

1. **por ciento**   percent
2. **de este modo**   thus, in this way
3. **nada más**   nothing more, that's all
4. **kilómetro**   about 5/8 mile
5. **por cierto**   certainly, surely
6. **cenamos**   we have dinner
7. **¿Cuánto es la cuenta?**   How much is the bill?
8. **está bien**   good, that's right
9. **Refrán** (proverb):
   Más vale tarde que nunca. Better late than never.

SEGUNDA PARTE

Grammar Notes

1. The Present Tense of **hacer** to make, to do; **decir** to say; **poner** to put.

I make, etc.		I say, etc.		I put, etc.	
hago	**hacemos**	**digo**	**decimos**	**pongo**	**ponemos**
haces	**hacéis**	**dices**	**decís**	**pones**	**ponéis**
hace	**hacen**	**dice**	**dicen**	**pone**	**ponen**

a. **salir** to leave, **valer** to be worth, **traer** to bring, and **caer** to fall have a **g** in the first person, but are regular in other forms of the present tense.

SING.	**Salgo**	**sales**	**sale**	PLUR.	**salimos**	**salís**	**salen**
SING.	**valgo**	**vales**	**vale**	PLUR.	**valemos**	**valéis**	**valen**
SING.	**traigo**	**traes**	**trae**	PLUR.	**traemos**	**traéis**	**traen**
SING.	**caigo**	**caes**	**cae**	PLUR.	**caemos**	**caéis**	**caen**

2. Possessive Adjectives—Summary. You are familiar with the possessive adjective **mi (mis)** and **su (sus)**. Learn the meaning and forms of all the possessive adjectives.

	SINGULAR		PLURAL	
	masc.	*fem.*	*masc.*	*fem.*
(my)	**mi hijo**	**mi hija**	**mis hijos**	**mis hijas**
(your—*fam.*)	**tu hijo**	**tu hija**	**tus hijos**	**tus hijas**
(your, his, her)	**su hijo**	**su hija**	**sus hijos**	**sus hijas**
(its, their)				
(our)	**nuestro hijo**	**nuestra hija**	**nuestros hijos**	**nuestras hijas**
(your—*fam.*)	**vuestro hijo**	**vuestra hija**	**vuestros hijos**	**vuestras hijas**
(your, their)	**su hijo**	**su hija**	**sus hijos**	**sus hijas**

a. Possessive adjectives agree with the nouns they modify in number and gender.

b. **tu (tus)** *your* is used to show possession when one person is addressed familiarly. tú (*you*) has an accent mark, **tu** (*your*) has not.

¿Y tú, tienes ya tu visa?	And you, do you have your visa yet?

c. **Vuestro, (-a,-os,-as)** (*your*) is used to show possession when more than one person is addressed familiarly. However, use this possessive adjective only in Spain. Like the subject pronoun **vosotros**, it is rarely used in Latin America. Use **su (sus)** *your* instead.

Uds. no tienen sus pasaportes	You don't have your passports.

d. **su (sus)** means *your*, *his*, *her*, *its*, or *their*, according to the sense of the sentence. In cases where the meaning would be in doubt, the definite article is used before the noun, and the phrase **de Ud.**, **de él**, **de ella**, **de Uds.**, **de ellos**, or **de ellas** after the noun.

el padre de él	his father	**la familia de ellos**	their family
la madre de ella	her mother	**la clase de ellas**	their class
la casa de Ud.	your house	**los hijos de Uds.**	your sons

3. **pero** and **sino**. After a negative, **sino** is used instead of **pero** in the sense of "but on the contrary," "but rather."

No es rico *sino* **pobre.**	He is not rich, *but* poor.
No se usan libras *sino* **kilos.**	Not pounds, *but* kilos are used.

However, **pero** must be used if the subject changes.

Él no es rico, *pero* **su tío sí.**	He is not rich, *but* his uncle is. (*Lit.* but his uncle is yes)

Ejercicios No. 43A-43B-43C-43D

43A. Complete the following sentences, substituting the correct form of **mi**, **tu**, **su**, or **nuestro** for the words in parentheses.

Ejemplo: No tenemos nuestros boletos.

1. **No tenemos** (our) **boletos.**
2. **¿Cuánto cuesta** (your) **cena, señor?**
3. **¿Son muy pesadas** (your) **maletas, señorita?**
4. **No,** (my) **maletas no son muy pesadas.**
5. **¿Es muy interesante** (their) **conversación?**
6. **¿Hay cien pesos en** (his) **escritorio?**
7. (Our) **equipaje está en la estación.**
8. **¿Dónde está** (your) **madre, niño?**
9. **¿**(My) **amigos están en el restaurante?**
10. **¿**(Our) **civilización no es posible sin números?**

43B. Read the following, giving the numbers in Spanish.

Ejemplo: Diez kilos son iguales a veintidós libras.

1. **10 kilos = 22 libras**
2. **20 kilos = 44 libras**
3. **30 kilos = 66 libras**
4. **40 kilos = 88 libras**
5. **50 kilos = 110 libras**
6. **16 kilómetros = 10 miles**
7. **32 kilómetros = 20 miles**
8. **48 kilómetros = 30 miles**
9. **64 kilómetros = 40 miles**
10. **80 kilómetros = 50 miles**

43C. Translate into Spanish.

1. I say
2. I do
3. I am going out
4. I have
5. we say
6. we do not put
7. they make
8. they put
9. do you (**Ud.**) make?
10. do you (**Uds.**) go out?
11. do you (**Uds.**) say?
12. you (**tú**) make
13. do you (**Ud.**) put?
14. I put
15. it is worth

43D. Complete the following sentences with pero or sino as the sense requires.

1. **El señor no estudia francés** (but) **español.**
2. **No es comerciante** (but) **profesor.**
3. **Yo no estudio español,** (but) **mi hermano lo estudia.**
4. **No ponemos los libros en la mesa** (but) **en el estante.**
5. **Es un muchacho inteligente,** (but) **es perezoso** (lazy).

Ejercicio No. 44—Preguntas

1. ¿Dónde cenan Uds.?
2. ¿Qué por ciento le dan Uds. al mesero como propina?
3. ¿Qué por ciento se le da al mesero de propina?
4. ¿Dónde hace Ud. pesar su maleta?
5. ¿Cuánto pesa la maleta en kilos? ¿En libras?
6. ¿Qué se usa en México para medir las distancias, kilómetros o millas?
7. ¿Quién sabe cambiar kilómetros en millas?
8. ¿Qué artículos compra el Sr. Adams en una tienda?
9. ¿Cuál es el tema de la próxima conversación?
10. ¿Qué refrán (proverb) usa el Sr. Adams?

CAPÍTULO 16 (DIECISÉIS)

PRIMERA PARTE

¿Qué hora es?

1. ¡La hora! Todo el mundo quiere saber:¿Qué hora es? ¿A qué hora llega el avión? ¿A qué hora sale el tren? ¿A qué hora comienzan los exámenes? ¿A qué hora comienza la película? ¿A qué hora comienza la función? Y un millón de otras preguntas.

2. —Sr. Adams, yo voy a hacer el papel de boletero en la taquilla de la estación del ferrocarril. Ud. va a hacer el papel de viajero que quiere comprar un boleto y pide inform ación. Favor de comenzar.

3. —Buenos días, señor. Quiero comprar un boleto para Puebla.

4. —¿De primera o de segunda clase?

5. —De primera, por favor. ¿Cuánto vale el pasaje?

6. —Cincuenta pesos el boleto sencillo y 95 (noventa y cinco) el de ida y vuelta.

7. —Déme por favor un boleto de ida y vuelta. Quiero salir el lunes.

8. —Aquí tiene Ud. el boleto. Cuesta 95 pesos.

9. —Gracias. ¿A qué hora sale el tren y cuándo llega a Puebla?

10. —Sale a las cuatro menos diez de la tarde y llega a las diez menos doce de la noche.

11. —Muchas gracias, señor.

12. —De nada.

13. —Excelente, Sr. Adams. Ud. va a hacerse entender bien en México.

---

1. —Ahora yo hago el papel de boletero de un cine. Ud., Sr. Adams, pide información sobre la función. Favor de comenzar.

2. —Por favor, señor, ¿a qué hora comienzan las funciones del cine?

1. The time! Everybody wants to know: What time is it? At what time does the plane arrive? At what time does the train leave? At what time do the examinations begin? At what time does the film begin? At what time does the perform-ance begin? And a million other questions.

2. Mr. Adams, I am going to play the role of tick-et agent at the window in the railroad station. You are going to take the part of a traveler who wants to buy a ticket and is asking for information. Please begin.

3. Good day, sir. I wish to buy a ticket for Puebla.

4. First or second class?

5. First class, please. How much is the fare?

6. Fifty pesos for a one-way ticket or 95 pesos for a round trip.

7. Please give me a round-trip ticket. I want to leave on Monday.

8. Here is the ticket. It costs 95 pesos.

9. Thanks. At what time does the train leave and when does it arrive at Puebla?

10. It leaves at 3:50 in the afternoon and arrives at 9:48 in the evening.

11. Many thanks, sir.

12. You're welcome.

13. Excellent, Mr. Adams. You can get along in Mexico.

---

1. Now I am playing the part of the ticket agent at a cinema. You, Mr. Adams, ask for information about the show. Please begin.

2. Please, sir, at what time do the performances begin?

3. —Hay tres funciones. La primera comienza a las 4:20 (las cuatro y veinte) de la tarde, la segunda a las 6:50 (a las siete menos diez), y la tercera a las 9:10 (las nueve y diez) de la noche.

3. There are three showings. The first begins at 4:20 in the afternoon. The second at 6:50, and the third at 9:10 in the evening.

4. —¿Hay noticiero?

4. Is there a newsreel?

5. —¿Cómo no? Veinte minutos antes de cada película.

5. Of course. Twenty minutes before each picture.

6. —¿Cuánto cuestan los boletos?

6. How much do the tickets cost?

7. —Tres pesos cada uno. Si Ud. viene temprano va a obtener asientos buenos.

7. Three pesos each. If you come early you will get good seats.

8. —Favor de darme dos boletos para la tercera función.

8. Please give me two tickets for the third showing.

9. —Aquí los tiene. Muchas gracias.

9. Here they are. Thank you very much.

10. —Admirable, Sr. Adams. ¡Ud. sí que se va a hacer entender en México!

10. Admirable, Mr. Adams. You will certainly get along well in Mexico.

Pronunciation and Spelling Aids

1. Practice:

co-**mien**-za   cual-**quie**-ra   **mi**-llas   cum-ple-**a**-ños   ta-**qui**-lla

e-**xá**-me-nes   va-ca-**cio**-nes   co-rrec-ta-**men**-te   Oa-**xa**-ca   (wah-**hah**-kah)

Remember: **au** is pronounced like *ow* in *cow*.

Building Vocabulary

A. **Sinónimos** (Synonyms):

1. **comenzar (ie)**	empezar (ie)	to begin
2. **la taquilla**	la boletería (Mex.)	ticket office
3. **el billete**	el boleto	the ticket
4. **de nada**	no hay de qué	don't mention it
5. **el diario**	el periódico	newspaper

B. Words Dealing with Trains:

1. **¿A qué hora sale el tren para—?**
   At what time does the train leave for—?

2. **¿Cuándo llega el tren de—?**
   When does the train arrive from—?

3. **El tren sale (llega) a las dos.**
   The train leaves (arrives) at 2 o'clock.

4. **un boleto sencillo**
   a one-way ticket

5. **un boleto de primera (segunda)**
   a first (second) class ticket

6. **un boleto de pullman**
   a pullman ticket

7. **un boleto de ida y vuelta**
   a round-trip ticket

8. **¿Cuánto cuesta (vale) el pasaje?**
   How much is the fare?

Expresiones Importantes

1. **todo el mundo** everybody
2. **desde uno hasta cien** from 1 to 100
3. **hacer el papel de** to play the part (role) of
4. **pedir información** to ask for information
5. **favor de comenzar** please begin
6. **Aquí tiene Ud. el boleto.** Here is the ticket.
7. **(Ud.) puede ir pasando** you can get along
8. **la próxima vez** next time
9. **hacerse entender** get along

Ejercicio No. 45—Completion of Text

1. **¿A qué hora comienza** (the film)?
2. **¿A qué hora comienza** (the performance)?
3. **¿Tienen Uds.** (other questions)?
4. **El boletero está en la** (ticket office).
5. **¿Dónde está** (the railroad station)?
6. **Ud. es un viajero que** (is asking for information).
7. **Favor de darme** (a round-trip ticket).
8. **¿A qué hora** (does the train leave)?
9. **¿Llega** (at nine in the evening)?
10. (Many thanks.)
11. You're welcome.
12. **Ahora** (I play the role) **de boletero**

SEGUNDA PARTE

Grammar Notes

1. Verbs with Stem Changes **e** to **i**—**pedir** to ask for, **repetir** to repeat

   <u>I ask for, you ask for, etc.</u>

pido	**pedimos**	**repito**	**repetimos**
pides	**pedís**	**repites**	**repetís**
pide	**piden**	**repite**	**repiten**

   a. The stem change **e** to **i** does not occur in the **nosotros-as** (*we*) and the **vosotros-as** (*you, fam.*) forms.

   b. Verbs with stem changes from **e** to **i**, like **pedir** and **repetir**, will be indicated in the vocabulary as follows: **pedir(i)**, **repetir(i)**.

2. Time of Day

¿Qué hora es?	What time is it?	**Son las cinco y media.**	It is half past five.
Es la una.	It is one o'clock.	**Son las seis y cuarto.**	It is a quarter past six.
Son las dos.	It is two o'clock.	**Son las seis y veinte.**	It is twenty minutes past six.
Son las tres.	It is three o'clock.	**Son las siete menos cuarto.**	It is a quarter to seven.
Son las cuatro.	It is four o'clock.	**Son las siete menos veinte.**	It is twenty minutes to seven.

¿A qué hora? A la una en punto.	At what time? At one o'clock sharp.
A las ocho de la mañana.	At eight o'clock in the morning (A.M.).
A las cinco de la tarde.	At five o'clock in the afternoon (P.M.).
A las nueve de la noche.	At nine o'clock at night (P.M.).
A mediodía. A medianoche.	At noon. At midnight.

   a. Use the singular verb **es** in all time expressions involving **la una**.

   (1:12) **Es la una y doce.**   (1:30) **Es la una y media.**

b. Use the plural verb **son** for all other time expressions.

c. **y** (*and, after*) is used for time after the hour (**cuarto, media, minutos**)
Menos (*less, to*) is used for time before the hour.

d. Base time expressions after the half hour on the following hour.
(6:40) **Son las siete menos veinte.**   It is twenty minutes to seven.

e. If no clock time is mentioned, use **por la mañana, por la tarde,** and **por la noche** for in the morning, in the afternoon, and at night. With clock time use **de la mañana, de la tarde,** and **de la noche.**

Trabajo por la mañana.   I work in the morning.
Trabajo a las ocho de la mañana.   I work at 8 o'clock in the morning.

TERCERA PARTE
Ejercicios No. 46A-46B-46C

46A. Read these sentences giving the time in Spanish.

Ejemplo: El tren de Oaxaca llega a las cinco y media de la tarde.

1. **El tren de Oaxaca llega a** (5:30 P.M.).
2. **El tren llega a Puebla a** (8:15 P.M.).
3. **El tren para Cuernavaca sale a** (9:55 A.M.).
4. **El tren para Guadalajara sale a** (10:50 A.M.).
5. **La primera función comienza a** (2:20 P.M.).
6. **La segunda función comienza a** (4:40 P.M.).
7. **La tercera función comienza a** (7:10 P.M.).
8. **El noticiero comienza a** (6:50 P.M.).
9. **Vamos a cenar a** (7:45 P.M.).
10. **Almorzamos** (at noon).

43B. Fill in the correct forms of the verbs in parentheses.

Ejemplo: Yo pido información.

1. **Yo (pedir) información.**
2. **Nosotros (comenzar) a comer.**
3. **Ellos (repetir) las preguntas.**
4. **¿Quién (pedir) información?**
5. **Yo (comenzar) a trabajar.**
6. **¿(Empezar) Ud. a trabajar ahora?**
7. **¿Qué (pedir) tú, niña?**
8. **¿Qué (pedir) Uds.?**
9. **El maestro (repetir) la respuesta.**
10. **¿Por qué no (comenzar) la función?**

46C. Translate into Spanish.

1. I want a round-trip ticket.
2. He is asking for information.
3. When does the train for Oaxaca leave?
4. Do you know when the train arrives from Puebla?
5. It arrives at 5:30 in the afternoon.
6. At what time does the first performance begin?
7. It begins at 3:20 in the afternoon.
8. Do they repeat the performance?
9. Yes, they repeat the performance two times.
10. Here you have two tickets.

Ejercicio No. 47—Preguntas

1. **¿Qué quiere saber todo el mundo?**
2. **¿Quién hace el papel de viajero?**
3. **¿Quién hace el papel de boletero?**
4. **¿Qué clase de boleto quiere comprar?**
5. **¿Cuánto cuesta un boleto de ida y vuelta?**
6. **¿Quién hace el papel de boletero de un cine?**
7. **¿Quién pide información?**
8. **¿Cuántas funciones tiene este cine?**
9. **¿Para qué función compra el señor dos boletos?**
10. **¿Cuánto paga por los dos boletos?**

REVIEW, CHAPTERS 12–16
REPASO, CAPÍTULOS 12–16

PRIMERA PARTE
Repaso de palabras

NOUNS

1. el agua	17. la fecha	33. el plato	1. water	17. date	33. plate
2. el boleto	18. la flor	34. la propina	2. ticket	18. flower	34. tip
3. el bolsillo	19. la fruta	35. el pueblo	3. pocket	19. fruit	35. people, town
4. la cesta	20. la función	36. el rebozo	4. basket	20. performance	36. shawl
5. la cena	21. la hora	37. el sarape	5. dinner	21. hour	37. blanket
6. el cine	22. el jarro	38. el tamaño	6. movies	22. jar, pitcher	38. size
7. la clase	23. la llegada	39. la taquilla	7. class	23. arrival	39. ticket window
8. la comida	24. la maleta	40. el tipo	8. meal	24. suitcase	40. type
9. el comprador	25. el mercado	41. la tienda	9. buyer	25. market	41. store
10. el dibujo	26. el mesero	42. el vendedor	10. drawing	26. waiter	42. seller
11. la cuenta	27. el modo	43. el viajero	11. bill	27. way	43. traveler
12. el cumpleaños	28. el número	44. el vaso	12. birthday	28. number	44. glass
13. el dinero	29. el pájaro	45. el uso	13. money	29. bird	45. use
14. el dólar	30. el pan	46. la bebida	14. dollar	30. bread	46. drink
15. el equipaje	31. el pasaje		15. baggage	31. fare	
16. la estación	32. el platillo		16. station	32. saucer	

VERBS

1. caer	20. poder(ue)	1. to fall	20. to be able
2. cambiar	21. poner	2. to change	21. to put
3. contar (ue)	22. venir	3. to count	22. to come
4. comprar	23. pedir (i)	4. to buy	23. to ask for
5. continuar	24. querer (ie)	5. to continue	24. to want, wish
6. comer	25. saber	6. to eat	25. to know (how)
7. comenzar (ie)	26. tomar	7. to begin	26. to take
8. creer	27. traer	8. to believe	27. to bring
9. dar	28. telefonear	9. to give	28. to telephone
10. decir	29. repetir (i)	10. to say	29. to repeat
11. cenar	30. recibir	11. to have dinner	30. to receive
12. empezar (ie)	31. saber	12. to begin	31. to know
13. hacer	32. salir (de)	13. to make, do	32. to leave
14. llegar	33. tener	14. to arrive	33. to have
15. mirar	34. valer	15. to look at	34. to be worth
16. necesitar	35. vender	16. to need	35. to sell
17. obtener	36. hemos dicho	17. to obtain	36. we have said
18. pagar	37. hacerse entender	18. to pay	37. make oneself understood
19. pensar (ie)		19. to think	

ADJECTIVES

1. **alguno**	8. **cualquier**	15. **mismo**	1. some	8. any	15. same
2. **antiguo**	9. **diario**	16. **necesario**	2. old	9. daily	16. necessary
3. **cada**	10. **diligente**	17. **nuestro**	3. each	10. diligent	17. our
4. **cierto**	11. **fino**	18. **pesado**	4. certain	11. fine	18. heavy
5. **conocido**	12. **igual**	19. **propio**	5. known	12. equal	19. own
6. **correcto**	13. **ligero**	20. **sencillo**	6. correct	13. light	20. simple
7. **corriente**	14. **más**	21. **todo**	7. ordinary	14. more	21. all

ADVERBS

1. **ahora**	6. **más**	1. now	6. more
2. **ahorita**	7. **rápidamente**	2. now, right away	7. quickly, fast
3. **correctamente**	8. **solamente**	3. correctly	8. only
4. **entretanto**	9. **tan**	4. meanwhile	9. so, as
5. **lentamente**	10. **tan rico como**	5. slowly	10. as rich as

PREPOSITIONS

1. **antes de**	4. **sobre**	1. before	4. on, upon
2. **desde**	5. **acerca de**	2. from	5. about, concerning
3. **hasta**		3. to, until	

IMPORTANT EXPRESSIONS

1. **aquí tiene Ud.**	16. **ir de compras**	1. here is, are	16. to go shopping
2. **creo que sí**	17. **ir pasando**	2. I think so.	17. to get along
3. **creo que no**	18. **nada más**	3. I think not.	18. nothing more
4. **de cambio**	19. **pasar sin**	4. in change	19. to get along without
5. **de este modo**	20. **pensar en**	5. in this way	20. to think of
6. **de la misma manera**	21. **por cìerto**	6. in the same way	21. indeed, certainly
7. **¿Qué quiere decir...?**	22. **todas partes**	7. What do you mean?	22. everywhere
8. **¡Qué cosa!**	23. **todo el mundo**	8. What an idea!	23. everybody
9. **tener prisa**	24. **todo lo posible**	9. to be in a hurry	24. everything possible
10. **tener que...**	25. **¡Ya lo creo!**	10. to have to	25. yes indeed!
11. **tener razón**	26. **Más vale tarde que nunca.**	11. to be right	26. Better late than never.
12. **en efecto**	27. **El ejercicio hace al maestro.**	12. in fact	27. Practice makes perfect.
13. **es decir**	28. **boleto de ida y vuelta**	13. that is to say	28. round-trip ticket
14. **favor de darme**	29. **pedir información**	14. please give me	29. to ask for information
15. **hoy día**		15. nowadays	

SEGUNDA PARTE

Grammar Notes

Ejercicio 48. Answer the following questions in the affirmative in complete sentences.

Ejemplo: 1. Sí, pienso en mi amigo.

1. ¿Piensa Ud. en su amigo?
2. ¿Quiere Ud. hacer un viaje a México?
3. ¿Puede Ud. comprar un automóvil?
4. ¿Pone Ud. la lámpara en el piano?
5. ¿Sale Ud. mañana de la ciudad?

6. ¿Cuenta Ud. siempre el cambio?
7. ¿Dice Ud. las palabras dos veces?
8. ¿Continúa Ud. la lección?
9. ¿Le[1] da Ud. una propina al mesero?
10. ¿Sabe Ud. contar en español?

NOTE: 1. **le** *to him*, is not translated here.

Ejercicio 49. Answer the following questions in the negative in complete sentences. Be sure to use the **nosotros** (*we*) form.

Ejemplo: 1. No, no repetimos las respuestas.

1. ¿Repiten Uds. las respuestas?
2. ¿Hacen Uds. muchas preguntas?
3. ¿Piden Uds. información?
4. ¿Tienen Uds. prisa?
5. ¿Vienen Uds. temprano a casa?

6. ¿Creen Uds. el cuento (story)?
7. ¿Traen Uds. el equipaje?
8. ¿Toman Uds. la cena?
9. Necesitan Uds. dinero?
10. ¿Tienen Uds. que trabajar?

Ejercicio 50. Select the phrase in the right-hand column which best completes the sentence begun in the left-hand column.

Ejemplo: 1. Este Tipo de cerámica (b) es conocida por todas partes.

1. Este tipo de cerámica
2. Estos dibujos son de flores
3. Cada negociante piensa
4. Ud. sabe que el ejercicio
5. Vamos a continuar
6. No puedo llegar
7. Voy a la boletería
8. Sé a qué hora
9. Él me comprende
10. Quien primero viene

a. hace al maestro.
b. es conocida por todas partes.
c. antes de las nueve.
d. y ésos son de animalitos.
e. para comprar dos boletos.
f. cuando hablo español.
g. primero tiene.
h. en comprar y vender.
i. este tema interesante.
j. comienza la función.

Ejercicio 51. Complete the following sentences by choosing the proper expression from those listed below.

1. (How much does it cost?) **Cada turista** (must know) **esta expresión.**

2. **El turista** (asks for information) **en la estación del ferrocarril.**—¿(At what time) **llega el tren de Oaxaca? Dice el empleado:**—(At 7:30) **de la noche.**

3. **El turista** (is hungry). **Toma una** (drink) **en un restaurante.** (He pays the bill) **con un billete de diez pesos. Recibe cuatro pesos** (in change). **Le da al mesero** (a tip) **de sesenta centavos,** (that is to say), **diez por ciento.**

Ejercicio 52. Translate the demonstrative adjectives in parentheses.

1. (this) **cena**	5. (this) **tipo**	9. (these) **casas**
2. (these) **rebozos**	6. (that) **estación**	10. (those) **fechas**
3. (that) **viajero**	7. (that-dist.) **computadora**	11. (that-dist.) **cielo**
4. (those) **vasos**	8. (those) **papeles**	12. (those-dist.) **puertas**

Ejercicio 53. From group II select antonyms for each word in group 1.

I		II	
1. comprar	6. dividir	a. recibir	f. ir
2. venir	7. llegar a	b. tarde	g. después de
3. dar	8. más	c. rápidamente	h. multiplicar
4. antes de	9. lentamente	d. salir de	i. comprador
5. temprano	10. vendedor	e. vender	j. menos

TERCERA PARTE

Diálogo

Practice the Spanish Aloud.

Un turista pide información acerca de la cerámica mexicana

1. —**Por favor, señor, ¿de qué distritos de México son las mejores cerámicas mexicanas? Deseo comprar un juego de tazas, platillos y platos.**

2. —**Pues, cada distrito tiene su propio estilo. La cerámica de Puebla, Oaxaca y Michoacán es bien conocida por todas partes.**

3. —**¿Tengo que ir a aquellos distritos para obtener los mejores ejemplares?**

4. —**De ninguna manera. Ud. puede comprar cerámica de todos los distritos aquí mismo en la capital.**

5. —**¿Cuesta más aquí?**

6. —**Por supuesto cuesta más. Pero hay un surtido excelente.**

7. —**¿Me puede dar el nombre de algunas tiendas de cerámica?**

8. —**Hay muchas en la Avenida Juárez. En aquella avenida está también el Museo Nacional de Artes e Industrias Populares.**

9. —**¿Se vende cerámica allí?**

10. —**¡Ya lo creo! La mejor de México.**

11. —**Muchas gracias, señor.**

12. —**De nada.**

1. Please tell me, sir: From which districts of Mexico come the best examples of Mexican pottery? I want to buy a set of cups, saucers, and plates.

2. Well, each district has its own style. The pottery of Puebla, Oaxaca, and Michoacan is well known everywhere.

3. Do I have to go to those districts to buy the best items?

4. By no means. You can buy pottery from all the districts right here in the capital.

5. Does it cost more here?

6. Of course it costs more. But there is an excellent assortment.

7. Please tell me the names of a few pottery shops.

8. There are many on Juarez Avenue. On the same avenue you'll find also the National Museum of Popular Arts and Industries.

9. Do they sell pottery there?

10. I should say so! The best in Mexico.

11. Many thanks, sir.

12. You are welcome.

LECTURA

Ejercicio No. 54—La familia del señor Adams viene a visitar su oficina

Es la primera vez que la familia Adams viene a visitar la oficina del señor Adams. La señora Adams y sus (her) cuatro hijos entran en un edificio muy grande y suben (go up) al décimo piso por ascensor (elevator). Anita, la hija menor, que tiene solamente cinco años, está muy curiosa, y hace muchas preguntas a su mamá sobre la oficina.

Cuando llegan a la oficina, el padre se levanta y dice:—Me gusta mucho verlos (to see you) a todos aquí. ¡Qué sorpresa más agradable (pleasant)!

Los niños admiran los objetos que ven en la oficina: la computadora, la máquina de fax, las revistas mexicanas y los carteles de muchos colores. Todos están muy contentos.

Felipe, el hijo mayor, mira por la ventana alta. Abajo (below) ve los automóviles que pasan por la calle. Desde el décimo piso parecen (they seem) muy pequeños.

Después de (after) la visita toda la familia va a un restaurante que no está lejos de la oficina. Comen con mucho gusto, sobre todo los hijos, porque tienen mucha hambre.

Ejercicio No. 55—Una fábula moderna

A Anita, la menor de los hijos del Sr. Adams, le gustan mucho los chistes. El Sr. López le ha escrito uno. Su título es «La fábula del automóvil y del burro».

Un automóvil pasa por el camino y ve un burro. El pobre burro lleva una carga grande y pesada (heavy) de madera.

El automóvil para (stops) y le dice al burro —Buenos días. Ud. anda muy despacio. ¿No desea correr rápidamente como yo?

—Sí, sí, señor! Pero dígame, ¿cómo es posible?

—No es difícil—dice el automóvil.—En mi tanque hay mucha gasolina. Ud. tiene que beber un poco.

Entonces el burro bebe la gasolina. Ahora no anda despacio. No corre rápidamente. No va al mercado. Se echa (he stretches out) en el camino. Tiene dolor de estómago.

¡Pobre burro! No es muy inteligente, ¿verdad? No sabe que la gasolina es buena para un automóvil, pero no vale nada para un burro.

A Anita no le gusta la fábula moderna y comenta al final: «¡Qué chiste más tonto, Sr. López!»

CAPÍTULO 18 (DIECIOCHO)

PRIMERA PARTE

El cine

1. —Sr. Adams, Ud. sabe pedir información sobre las funciones del cine. ¿Le gusta el cine?

2. —Pues, algunas películas buenas me gustan, pero la mayoría no me interesa.

3. —¿Le gusta más el teatro?

4. —Sí. Mi esposa y yo lo preferimos. Vamos a menudo al teatro para ver un buen drama o una producción musical.

5. —¿Y sus hijos? ¿Prefieren el teatro?

6. —¡Claro que no! Les encantan las películas de acción y las musicales en colores, que a nosotros nos aburren.

7. —Ellos conocen[1] a todas las estrellas de cine, ¿verdad?

8. —Claro está, las conocen. Conocen también a las estrellas de la televisión y de la radio.

9. —Uds. viven en los suburbios. ¿Hay un cine cerca de su casa?

10. —Sí, a unas ocho cuadras. Se puede ir a pie, pero si hay mucha cola regreso a casa. No me gusta estar de pie por más de cinco minutos.

11. —¿Dónde prefieren Uds. sentarse, en las primeras filas o atrás?

12. —Nos gusta más sentarnos en las filas catorce o quince. Desde allí es posible ver y oír bien. Desde allí la luz y los movimientos en la pantalla no hacen daño a los ojos.

13. —¿Qué hacen Uds. si la mayor parte de los asientos están ocupados?

14. —Entonces pido ayuda al acomodador. Nos sentamos en cualquier asiento desocupado, delante, atrás o al lado.

15. —¡Estupendo, Sr. Adams!

1. Mr. Adams, you know how to ask for information about the performances of the movies. Do you like movies?

2. Well, I like some good pictures, but most films do not interest me.

3. You prefer the theater?

4. Yes. My wife and I prefer it. We often go to the theater to see a good play or musical.

5. And your children? Do they prefer the theater?

6. Of course not! They like action movies and animated musicals, which bore us.

7. They know all the stars, don't they?

8. Of course, they know them. They also know the stars of television and radio.

9. You live in the suburbs. Is there a movie theater near your house?

10. Yes, about eight blocks. We can walk there but if there is a line I go home. I don't like to stand for more than five minutes.

11. Where do you prefer to sit, in the first rows or in the back?

12. We prefer to sit in rows fourteen or fifteen. From there it is possible to see and hear well. From there the light and the movements on the screen do not harm the eyes.

13. What do you do if most of the seats are taken?

14. Then I ask the usher for help. We sit in any unoccupied seats, in front, in back, or at the side.

15. Marvelous, Mr. Adams!

NOTE: 1. **conocer** to know (to be acquainted with persons or things), **saber** to know (facts).

Pronunciation and Spelling Aids

1. Practice: bo-le-**te**-ro a-**sien**-tos a-co-mo-da-**dor** es-**tre**-lla

bo-le-te-**rí**-a pan-**ta**-lla pe-**lí**-cu-la pre-**fie**-ro

2. Nouns ending in **-ción** drop the accent in the plural: **la función, las funciones; la lección, las lecciones; la estación, las estaciones**.

Vocabulary Building

A. Sinónimos:

1.	**el noticiero, las actualidades**	the newsreel	4. **la cinta, la película**	film
2.	**por eso, por consiguiente**	therefore	5. **a menudo, muchas veces**	often
3.	**prefiero, me gusta más**	I prefer		

B. Antónimos:

1. **antes de**	before (time)	**después de**	after
2. **delante de**	in front of	**detrás de**	behind
3. **ocupado**	occupied	**desocupado**	unoccupied

C. Words Dealing with the Movies:

1. **el cine**	the movie theater	7. **la estrella**	the star
2. **la película**	the picture	8. **la pantalla**	the screen
3. **la función**	the performance	9. **el asiento**	the seat
4. **el noticiero**	the newsreel	10. **la fila**	the row
5. **la taquilla, la boletería (Mex.)**	the ticket office	11. **el acomodador**	the usher
6. **el papel**	the part, role		

Expresiones Importantes

1. **tener que: tener** to have, followed by **que** means to have to, must.

Tengo que repetir.	I have to (must) repeat.
Ud. tiene que aprender.	You have to (must) learn.
¿Tiene él que escribir?	Does he have to (must he) write?
Ella no tiene que ir.	She does not have to go.

2. **ir a pie** — to go on foot
3. **estar de pie** — to stand
4. **más de cinco minutos** — more than five minutes
5. **película de acción** — action movie

SEGUNDA PARTE

Grammar Notes

A. Direct Object Pronouns—Summary. Study the following sentences, which summarize the direct object pronouns. Note their meanings and position in relation to the verb.

1. **¿Compra Pablo el pan?** *Lo* **compra.**   1. Does Paul buy the bread? He buys *it*.

2. **¿Compra Ana la crema?** *La* **compra.**   2. Does Anna buy the cream? She buys *it*.

3. ¿Ve Ud. al padre? *Lo* veo (a él).

3. Do you see the father? I see *him*.

4. ¿Ve Ud. al la madre? *La* veo (a ella).

4. Do you see the mother? I see *her*.

5. ¿Ve Ud. a los padres? *Los* veo (a ellos).

5. Do you see the parents (fathers)? I see *them*.

6. ¿Ve Ud. a las madres? *Las* veo (a ellas).

6. Do you see the mothers? I see *them*.

7. ¿Tiene Ud. los boletos? *Los* tengo.

7. Have you the tickets? I have *them*.

8. ¿Tienen Uds. las cartas? *Las* tenemos.

8. Have you the letters? We have *them*.

9. *Lo* esperamos, Sr. Adams.

9. We are expecting *you*, Mr. Adams.

10. *La* esperamos, Sra. López.

10. We are expecting *you*, Mrs. Lopez.

11. *Los* esperamos, señores.

11. We are expecting *you*, gentlemen.

12. *Las* esperamos, señoras.

12. We are expecting *you*, ladies.

13. ¿*Me* buscas, mamá?

13. Are you looking for *me*, mother?

14. *Te* busco, hijito.

14. I am looking for *you*, sonny.

15. ¿Quién *nos* busca?

15. Who is looking for *us*?

Chart of Direct Object Pronouns

SINGULAR		PLURAL	
me	me	**nos**	us
te	you (*fam.*)	**os**	you (*fam.*) (*Spain only*)
lo (*m*)	it, him, you	**los** (*m*)	them, you
le (*m*)	him, you (*Spain only*)	**les** (*m*)	them, you (*persons only*)
la (*f*)	it, her, you	**las** (*f*)	them, you

a. Object pronouns usually stand directly before the verb.

b. When the pronoun is the object of an infinitive or of an affirmative command, it follows the verb and is attached to it.

> **El Sr. Adams va a saludar*lo*.**   Mr. Adams is going to greet *him*.
> **Díga*me*.**   Tell *me*.

c. **a Ud**. and **a Uds**. are usually added after the verb to distinguish the meaning you from the other meanings of **lo**, **la**, **(les-Spain)**, **los**, **las (les-Spain)**, **a él**, **a ella**, **a ellos** and **a ellas** may also be added to make the meaning clear.

d. **os** (object *you*, fam. plur.) is only used in Spain. Use **los** (*you*) and **las** (*you*) instead.

TERCERA PARTE

Ejercicios No. 56A-56B-56C

56A. Read each Spanish question. Then read the answer, using the correct direct object pronoun in place of the dash. Be sure the object pronouns have the same number and gender as the nouns for which they stand.

Ejemplo: Sí, *los* compro.

1. ¿Compra Ud. los boletos?   Sí, _____ compro.

2. ¿Comienza Ud. el ejercicio?   Sí, _____ comienzo.

3. ¿Quiénes tienen el radio?   Los niños _____ tienen.

4. ¿Ven Uds. bien la pantalla?   No, no _____ vemos bien.

5. ¿Espera el señor a su amigo?   Sí, _____ espera.

6. ¿Prefieren Uds. las primeras filas?   No, no _____ preferimos.

7. ¿Conocen los niños a la estrella?   Sí, _____ conocen.

8. ¿Conocen Uds. a estos hombres?   Sí, _____ conocemos.

9. ¿Conocen Uds. a estas mujeres?   Sí, _____ conocemos.

10. ¿Quiénes esperan al maestro?   Los niños _____ esperan.

56B. Read each Spanish sentence. Then put the corresponding English sentence into Spanish. Where do the object pronouns go?

Ejemplo: El camarero la lleva.

1. **El camarero trae la cuchara.**   1. The waiter brings it.

2. **Los niños comen el azúcar.**   2. The children eat it.

3. **Pongo los platillos en la mesa.**   3. I put them on the table.

4. **Digo las frases al estudiante.**   4. I tell them to the student.

5. **¿Por qué no saluda Ud. al hombre?**   5. Why don't you greet him?

6. **¿Visitas a tu hermana?**   6. Do you visit her?

56C. Translate into Spanish.

1. I see you, Mr. Adams.   6. I take the plate. I take it.

2. Do you see me?   7. She writes the verbs. She writes them.

3. Who sees us?   8. We have the chairs. We have them.

4. The teacher sees you (pl.), boys.   9. I expect you, ladies.

5. We see the house. We see it.   10. We expect you, gentlemen.

Ejercicio No. 57—Preguntas

1. ¿Quién sabe pedir información?

2. ¿Qué prefieren los señores Adams, el teatro o el cine?

3. ¿Qué prefieren los niños?

4. ¿Conocen los niños a las estrellas del cine?

5. ¿Dónde vive la familia Adams?

6. ¿A qué distancia está el cine de la casa de ellos?

7. ¿Qué filas del cine prefieren?

8. ¿Es posible ver y oír desde allí?

9. ¿A quién piden ayuda en el cine?

10. ¿Vienen temprano o tarde?

CAPÍTULO 19 (DIECINUEVE)

PRIMERA PARTE

Las calles y las fechas

1. Si el turista no sabe nada de la historia de México, los nombres de las calles pueden enseñarle mucho. Como en todas las ciudades del mundo, en la ciudad de México hay calles nombradas en memoria de los grandes héroes de la patria.

2. Dos de las avenidas más importantes de la ciudad son las Avenidas Juárez y Francisco I. Madero. Ud. sabe bien que Benito Juárez es el Abraham Lincoln de México, presidente de México desde 1857 (mil ochocientos cincuenta y siete) hasta 1872 (mil ochocientos setenta y dos), el alma de la resistencia al emperador Maximiliano. Francisco I. Madero fue uno de los líderes contra el dictador Porfirio Díaz en 1910 (mil novecientos diez).

3. Pero en el centro de la ciudad hay otras calles muy interesantes desde el punto de vista histórico. Sus nombres son fechas:—16 de septiembre, 20 de noviembre, 5 de febrero y 5 de mayo. ¿Qué significan estas fechas?

4. El 16 de septiembre es el Día de la Independencia de México. Recuerda el año 1810 (mil ochocientos diez) y la lucha contra España. El iniciador de esta revolución fue el cura Hidalgo, el George Washington de México.

5. El 20 de noviembre se celebra el comienzo de la revolución de 1910 (mil novecientos diez) contra el dictador Porfirio Díaz.

6. El 5 de mayo es el aniversario de la victoria contra los franceses, partidarios de Maximiliano, en Puebla en el año 1861 (mil ochocientos sesenta y uno).

7. El 5 de febrero es una fiesta también. Esta fiesta se llama el Día de la Constitución

8. —Sr. Adams, ¿le interesan estos sucesos de la historia de México?

1. If the tourist knows nothing about the history of Mexico, the names of the streets can teach him a great deal. As in all the cities in the world, so in Mexico there are streets named in memory of the great heroes of the fatherland.

2. Two of the city's most important avenues are Avenue Juarez and Avenue Francisco I. Madero. You know that Benito Juarez is the Abraham Lincoln of Mexico, president of Mexico from 1857 to 1872, the soul of the resistance to Emperor Maximilian. Francisco I. Madero was one of the leaders who fought against dictator Porfirio Diaz.

3. But in the center of the city there are other streets, very interesting from a historical point of view. Their names are dates—September 16, November 20, February 5, and May 5. What do these dates mean?

4. September 16 is Mexico's Independence Day. It recalls the year 1810 and the struggle against Spain. The initiator of this revolution was the priest Hidalgo, the George Washington of Mexico.

5. November 20 marks the beginning of the revolution in 1910 against the dictator Porfirio Diaz.

6. The 5th of May is the day of victory against the French, supporters of Maximilian, at Puebla in the year 1861.

7. The 5th of February is a holiday, too. This holiday is called Constitution Day.

8. Mr. Adams, do these events of Mexican history interest you?

9. —Sí, sí. Me interesan mucho. Un día voy a caminar por las calles cuyos nombres son fechas, y voy a recordar las palabras de mi maestro y amigo, el señor López.

9. Yes, yes. They interest me very much. Some day I am going to walk along the streets the names of which are dates, and I will recall the words of my teacher and friend, Mr. Lopez.

10. —Ahora es favor que Ud. me hace a mí.[1]

10. Now you flatter me.

11. —No es favor. Es verdad. ¿No quiere pasear hoy?

11. It is not flattery. It is the truth. Would you like to talk a walk today?

12. —¿Qué día es hoy?

12. What day is it today?

13. —Hoy es martes.

13. Today is Tuesday.

14. —Lamentablemente, hoy no puedo, tengo un compromiso.

14. Unfortunately I cannot today, I have an engagement.

15. —Bueno, entonces será otro día.

15. OK. We'll do it some other day.

NOTE: 1. **a mí** *to me*, added for emphasis.

Pronunciation and Spelling Aids

1. Practice:

his-**to**-ria	Fran-**cis**-co Ma-**de**-ro	Lí-de-res	re-cor-**dar**
hé-ro-es	Por-**fi**-rio **Dí**-az	sig-ni-**fi**-can	re-**cuer**-da
Mi-**guel** Hi-**dal**-go	em-per-ra-**dor**	in-de-pen-**den**-cia	vic-**to**-ria
Be-**ni**-to **Juá**-rez	Ma-xi-mi-**lia**-no	re-vo-lu-**ción**	**Jor**-ge

Building Vocabulary

A. Antónimos:

1. **contra** against   **por** for

2. **enseñar** to teach   **aprender** to learn

B. Palabras Relacionadas:

1. **interesar**	to interest	**interesante**	interesting
2. **la historia**	history	**histórico**	historical
3. **dictar**	to dictate	**el dictador**	the dictator
4. **luchar**	to fight	**la lucha**	the fight
5. **caminar**	to walk	**el camino**	the road
6. **recordar**	to recall, remember	**el recuerdo**	the remembrance
7. **resistir**	to resist	**la resistencia**	resistance
8. **comenzar**	to begin	**el comienzo**	beginning

C. **Los grandes héroes** the great heroes. The adjective **grande** placed before a noun means *great*. After a noun it means *big*. Thus:

un hombre grande   a *big* man   **un gran hombre**   a *great* man

NOTE: grande (not grandes) before a noun becomes **gran**.

Expresiones Importantes

1. **en memoria de** — in memory of
2. **desde...hasta** — from...to, until
3. **el Día de la Independencia** — Independence Day
4. **tener un compromiso** — to have an engagement
5. **¿Qué día es hoy? Es martes.** — What day is it today? It is Tuesday.
6. **¿Cuál es la fecha de hoy? Hoy es el 23 de marzo.** — What is today's date? Today is March 23.

Ejercicio No. 58—Completion of Text

1. (They know nothing) **de la historia de México.**
2. **Las calles** (can) **enseñarles mucho.**
3. **Hay calles nombradas** (in memory of) **los héroes de la** (fatherland).
4. **Una de las avenidas** (most important) **es la Avenida Juárez.**
5. **Benito Juárez fue presidente de México** (from) **1857** (until) **1872.**
6. **Los** (names) **de estas calles son** (dates).
7. **Son interesantes** (from the point of view) **histórico.**
8. **¿Qué** (signify) **estas fechas?**
9. **El** (priest) **Hidalgo fue el** (initiator) **de la revolución contra España en 1810.**
10. (These events) **me interesan mucho.**
11. **Voy a** (walk) **por las calles** (whose) **nombres son fechas.**
12. **Voy a** (recall) **las palabras de mi maestro.**

SEGUNDA PARTE

Grammar Notes

1. The Present Tense of **recordar(ue)** to remember and **oír** to hear

I remember, you remember, etc.

recuerdo	recordamos
recuerdas	recordáis
recuerda	recuerdan

I hear, you hear, etc.

oigo	oímos
oyes	oís
oye	oyen

2. Ordinal Numbers

primero (a) first	**quinto (a)** fifth	**noveno (a)** ninth
segundo (a) second	**sexto (a)** sixt	**décimo (a)** tenth
tercero (a) third	**séptimo (a)** seventh	
cuarto (a) fourth	h**octavo (a)** eighth	

a. Ordinal numbers are used much less in Spanish than in English. After the tenth they are seldom used.

b. Like other adjectives, ordinal numbers agree with their nouns in number and gender.

    la primera fila   **la segunda fila**   **el décimo piso**

c. Before a masculine singular noun, **primero** and **tercero**, drop the **-o**.

    el primer año   **el primero**   **el tercer mes**   **el tercero**

3. Dates.

    1 de mayo de 2003 (el primero de mayo)   May 1, 2003
    5 de mayo de 1861 (el cinco de mayo)   May 5, 1861

a. **Primero** is used for the first day of the month. After that the cardinal numbers **dos**, **tres**, etc., are used.

b. The order for a date is: (day) **de** (month) **de** (year)

c. The numbers in the year are read like numbers in general.

    2003 (dos mil tres)   **1861 (mil ochocientos sesenta y uno)**

4. Pronouns with Prepositions

para mí	for me	**para nosotros (-as)**	for us
para ti	for you (*fam. sing.*)	**para vosotros (-as)**	for you (*fam. plur.*)
para Ud.	for you	**para Uds.**	for you
para él	for him	**para ellos**	for them (*masc. pl.*)
para ella	for her	**para ellas**	for them (*fem. pl.*)

a. Pronouns with prepositions, except **mi** (*me*) and **ti** (*you*) are the same as the subject pronouns.

b. With the preposition **con**, **mí** and **ti** become **conmigo** *with me*, and **contigo** *with you*.

c. The accent mark on **mí** (*me*) distinguishes it from **mi** (*my*).

TERCERA PARTE

Ejercicios No. 59A-59B

59A. Complete the Spanish sentences so that they correspond fully to the English sentences.

Ejemplo: 1. Hablamos de Ud., señor.

1. We are speaking of you, sir.	1. **Hablamos de _____ señor.**
2. They do not work for us (m.).	2. **No trabajan para _____.**
3. He is standing near them (f.).	3. **Está de pie cerca de _____.**
4. They are seated behind me.	4. **Están sentados detrás de _____.**
5. You can go with me.	5. **Ud. puede ir _____.**
6. I want to go with you, Johnny.	6. **Quiero ir _____, Juanito.**
7. We are for them, not against them.	7. **Estamos por _____, no contra _____.**
8. We prefer to go without you, Anna.	8. **Preferimos ir sin _____, Ana.**
9. The ashtray is in front of her.	9. **El cenicero está delante de _____.**
10. We are going to have dinner with him.	10. **Vamos a cenar con _____.**

59B. Translate in two ways.

Ejemplo: Where is your book, Anna? ¿Dónde está su libro (el libro de Ud.), Ana?

1. Where is her book?	5. Where are your parents, boys?
2. Where is his book?	6. Where is your house, Mr. Adams?
3. Where are her books?	7. Where are their chairs?
4. Where are his books?	8. Where is their room?

Ejercicio No. 60—Preguntas

1. ¿Cuál es la fecha del Día de la Independencia de México?
2. ¿Quién fue el iniciador de la revolución de 1810 contra España?
3. ¿Quién es el George Washington de México?
4. ¿Cuál es la fecha del aniversario de la victoria contra los franceses en Puebla en 1861?
5. ¿Quién es el Abraham Lincoln de México?
6. ¿Cuándo fue presidente?
7. ¿Qué fecha celebra el comienzo de la revolución contra el dictador Porfirio Díaz?
8. ¿Quién fue uno de los líderes de esa revolución?
9. ¿Qué avenidas importantes de la ciudad de México están nombradas en memoria de dos grandes héroes?
10. ¿Cuál es la fecha del Día de la Constitución?
11. ¿Le interesan estos sucesos de la historia de México al Sr. Adams?
12. ¿Por dónde va a caminar un día el Sr. Adams?
13. ¿Qué palabras va a recordar?
14. ¿Cuál es la fecha del aniversario del Día de la Independencia de los Estados Unidos?

CAPÍTULO 20 (VEINTE)

PRIMERA PARTE

Calles, ríos y montañas

1. —Ya sabe Ud., señor Adams, que hay muchas calles en México cuyos nombres recuerdan los grandes héroes de México y otras cuyos nombres son fechas. Estos recuerdan los acontecimientos más notables de la historia de México. Además, en un barrio las calles tienen los nombres de algunos de los escritores franceses más conocidos, por ejemplo Victor Hugo, Anatole France y Eugenio Sue. En otro barrio los nombres de las calles celebran algunos de los científicos más famosos, como por ejemplo, Copérnico, Kepler y Galileo.

2. —Al sur del Paseo de la Reforma, una de las avenidas más hermosas de México, podemos dar un paseo por algunas de las «ciudades más importantes del mundo» Liverpool, Hamburgo, Florencia, Londres, etc. Al norte del Paseo se encuentran «los ríos» Misisipí, Tiber, Rhin, Danubio, etc. Por cierto, una persona que tiene la costumbre de caminar por las calles de México puede educarse bien y barato.

3. —A propósito, señor Adams, ¿me permite hacerle algunas preguntas sobre la geografía del Hemisferio Occidental?

4. —Desde luego. ¿Y voy a recibir un premio por las respuestas correctas?

5. —No, señor Adams, éste no es un programa de radio. Vamos a empezar. ¿Cuál es el río más largo del Hemisferio Occidental?

6. —Por supuesto, el Misisipí es el río más largo.

7. —Ud. está equivocado. El Misisipí es mucho más pequeño que el río Amazonas. Éste es el más largo y el más grande, no solamente de nuestro hemisferio, sino también del mundo

1. You already know, Mr. Adams, that there are many streets in Mexico whose names recall the great heroes of Mexico and others whose names are dates. The latter recall the most outstanding accomplishments of the history of Mexico. Besides, in one district the streets have the names of some of the most well-known French writers—Victor Hugo, Anatole France, and Eugene Sue, for example. In another district, the names of the streets honor some of the most famous scientists—for example, Copernicus, Kepler, and Galileo.

2. South of the Paseo de la Reforma, one of the most beautiful avenues of Mexico, we can take a walk through some of the "most important cities in the world"—Liverpool, Hamburg, Florence, London, etc. North of the Paseo are "the rivers" Mississippi, Tiber, Rhine, Danube, etc. Indeed, a person who has the habit of walking through the streets of Mexico can obtain a good and inexpensive education.

3. By the way, Mr. Adams, will you permit me to ask you a few questions about the geography of the Western Hemisphere?

4. Certainly. And will I receive a prize for correct answers?

5. No, Mr. Adams, this is not a radio program. Let's begin. Which is the longest river in the Western Hemisphere?

6. Of course the Mississippi is the longest river.

7. You are mistaken. The Mississippi is much smaller than the Amazon River. The latter is the longest and the biggest, not only in our hemisphere, but also in the whole world. It is

entero. Tiene más de 4600 millas de largo y cruza todo el Brasil. ¿Y cuál es el pico más alto de la América del Sur?

8. —No me acuerdo del nombre pero está en los Andes. Es más alto que cualquier pico de la América del Norte, de Europa o de África. Pero sí hay picos más altos en el Himalaya de Asia.

9. —Aquel pico altísimo se llama Aconcagua. Pues bien, una pregunta más. ¿Sabe Ud. los nombres de los dos picos no lejos de México, D.F.?

10. —Creo que sí, pero no sé pronunciarlos.

11. —No es difícil. Repita, por favor. Po-po-ca-té-petl. Ix-tac-cí-huatl.

12. —Po-po-ca-té-petl. Ix-tac-cí-huatl (poh-poh-ca-*tay*-petl, ees-tah-*see*-wahtl). Ud. tiene razón. No es difícil pronunciarlos sílaba por sílaba.

more than 4600 miles long and crosses all of Brazil. And which is the highest peak in South America?

8. I do not remember the name but it is in the Andes. It is higher than any mountain in North America, Europe or Africa. But indeed, there are higher peaks in the Himalayas of Asia.

9. That very high peak is called Aconcagua. Well then, one more question. Do you know the names of the two peaks not far from Mexico City?

10. I think so, but I do not know how to pronounce them.

11. It is not difficult. Repeat, please. Po-po-ca-te-petl. Ix-tac-ci-huatl.

12. Po-po-ca-te-petl. Ix-tac-ci-huatl. You are right. It is not difficult to pronounce them syllable by syllable.

Pronunciation and Spelling Aids

1. Practice:

cu-yos	Co-**pér**-ni-co	Mi-si-si-**pí**	**cru**-za
re-**cuer**-dan	**Kep**-ler	Da-**nu**-bio	a-**cuer**-do
a-con-te-ci-**mien**-tos	Ga-li-**le**-o	Ti-**ber**	cual-**quie**-ra
ba-rrio	Pa-**se**-o	cos-**tum**-bre	**A**-sia
fran-**ce**-ses	de la Re-**for**-ma	con-se-**guir**	Hi-ma-**la**-ya
es-cri-**to**-res	en-**cuen**-tran	ge-o-gra-**fí**-a	A-con-**ca**-gua
Eu-**ge**-nio	Flo-**ren**-cia	he-mis-**fe**-rio	pro-nun-**ciar**-los
ce-le-**brar**	Ham-**bur**-go	oc-ci-den-**tal**	Po-po-ca-**té**-petl
cien-**tí**-fi-cos	Li-ver-**pool**	el **rí**-o A-ma-**zo**-nas	Ix-tac-**cí**-huatl

2. **francés, franceses; inglés, ingleses; portugués, portugueses.** The accent mark is dropped in the plural.

3. In the combination **-guir (conseguir)** the **u** is silent. In the combination **-gua (Aconcagua)** the **u** is pronounced like Eng. *w*.

Building Vocabulary

A. Sinónimos:

1. **por cierto**	de veras	claro está	indeed
2. **el sabio**	el hombre de ciencia	el científico	the scientist
3. **conseguir**	obtener	adquirir	to obtain

B. Antónimos:

1. **barato** cheap   **caro** dear   3. **el más largo** the longest   **el más corto** the shortest
2. **alto** high   **bajo** low   4. **fácil** easy   **difícil** hard

C. **Palabras relacionadas:**

1. **educar**   to educate
   educación   education

2. **la ciencia**   science
   el científico   the scientist

3. **historia**   history
   histórico   historical

Expresiones Importantes

l. **dar un paseo** to take a walk

2. **hacer preguntas** to ask questions

3. **cualquier montaña** any mountain

4. **por cierto** indeed

Ejercicio No. 61—Completion of Text

1. **Hay muchas calles** (whose) **nombres** (recall) **a grandes héroes.**

2. **Otras calles recuerdan** (the most notable events) **de nuestra historia.**

3. **Otras calles tienen los nombres de los escritores franceses** (most well-known).

4. **En un barrio las calles llevan los nombres de los científicos** (most famous).

5. **Podemos dar un paseo por algunas de las ciudades** (most important in the world).

6. (Indeed) **una persona puede** (get a good and inexpensive education) **en las calles de México.**

7. (By the way) **Sr. Adams, quiero hacerle algunas preguntas** (about) **la geografía del Hemisferio** (Western).

8. **Ud. no va a** (receive) **un premio.**

9. ¿**Es** (larger) **el Misisipí que el Amazonas?**

10. **El Misisipí es** (smaller) **que el Amazonas.**

11. **Este río es** (the largest) **y** (the longest) **del mundo.**

12. **El pico de Aconcagua es** (higher) **que cualquier pico de la América del Norte.**

13. **Hay picos** (higher) **en el Himalaya.**

14. **Dos picos** (high) **se encuentran** (not far from) **la capital.**

15. (You are right). **La pronunciación no es difícil.**

SEGUNDA PARTE

Grammar Notes

1 Comparison of adjectives in Spanish.

grande large	**más grande** larger	**el (la) más grande** largest
notable notable	**más notable** more notable	**el (la) más notable** most notable
notable notable	**menos notable** less notable	**el (la) menos notable** least notable

a. These adjectives follow and agree with their nouns as usual. In the superlative and sometimes in the comparative, the definite article or a possessive adjective precedes the noun. Context usually indicates the meaning desired.

> **las avenidas más hermosas** the most beautiful avenues
> **mi maestro más amable** my kindest teacher

b. After a superlative use de not en for in.

> **el río más largo del mundo** the longest river in the world

c. *as...(adj.)...as*, is expressed in Spanish as **tan...(adj.)...como**.

> **Carlos es tan alto como Ana.**   Charles is as tall as Anna.
>
> **El Tiber no es tan largo como el Rhin.**   The Tiber is not as long as the Rhine.

d. In comparisons, *than* is usually **que**. Before a number *than* is **de**.

> **Londres es más grande que Nueva York.**   London is larger than New York.
>
> **Tenemos más de cien dólares.**   We have more than $100.

2. Irregular Comparisons

bueno	good	**mejor**	better	**el (la) mejor**	best
malo	bad	**peor**	worse	**el (la) peor**	worst
grande	big	**más grande**	bigger	**el (la) más grande**	biggest
		mayor	older	**el (la) mayor**	oldest
pequeño	small	**más pequeño**	smaller	**el (la) más pequeño**	smallest
		menor	younger	**el (la) menor**	youngest

a. The irregular forms of **grande** and **pequeño** refer to age.

The regular forms of **grande** and **pequeño** refer to size.

Felipe es mayor que Guillermo.	Philip is older than William.
Felipe es más grande que Guillermo.	Philip is bigger than William.
Es el mayor de la familia.	He is the oldest in the family.
Es el más grande de la familia.	He is the biggest in the family.
Anita es menor que Rosita.	Annie is younger than Rosie.
Anita es más pequeña que Rosita.	Annie is smaller than Rosie.
Es la menor de la familia.	She is the youngest in the family.
Es la más pequeña de la familia.	She is the smallest in the family.

3. The ending **-ísimo(a)** may be used instead of **muy**.

alto	tall	**altísimo**	very tall
largo	long	**larguísimo**	very long
bueno	good	**bonísimo**	very good
rico	rich	**riquísimo**	very rich
Aconcagua es un pico altísimo.		Aconcagua is a very high peak.	

TERCERA PARTE

Ejercicio No. 62

Ejemplo: 1. Pablo es tan alto como Juan.

1. Paul is as tall as John.

2. My pen is better than John's.

3. Mary is nicer than Elsie.

4. I have the best pen of all.

5. The black ink is not as good as the blue.

1. **Pablo es _____alto _____ Juan.**

2. **Mi pluma es _____que la de Juan.**

3. **María es_____ simpática _____ Elsa.**

4. **Tengo la _____ bolígrafo de todas.**

5. **La tinta negra no es _____ buena _____ la tinta azul.**

6. I want the newest book.

7. My exercises are more difficult than yours.

8. Jane is tall. Marie is taller than Jane.

9. Isabel is the tallest girl of the three.

10. Mr. García has the worst luck.

11. Philip is the oldest child.

12. The capital has the most modern buildings.

13. The pen is bad but the pencil is worse.

14. Why are you not as happy as he?

15. He is the laziest man in the office.

16. Annie is the youngest child.

6. **Quiero el libro ____ nuevo.**

7. **Mis ejercicios son ____ difíciles ____los de Ud.**

8. **Juana es alta. María es _____ alta _____ Juana.**

9. **Isabel es la muchacha _____ de las tres.**

10. **El señor García tiene la _____[1] suerte.**

11. **Felipe es el hijo _____.**

12. **La capital tiene los edificios _____.**

13. **La pluma es mala, pero el lápiz es _____.**

14. **¿Por qué no está Ud. _____ contento_____ él?**

15. **El es el hombre más perezoso _____la oficina.**

16. **Anita es la hija _____.**

NOTE: 1. **mejor** and **peor** often precede the noun.

Ejercicio No. 63—Preguntas

1. **¿Cuál es el río más largo de Sudamérica?**

2. **¿Cuál es una de las ciudades más importantes del mundo?**

3. **¿Cuál es el pico más alto de Sudamérica?**

4. **¿Qué ciudad es más grande que Nueva York?**

5. **¿Es Madrid tan grande como Nueva York?**

6. **¿Es Nueva York tan antigua como Madrid?**

7. **¿Qué ciudad es más Antigua, Plymouth o San Agustín?**

8. **¿Qué ciudad tiene los edificios más altos del mundo?**

9. **¿Cuál es el país más pequeño de Centroamérica?**

10. **El Sr. García es un hombre de cuarenta y cinco años de edad. Tiene $100,000 (cien mil dólares). El Sr. Rivera es un hombre de cincuenta años. Tiene $80,000 (ochenta mil dólares). El Sr. Torres es un hombre de sesenta años. Tiene $50,000 (cincuenta mil dólares).**

   a. **¿Quién es el menor de los tres?**

   b. **¿Quién es el mayor de los tres?**

   c. **¿Es el Sr. Rivera mayor que el Sr. García?**

   d. **¿Quién es el más rico?**

   e. **¿Quién es el menos rico?**

   f. **¿Es el Sr. Torres tan rico como el Sr. García?**

PRIMERA PARTE

El día del señor Adams

1. —Sr. Adams, ¿me permite preguntarle cómo pasa un día típico?

2. —Cómo no. Cuando voy a la oficina, me levanto a las seis y media. Ud. ve que soy madrugador. Me lavo y me visto en treinta minutos más o menos. A eso de las siete me siento a la mesa en el comedor para tomar el desayuno. Mi esposa, que también es madrugadora, se levanta temprano y nos desayunamos juntos. Naturalmente me gusta mucho esta costumbre. Tenemos la oportunidad de platicar de los niños y de otras cosas de interés.

3. —¿Qué desayuna Ud?

4. —Para el desayuno tomo jugo de naranja, café, panecillos y huevos. De vez en cuando como panqueques en vez de huevos.

5. —¿Y después del desayuno?

6. —A las siete y media estoy listo para salir a tomar el tren. Ud. sabe que vivo fuera de la ciudad. Voy en coche a la estación. Dejo allí el automóvil hasta la tarde cuando vuelvo de la ciudad. El tren sale para la ciudad a las ocho menos cuarto en punto. Raras veces sale tarde. Llega a la ciudad a las nueve menos cuarto en punto. Casi siempre llega a tiempo. Desde la estación de ferrocarril voy a la oficina en subterráneo. Llego a eso de las nueve. En la oficina leo mi correo electrónico, lo contesto inmediatamente, escucho mi contestador, hago algunas llamadas a varios clientes, y hablo con la secretaria para ver si tengo otros compromisos.

7. —¿Y cuándo almuerza?

8. —Casi siempre a la una. Es cosa de 20 minutos.

1. Mr. Adams, may I ask you how you spend a typical day

2. Certainly. When I go to the office, I get up at six-thirty. You see that I am an early riser. I wash and dress in thirty minutes more or less. At about seven, I sit down at the table in the dining room to have breakfast. My wife, who is also an early riser, gets up early and we have breakfast together. Naturally I like this custom very much. We have an opportunity to talk about the children and other interesting things.

3. What do you have for breakfast?

4. For breakfast I have orange juice, coffee, rolls, and eggs. Sometimes I have pancakes instead of eggs.

5. And after breakfast?

6. At seven-thirty I am ready to leave to catch the train. You know that I live outside the city. I go by car to the station. I leave the automobile there until the afternoon, when I return from the city. The train leaves for the city at a quarter to eight sharp. It seldom leaves late. It arrives at the city at quarter to nine sharp. It almost always arrives on time. From the railroad station, I go to my office by subway. I arrive at about nine. In the office I read my e-mail, I answer it immediately, I listen to my answering machine, I make a few phone calls to various clients, and I talk to my secretary to see if I have other engagements.

7. And when do you have lunch?

8. Almost always at one. It takes me about 20 minutes.

9. —Es muy poco tiempo. En México va a ver que son muy distintas las costumbres. El negociante mexicano pasa mucho más tiempo en comer. Pero en otra ocasión vamos a hablar más de esto. ¿Qué suele almorzar?

10. —Generalmente como un sandwich, tomo café y de postre una manzana cocida, una torta o un helado.

11. —¿Qué hace Ud. después del almuerzo?

12. —Hago lo mismo que por la mañana. Muchas veces algunos clientes vienen a visitarme por la tarde y de vez en cuando salgo a visitar a otros clientes.

13. —¿A qué hora termina Ud. el trabajo?

14. —A las cinco en punto salgo de la oficina y tomo el tren de las cinco y media. Llego a casa a eso de las siete menos cuarto y me siento a la mesa para cenar.

15. —Ud. debe de estar cansado después de tal día.

16. —¡Ya lo creo! —responde el señor Adams.

9. It is very little time. In Mexico you will see that customs are very different. The Mexican businessman spends much more time at meals. But another time we will speak more of this. What do you have for lunch?

10. Usually I have a sandwich and coffee and for dessert a baked apple, a cake, or ice cream.

11. What do you do after lunch?

12. I do the same as in the morning. Often some clients come to visit me in the afternoon and from time to time I go out to visit other clients.

13. At what time do you stop work?

14. At five o'clock sharp I leave the office and take the five-thirty train. I arrive home at about a quarter to seven and I sit down at table to have dinner.

15. You must be tired after such a day.

16. "Yes, indeed!" answers Mr. Adams.

Pronunciation and Spelling Aids

1. Practice:

pre-gun-**tar**	de-sa-yu-**nar**-se	pan-**que**-ques	ta-**quí**-gra-fa
ma-dru-ga-**dor**	de-sa-yu-**na**-mos	**hue**-vos-(*way-vos*)	te-**lé**-fo-no
ma-dru-ga-**do**-ra	o-por-tu-ni-**dad**	a-**fue**-ra	**clien**-tes
de-sa-**yu**-no	pa-ne-**ci**-llos	sub-te-**rrá**-ne-o	**sand**-wich (*sand-weech*)

2. **panqueques, sandwich.** These have been borrowed from English. Note the Spanish spelling of the first. The second has retained the English *w*.

Building Vocabulary

A. Sinónimos:

1. **en general**   generalmente   in general
2. **naturalmente**   por supuesto   of course
3. **platicar**   charlar   to chat
4. **en coche**   en auto   by auto
5. **algunas veces**   de vez en cuando   sometimes
6. **panecillos**   bolillos (Mex.)   rolls

B. Antónimos:

1. **después del desayuno**   after breakfast   **antes del desayuno**   before breakfast
2. **poco tiempo**   little time   **mucho tiempo**   much time

C. **Palabras relacionadas:**

1. **comer**   to eat   **comedor**   dining room   **la comida**   the meal
2. **el desayuno**   the breakfast   **desayunarse**   to have breakfast

D. **Jugos** (juices)

1. **jugo de naranja**   orange juice   4. **jugo de uvas**   grape juice
2. **jugo de tomate**   tomato juice   5. **jugo de piña**   pineapple juice
3. **jugo de toronja**   grapefruit juice   6. **jugo de limón**   lemon juice

Expresiones Importantes

1. **a eso de las siete**   at about seven   4. **ponerse**   to become
2. **a las cinco en punto**   at five o'clock sharp   5. **Me enfermo.**   I become sick.
3. **de costumbre**   generally   6. **¿Qué suele** (+*inf.*)   What do you usually (+ *verb*)?

Expressions with **vez**:

1. **una vez**   one time   6. **raras veces**   seldom
2. **dos veces**   two times   7. **en vez de**   instead of
3. **otra vez**   another time   8. **¿Cuántas veces?**   How many times?
4. **algunas veces**   sometimes   9. **cada vez**   each time
5. **muchas veces**   many times   10. **de vez en cuando**   from time to time

Ejercicio No. 64—Completion of Text

1. **Sr Adams, ¿me permite** (to ask you at what time) **se levanta?**
2. **Me levanto** (at 6:30)
3. **Soy** (an early riser). **Mi esposa es también** (an early riser).
4. **Siempre se levanta** (early).
5. **A las siete y media** (I am ready to leave).
6. (I read) **el correo electrónico y** (answer it)
7. **Para el almuerzo como** (a sandwich and some dessert).
8. (Often) **algunos clientes vienen** (to visit me).
9. **Termino el trabajo** (at five o'clock sharp).
10. (The customs) **son muy distintas en México.**

SEGUNDA PARTE

Grammar Notes

1. Present tense of Model Reflexive verb. **lavarse** to wash oneself

	me lavo	I wash myself	**nos lavamos**	we wash ourselves
	te lavas	you wash yourself (fam.)	**os laváis**	you wash yourselves (fam.)
Ud.	**se lava**	you wash yourself	Uds. **se lavan**	you wash yourselves
	se lava	he washes himself	**se lavan**	they wash themselves
		she washes herself, it washes itself		

a. Observe that the reflexive pronoun **se** means *oneself, yourself, himself, herself, itself, yourselves,* and *themselves.*

b. Like other object pronouns, reflexives usually precede the verb. Used with the infinitive, they follow the verb and are attached to it.

lavarse to wash oneself	**Quiero lavarme** I want to wash myself

2. Present Tense of **sentarse(ie)** to sit down (seat oneself), **vestirse(i)** to dress oneself

<table>
<tr><td colspan="2" align="center"><u>I sit down, etc</u></td><td colspan="2" align="center"><u>I dress myself, etc</u></td></tr>
<tr><td>me siento</td><td>nos sentamos</td><td>me visto</td><td>nos vestimos</td></tr>
<tr><td>te sientas</td><td>os sentáis</td><td>te vistes</td><td>os vestís</td></tr>
<tr><td>Ud. se sienta</td><td>Uds. se sientan</td><td>Ud. se viste</td><td>Uds. se visten</td></tr>
<tr><td>se sienta</td><td>se sientan</td><td>se viste</td><td>se visten</td></tr>
</table>

3. Other Reflexive Verbs

Some Spanish reflexive verbs are not translated by a reflexive verb in English

sentarse	to sit down (to seat oneself)	**Me siento**	I sit down
levantarse	to get up (to raise oneself)	**Me levanto**	I get up
acostarse(ue)	to go to bed	**Me acuesto**	I go to bed
llamarse	to be called (to call oneself)	**Me llamo**	My name is
encontrarse(ue)	to be (to find oneself)	**Me encuentro**	I am (somewhere)
llevarse	to take away	**Se lleva el sarape.**	He takes away the sarape.
irse	to go away	**Me voy de esta ciudad.**	I am going away from this city.
acordarse	to remember	**Nos acordamos de él.**	We remember him.
ponerse	to become	**Se ponen nerviosos.**	They become (get) nervous.

TERCERA PARTE

Ejercicios No. 65A-65B

65A. Translate the following questions and answers. Then practice the Spanish aloud.

1. ¿A qué hora se acuesta Ud.?
   Me acuesto a las once de la noche

2. ¿A qué hora se levanta Ud.
   Me levanto a las siete de mañana.

3. ¿Se lava antes de vestirse?
   Sí, me lavo antes de vestirme.

4. ¿Dónde se encuentra al mediodía?
   Me encuentro en mi oficina.

5. ¿Cuándo se va Ud. de aquí?
   Mañana me voy de aquí.

6. ¿Se pone Ud. nervioso cuando no funciona el correo electrónico?
   Sí, me pongo nervioso.

7. ¿En qué fila del cine se sientan Uds.?
   Nos sentamos en la fila catorce o quince.

8. ¿Se acuerdan Uds. de nuestras conversaciones?
   Sí, nos acordamos.

65B. Insert the correct form of the reflexive pronoun to make the Spanish sentences match the English.

Ejemplo: 1. El Sr. Adams se sienta en el comedor.

1. Mr. Adams sits down in the dining room.
2. He gets up at seven o'clock.
3. He washes and dresses himself.
4. At what time do you go to bed?
5. I go to bed at 10 o'clock.
6. What is his name?
7. Mr. and Mrs. Adams are (find themselves) in the living room.
8. When do you get up?
9. We get up about seven.
10. I don't remember the name.

1. El Sr. Adams _____ sienta en el comedor.
2. _____ levanta a las siete.
3. _____ lava y _____ viste.
4. ¿A qué hora _____ acuesta Ud.?
5. _____ acuesto a las diez.
6. ¿Cómo _____ llama él?
7. El Sr. y la Sra. Adams _____ encuentran en la sala.
8. ¿Cuándo _____ levantan Uds.?
9. _____ levantamos a eso de las siete.
10. No _____ acuerdo del nombre.

Ejercicio No. 66—Preguntas

66. Answer the following in complete sentences.

1. ¿A qué hora se levanta el Sr. Adams?
2. ¿Qué hace después?
3. ¿En cuántos minutos se viste?
4. ¿Qué hace a eso de las siete?
5. ¿Se levanta su esposa temprano?
6. ¿Se desayunan ellos juntos?
7. ¿Qué desayunoa?
8. ¿Qué come de vez en cuando en vez de huevos?
9. ¿A qué hora está listo para salir?
10. ¿Cómo va el Sr. Adams a la estación?
11. ¿A qué hora llega a su oficina?
12. ¿Cuándo almuerza?
13. ¿Qué come y toma para el almuerzo?
14. ¿Vienen clientes a visitarlo por la tarde?
15. ¿A qué hora termina el trabajo?

PRIMERA PARTE

Repaso de palabras (Word Review)

NOUNS

1. el almuerzo	11. la estrella	21. el panecillo	1. lunch	11. star	21. roll
2. el asiento	12. la fiesta	22. los panqueques	2. seat	12. holiday	22. pancakes
3. la cara	13. la historia	23. la película	3. face	13. history	23. film
4. el camino	14. el huevo	24. la pluma	4. road	14. egg	24. pen
5. el cliente	15. el jugo	25. el postre	5. customer	15. juice	25. dessert
6. el coche	16. la luz	26. el recuerdo	6. car, auto	16. light	26. remembrance
7. el comienzo	17. la manzana	27. el río	7. beginning	17. apple	27. river
8. la costumbre	18. la naranja	28. el sur	8. custom	18. orange	28. south
9. el cura	19. el norte	29. el turista	9. priest	19. north	29. tourist
10. el desayuno	20. el ojo	30. el teléfono	10. breakfast	20. eye	30. telephone

VERBS

1. acordarse	22. llevarse	1. to remember	22. to take away
2. buscar	23. llamar	2. to look for	23. to call
3. caminar	24. llamarse	3. to walk	24. to be named
4. celebrar	25. poner	4. to celebrate	25. to put
5. comer	26. ponerse	5. to eat	26. to become
6. comerse	27. oír	6. to eat up	27. to hear
7. cruzar	28. permitir	7. to cross	28. to permit
8. deber	29. preferir(ie)	8. to owe, ought to	29. to prefer
9. dejar	30. reír(i)	9. to let, to leave	30. to laugh
10. desayunarse	31. sonreír(i)	10. to eat breakfast	31. to smile
11. dormir(ue)	32. recordar(ue)	11. to sleep	32. to recall (oneself)
12. dormirse	33. sentarse(ie)	12. to fall asleep	33. to sit down
13. encontrar(ue)	34. sentir(ie)	13. to meet, to find	34. to feel, regret
14. encontrarse	35. sentirse(ie)	14. to be	35. to feel (sad, weak, etc.)
15. irse	36. significar	15. to go away	36. to mean (signify)
16. hallar	37. tratar	16. to find	37. to try
17. lavar	38. terminar	17. to wash (something)	38. to end
18. lavarse	39. vestir(i)	18. to wash (oneself)	39. to dress
19. levantar	40. vestirse	19. to raise	40. to dress oneself
20. levantarse	41. volver(ue)	20. to get up	41. to return
21. llevar	42. ser—fue	21. to carry, wear	42. to be—he (she) was

ADJECTIVES

1. ancho	5. chico	9. ocupado	1. wide	5. small	9. busy, occupied
2. barato	6. desocupado	10. oscuro	2. cheap	6. unoccupied	10. dark
3. caro	7. junto	11. raro	3. dear, expensive	7. together	11. rare
4. conocido	8. mayor	12. tal	4. well-known	8. older	12. such

ADVERBS

1. generalmente	2. naturalmente	3. temprano	1. ordinarily	2. naturally	3. early

PREPOSITIONS

1. contra	2. lejos de	3. en vez de	1. against	2. far from	3. instead of

IMPORTANT EXPRESSIONS

1. a pie	10. en punto	1. on foot	10. sharp, on the dot
2. a eso de	11. dar un paseo	2. at about	11. to take a walk
3. a ver	12. más o menos	3. let's see	12. more or less
4. a tiempo	13. me gusta más	4. on time	13. I prefer
5. acabo de (+ infin.)	14. no solamente	5. I have just	14. not only
6. por supuesto	15. sino también	6. of course	15. but also
7. estar de pie	16. por eso	7. to stand	16. therefore
8. desde luego	17. Ud. debe de estar cansado.	8. of course	17. You must be tired.
9. de vez en cuando		9. from time to time	

SEGUNDA PARTE

Grammar Notes

Ejercicio 67. Select the group of words in the right-hand column which best completes the sentence begun in the left-hand column.

1. Los niños Adams conocen
2. Desde la fila catorce
3. En la ciudad de México hay calles
4. El 16 de septiembre es
5. Una de las avenidas más hermosas de México
6. El río más largo del mundo
7. La ciudad más antigua de los EE.UU.
8. Un madrugador se levanta
9. Para comenzar el desayuno el señor
10. Para llegar a la oficina viaja

a. muy temprano.
b. es el Paseo de la Reforma.
c. es el Amazonas.
d. el Día de la Independencia de México.
e. se puede ver y oír bien.
f. en tren, en subterráneo y a pie.
g. toma jugo de naranja.
h. es San Agustín en la Florida.
i. a las estrellas de la pantalla.
j. nombradas en memoria de los grandes héroes de México.

Ejercicio 68. Read the Spanish questions and then make your answer in Spanish correspond to the English answer following the question:

1. **¿Invita Ud. a sus amigos a su casa?** Yes, I invite them from time to time.
2. **¿Prefiere Ud. el cine?** No, I do not prefer it.
3. **¿Conocen los niños a las estrellas del cine?** Yes, they know them well.
4. **¿Nos esperan Uds.?** Yes, we are waiting for you.
5. **¿Dónde pone la criada las tazas?** She puts them on the table.
6. **¿Me busca Ud.?** No, I am not looking for you, sir.
7. **¿A qué hora se levanta Ud.?** I get up at eight o'clock.
8. **¿Se lavan Uds. antes de comer?** Yes, we wash ourselves before eating.
9. **¿En qué fila se sientan los Adams?** They sit in row fifteen.
10. **¿Cómo se llama su padre?** My father's name is _____.

Ejercicio 69. Complete these sentences by writing all English words in Spanish.

1. **El Amazonas es el río** (the largest in the world).
2. **Nueva York es** (bigger than) **Los Angeles.**
3. **Mi padre es** (older than) **mi madre.**
4. **No soy** (as tall as) **mi hermano.**
5. **Anita es** (the youngest in) **la familia.**
6. **El lunes es** (the first day) **de la semana.**
7. **Hoy es el** (January 30, 2003).
8. **¿Desea Ud. ir** (with me) **al teatro?**
9. **Pablo prefiere ir** (without me).
10. **Cuando** (I hear) **una palabra española** (I remember it).

Ejercicio 69. The following expressions are used in the sentences below. See if you can apply them correctly.

tener que + infinitive   hacer preguntas   a eso de   de vez en cuando
darse la mano   dar un paseo   deber de + infinitive   otra vez
acostarse   por eso

1. **Los amigos** (shake hands).
2. (We must study) **todos los días.**
3. (I go to bed) **a las once.**
4. **El profesor** (asks many questions).
5. **El niño está enfermo.** (Therefore) **no puede ir a la escuela.**
6. **Voy al teatro** (from time to time).
7. **Me gusta** (to take a walk) **por la noche.**
8. (You must be) **muy cansado, señor.**
9. **Dígame su nombre** (again), **por favor.**
10. **Me levanto** (at about 7:30 a.m.).

TERCERA PARTE

Diálogo

En el mercado

Practice the Spanish Aloud:

Estamos cerca de un puesto donde se venden sarapes. We are near a stand where sarapes are sold.

Comprador: **¿Cuánto cuesta éste blanco y negro?** *Buyer:* How much does this black-and-white one cost?

Vendedor: **35 (treinta y cinco) pesos.** *Seller:* 35 pesos.

Comprador: Es demasiado. Le doy 25 (veinticinco).

Vendedor: Pues no, señor. Éste es muy fino. Por 34 (treinta y cuatro) pesos es suyo.

Comprador: Es mucho. Le doy 26 (veintiséis).

Vendedor: Es barato, señor. Mire Ud. Es muy grande. Es para cama de matrimonio. Déme 31 (treinta y uno).

Comprador: Yo soy soltero. No voy a casarme. Le doy 27 (veintisiete).

Vendedor: No puedo, señor. Tengo mujer y seis niños. Tenemos que vivir. 29 (veintinueve) Es el último precio.

Comprador: Muy bien.

Le da al vendedor 29 (veintinueve) pesos y se lleva el sarape negro y blanco. Es costumbre regatear y los dos se quedan muy contentos.

Buyer: It's too much. I'll give you 25.

Seller: Well, no sir. It's very fine. For 34 pesos it's yours.

Buyer: It's too much. I'll give you 26.

Seller: It is cheap, sir. Look. It's very big. It's for a double bed. Give me 31.

Buyer: I am a bachelor. I'm not going to get married. I'll give you 27.

Seller: I cannot do it, sir. I have a wife and six children. We have to live. 29. It's the final price (offer).

Buyer: Very well.

He gives the seller 29 pesos and takes away the black-and-white sarape. It is customary to bargain and both are (remain) pleased.

LECTURA

Ejercicio No. 71—Una visita al distrito puertorriqueño de Nueva York

Es sábado. El señor Adams se levanta a las ocho y mira por la ventana. El cielo es azul. Hace un sol brillante. Le dice a su esposa:—Hoy vamos a visitar el distrito (district) puertorriqueño que está cerca del Parque Central en Nueva York.

—Está bien—dice la señora Adams.

A las nueve suben a (get into) su auto y después de una hora de viaje llegan a la calle 116 (ciento dieciséis). Bajan (they get out of) del auto y comienzan a pasearse (to walk) por la calle. Dentro de poco (In a little while), cerca de una tienda, ven un grupo de muchachos puertorriqueños que platican muy rápido en español.

El señor Adams saluda a los muchachos y comienza a charlar con uno de ellos. Sigue la conversación.

—¡Hola, joven! (young man) ¿Es Ud. puertorriqueño?

—No, señor, soy norteamericano, pero sé hablar bien español. Tengo muchos amigos puertorriqueños y ellos son mis maestros. En casa tengo un libro de español y todas las tardes estudio un poco. A propósito, ¿es Ud. español?

—No, joven, también yo soy norteamericano, y como Ud., estudio español. Me gusta mucho la lengua. Parece (It seems) que en Nueva York hay muchas personas que estudian español. Hasta la vista, amigo.

—Hasta luego, señor,—dice el muchacho—y en pocos minutos desaparece (he disappears) entre su grupo de amigos que siguen platicando (continue talking) en español.

¡Qué muchacho tan simpático!—dice el Sr. Adams a su esposa. Y entonces traduce (then he translates) la frase, porque ésta (the latter) no comprende el español: "What a nice boy!"

CAPÍTULO 23 (VEINTITRÉS)

PRIMERA PARTE

Una noche lluviosa

1. Está lloviendo mucho. La Sra. Adams abre la puerta. Entra el señor López.

2. La señora dice:—Buenas noches, señor López. ¡Qué tiempo tan lluvioso! Pase Ud., pase. Está bastante mojado. Por favor, déme el impermeable y el sombrero. Ponga el paraguas en el paragüero.

3. El señor López responde:—Gracias. Ahora estoy bien. Llueve a cántaros, pero no hace frío. Estoy seguro de que no me voy a pescar un catarro. ¿Está en casa el señor Adams?

4. —Sí, sí. Lo espera en la sala. Aquí está él mismo.

5. —Buenas noches, señor López. Mucho gusto en verlo, pero Ud. no debe salir de su casa con este tiempo. Venga conmigo al comedor y tome una taza de té con ron para calentarse un poquito.

6. —Gracias, gracias, con mucho gusto, señor Adams. Tengo un poco de frío. Mientras tomamos el té con ron vamos a charlar sobre el tiempo. Es un tema de conversación común y en este momento es muy apropiado.

7. Los señores pasan al comedor charlando en voz animada. Se sientan a la mesa y la señora Adams les trae una bandeja con dos tazas y platillos, una tetera con té caliente, un azucarero y unas cucharitas. Los pone en la mesa junto con una botella de ron que toma del aparador.

8. La señora Adams le dice a su esposo:
   — John, ¿quieres servirle el té al señor López?

1. It is raining hard. Mrs. Adams opens the door. Mr. Lopez enters.

2. The lady says, "Good evening, Mr. Lopez. What rainy weather! Come in, come in. You are quite wet. Give me, please, your raincoat and hat. Put your umbrella in the umbrella stand."

3. Mr. Lopez answers, "Thank you. Now I feel all right. It is raining buckets, but it is not cold. I am sure that I will not catch cold. Is Mr. Adams at home?"

4. Yes, yes. He is waiting for you in the living room. Here he is himself.

5. Good evening, Mr. Lopez. I am very glad to see you, but you should not go out of your house in weather like this. Come with me to the dining room and drink a cup of tea with rum to warm yourself a bit.

6. Thank you, thank you, Mr. Adams, with pleasure. I am a little cold. While we drink the tea with rum, we will chat about the weather. It is a common topic of conversation and just now is very appropriate.

7. The gentlemen go into the dining room chatting in an animated voice. They sit down and Mrs. Adams brings them a tray with two cups and saucers, a teapot with hot tea, a sugar bowl, and some teaspoons. She puts them on the table together with a bottle of rum which she takes from the sideboard.

8. Mrs. Adams tells her husband: "John, would you serve some tea to Mr. Lopez?"

9. —Sí, por supuesto. Permítame servirle, Sr. López—Luego echa el té y un poco de ron en la taza del Sr. López. La señora Adams sale del comedor.

9. "Sure. Allow me to serve you, Mr. Lopez." He then pours tea and a little rum in Mr. Lopez's cup. Mrs. Adams leaves the dining room.

10. Mientras toman el té con ron los señores siguen charlando en voz animada.

10. While they are drinking the tea with rum the gentlemen continue chatting in an animated voice.

11. Afuera sigue lloviendo.

11. Outside it continues raining.

Pronunciation and Spelling Aids

1. In the combinations **gua, guo** (*gwah, guo*), the **u** is pronounced: pa-ra-guas (*pah-rah-gwahs*).

2. In the combinations **gue, gui**, the **u** is silent. It is there to show that the **g** is hard (not like g in **gente**). **si**-guen, se-**guir** (*say-geer*).

3. In the combinations **güe, güi** (*gway, gwee*), the ¨ (diaeresis) over the **u** shows that the **u** is pronounced: **paragüero** (*pah-rah-gway-roh*).

Building Vocabulary

A. 1. **él mismo** — he himself
   2. **ella misma** — she herself
   3. **ellos mismos** — they themselves (m)
   4. **ellas mismas** — they themselves (f)

B. **tomar** may mean *to take, to eat,* or *to drink*

Expresiones Importantes

A. Expressions of Weather.

In Spanish we say: What weather does it *make* (**hace**)? It *makes* (**hace**) heat, cold, etc.; not What *is* the weather? It *is* hot, cold, etc.

In Spanish we say I *have* (**tengo**) warmth, cold, etc.; not I *am* warm, cold, etc.

1. ¿Qué tiempo hace?	What's the weather?
2. Hace buen (mal) tiempo.	The weather is (bad) nice.
3. Hace calor, hace frío, hace fresco.	It is warm (hot), it is cold, it is cool.
4. Hace mucho calor. Hace mucho frío.	It is very hot. It is very cold.
5. Hace viento. Hace sol (hay sol).	It is windy. It is sunny.
6. Truena.	It is thundering.
7. Llueve (está lloviendo).	It is raining.
8. Nieva (está nevando).	It is snowing.
9. Tengo calor, frío.	I am warm (hot), cold.
10. Tengo mucho calor, mucho frío.	I am very warm (hot), very cold

Ejercicio No. 72—Completion of Text

1. **La señora dice:—¡**(What rainy weather)**!**
2. (Come in, come in). **Ud. está bastante** (wet).
3. (Give me) **el impermeable y el sombrero.**
4. (Put) **el paraguas en el paragüero.**
5. **Estoy seguro de que no me voy a** (catch a cold).
6. (Come with me) **al comedor.**
7. (Drink) **una taza de té con ron.**
8. (Allow me) **servirle.**
9. (While they are drinking) **el té siguen charlando.**
10. **Afuera** (it continues raining).

SEGUNDA PARTE

Grammar Notes

1. The Imperative or Command Forms of the Verb.

INFINITIVE	1ST PERSON SINGULAR INDICATIVE		IMPERATIVE SINGULAR INFORMAL	FORMAL		IMPERATIVE PLURAL FORMAL	
hablar	hablo	I speak	habla (tú)	hable Ud.	speak	hablen Uds.	speak
pensar (ie)	pienso	I think	piensa	piense Ud.	think	piensen Uds.	think
contar (ue)	cuento	I count	cuenta	cuente Ud.	count	cuenten Uds.	count
comer	como	I eat	come	coma Ud.	eat	coman Uds.	eat
poner	pongo	I put	pon	ponga Ud.	put	pongan Uds.	put
abrir	abro	I open	abre	abra Ud.	open	abran Uds.	open
venir	vengo	I come	ven	venga Ud.	come	vengan Uds.	come
repetir (i)	repito	I repeat	repite	repita Ud.	repeat	repitan Uds.	repeat
oír	oigo	I hear	oye	oiga Ud.	hear	oigan Uds.	hear
traer	traigo	I bring	trae	traiga Ud.	bring	traigan Uds.	bring

a. To form the imperative, take these steps:

1. Formal: Drop the **-o** from the first person singular indicative.
2. For the imperative singular, add **-e** to the stem of **-ar** verbs, and **-a** to the stem of **-er** and **-ir** verbs.
3. For the imperative plural, add **-en** to the stem of **-ar** verbs, and **-an** to the stem of **-er** and **-ir** verbs.

   Thus, the endings of the imperative are the reverse of the endings of the present tense, where **-ar** verbs have **-a** and **-an**, and **-er** and **-ir** verbs have **-e** and **-en**.

4. You may use **Ud.** and **Uds.** after the verb. They are, however, usually omitted like *you* in English.
5. The informal **(tú)** form of the imperative is the same as the third person singular of the indicative. There are exceptions; for example: **pon, ven**.

2. Irregular Imperatives

INFINITIVE	IMPERATIVE SINGULAR		IMPERATIVE PLURAL	
dar	dé (Ud.)	give	den (Uds.)	give
estar	esté (Ud.)	be	estén (Uds.)	be
ser	sea (Ud.)	be	sean (Uds.)	be
ir	vaya (Ud.)	go	vayan (Uds.)	go

3. The Imperative with Object Pronouns.

   a. Object pronouns follow and are attached to the affirmative imperative form.

     An accent mark must be added to hold the verb stress where it was before the pronoun was added.

Abra la puerta.	Open the door.	**Ábrala (Ud.)**	Open it.
Dejen los platos.	Leave the plates.	**Déjenlos (Uds.)**	Leave them.
Óigame.	Hear me.	**Dígame.**	Tell me.

   b. In the negative imperative, object pronouns precede the verb.

No abra la puerta.	Do not open the door.	**No la abra.**	Do not open it.
No tomen los platos.	Do not take the plates.	**No los tomen.**	Do not take them.

Ejercicios No. 73A-73B

73A. Rewrite each sentence, changing the direct object noun into an object pronoun. First, review "Grammar Notes 3."

Ejemplo: Póngala en la mesa.

1. Ponga la tetera en la mesa.
2. No abra la puerta.
3. Repita las preguntas.
4. No deje el paraguas en la puerta.
5. Traiga los platos al comedor.
6. No tomen el pan.
7. Saluden a sus amigos.
8. Compren los boletos.
9. Inviten a maestro.
10. Hagan el ejercicio.

73B. Write the first person singular, present; and the imperative, singular and plural formal, and the singular informal (**tú**) of the following verbs. Give the meaning of each form.

Ejemplo: entrar, to enter; entro, I enter; entre Ud., entren Uds., entra (tú) enter.

1. **escribir**	3. **tener**	5. **preguntar**	7. **repetir**	9. **dar**
2. **leer**	4. **ver**	6. **recibir**	8. **ir**	10. **ser**

Ejercicio No. 74-Preguntas

1. ¿Hace buen o mal tiempo?
2. ¿Quién abre la puerta?
3. ¿Dónde pone el Sr. López el paraguas?
4. ¿Qué tiempo hace afuera?
5. ¿A dónde pasan los señores Adams y López?
6. ¿Qué toman en el comedor?
7. ¿Qué pone la señora en la mesa?
8. ¿Qué hace ella entonces?
9. ¿Quién le sirve al Sr. López?
10. ¿Qué echa el Sr. Adams en las tazas?

En las palabras con «gua» y «guo» la «u» se pronuncia.

Eso me recuerda que tengo que tomar agua.

CAPÍTULO 24 (VEINTICUATRO)

PRIMERA PARTE

El clima de México

1. Todavía están sentados los dos señores en el comedor. Todavía están charlando y tomando el té con ron. Todavía está lloviendo afuera. Pero el Sr. López ya no tiene frío.

2. El señor Adams dice:—El clima de los Estados Unidos y el de México son muy distintos ¿verdad? Aquí en Estados Unidos tenemos cuatro estaciones y cada estación es diferente.

3. —Es cierto. En el verano hace calor; muchas veces hace mucho calor. En el invierno hace frío; muchas veces hace mucho frío y de vez en cuando nieva. En la primavera comienza a hacer buen tiempo pero a menudo llueve como esta noche. En general hace un tiempo agradable y hay mucho sol. En el otoño hace fresco y hace viento. ¿Qué estación prefiere Ud.?

4. —Prefiero la primavera cuando toda la naturaleza se pone verde; pero me gusta también el otoño con sus colores vivos. Pues, basta del clima de Estados Unidos. Dígame algo del clima de México.

5. —Bueno. Acabamos de hablar del clima de Estados Unidos. Ahora vamos a hablar del clima de México. Ud. va a viajar en avión. Desde allí va a ver el gran panorama de sierras y picos altos. México le va a parecer una tierra de montañas y volcanes. Es verdad. Al cruzar México en coche por la Carretera Panamericana, se sube hasta una altura de casi 8000 pies cerca de México, D.F. La ciudad está situada en la Mesa Central, una mesa inmensa cuya altura varía desde 4000 (cuatro mil) hasta 8000 (ocho mil) pies más o menos. Desde esta mesa se elevan grandes montañas

1. The two gentlemen are still seated in the dining room. They are still chatting and drinking tea with rum. It is still raining outside. But Mr. Lopez is no longer cold.

2. Mr. Adams says, "The climate of the United States and that of Mexico are very different, are they not? Here in the United States we have four seasons and each season is different."

3. That's true. In the summer it is hot; often it is very hot. In the winter it is cold; often it is very cold and from time to time it snows. In the spring the weather begins to be good but often it rains like tonight. Usually the weather is pleasant and the sun shines a great deal. In autumn it is cool and windy. Which season do you prefer?

4. I prefer the spring when all nature turns green; but I also like autumn with its bright colors. Well, enough of the climate of the United States. Tell me something about the climate of Mexico.

5. Okay. We have just talked about the climate of the United States. Now we are going to talk about the climate of Mexico. You are going to travel by plane. From there you will see the great panorama of ranges and high peaks. Mexico will seem a land of mountains and volcanoes. It is a fact. In crossing Mexico by car along the Pan American Highway, one climbs to an altitude of almost 8000 feet near Mexico City. The city is located on the Central Plateau, an immense elevated plain whose altitude varies from 4000 to 8000 feet more or less. From this plateau rise up great mountains and volcanoes like Ixtaccihuatl and

y volcanes como Ixtaccíhuatl y Popocatépetl. En el estado de Veracruz está el Pico de Orizaba, la cima más alta de México.

6. El señor Adams dice:— ¡De veras! México sí es una tierra de montañas. Y este hecho en gran parte determina el clima de México, ¿verdad?

7. —Ud. tiene razón—responde el señor López. La mitad de México está situada en la zona tórrida. Sólo las costas tienen un clima caliente y húmedo. En la Mesa Central siempre es primavera. En las montañas altas naturalmente hace mucho frío y el Pico de Orizaba está coronado de nieve todo el año.

8. —De hecho, hay tres climas en México— el de las tierras frías en las sierras altas, el de las tierras calientes en las costas, y el de lastierras templadas en la Mesa Central.

9. —¿Y las estaciones?

10. —Ya es tarde. Vamos a continuar este tema la próxima vez.

Popocatepetl. In the state of Veracruz is the peak of Orizaba, the highest summit in Mexico.

6. Mr. Adams says, "Really! Mexico is indeed a land of mountains. And this fact in large part determines the climate of Mexico, does it not?"

7. "You are right," answers Mr. Lopez. "Half of Mexico is located in the torrid zone. Only the coasts have a hot and humid climate. On the Central Plateau there is always spring. In the high mountains naturally it is very cold, and the peak of Orizaba is crowned with snow all year."

8. So there are in fact three climates in Mexico— that of the frigid zone in the high ranges, that of the torrid zone on the coasts, and that of the temperate zone on the Central Plateau.

9. And the seasons?

10. It's already late. We shall continue this topic next time.

Pronunciation and Spelling Aids

Practice: pa-no-**ra**-ma
Po-po-ca-**té**-petl

Ix-tac-**cí**-huatl (ees-tah-**see**-wahtl)
Ve-ra -**cruz**

O-ri-**za**-ba
na-tu-ra-**le**-za

Building Vocabulary

1. **Las cuatro estaciones** (the four seasons)

   La primavera spring   **el verano** summer   **el otoño** autumn   **el invierno** winter

2. **Los E.E.U.U.** is the abbreviation for **Estados Unidos.**

Expresiones Importantes

1. **no importa**   it doesn't matter   5. **ya no**   no longer
2. **de hecho**   in fact   6. **Ya no tiene frío**   He is no longer cold.
3. **ponerse**   to become   7. **La naturaleza se pone verde**   Nature becomes green
4. **todavía**   still

Ejercicio No. 75—Completion of Text

1. (It is raining) **afuera.**

2. **Todavía los señores** (are chatting and drinking) **té con ron.**

3. **En el verano** (it is hot); **en el invierno** (it is cold).

4. **¿Qué estación** (do you prefer)?

5. (Tell me) **algo del clima de México.**
6. (We have just spoken) **del clima de los E.E.U.U.**
7. (In crossing) **México** (one climbs) **hasta una altura de ocho mil** (8000) **pies.**
8. **Desde la mesa central** (rise) **grandes montañas.**
9. **El Pico de Orizaba es la cima** (highest in Mexico).
10. (Half) **de México está situada en la zona** (torrid).

SEGUNDA PARTE

Grammar Notes

1. The Present Tense of **seguir(i)** to follow, **servir(i)** to serve

<u>I follow, continue, etc.</u>   <u>I serve, etc.</u>

sigo	**seguimos**	**sirvo**	**servimos**
sigues	**seguís**	**sirves**	**servís**
sigue	**siguen**	**sirve**	**sirven**

<u>IMPERATIVE</u>   <u>IMPERATIVE</u>

siga (Ud.)	**sigan (Uds.)**	**sirva(Ud.)**	**sirvan (Uds.)**
sigue (tú)		**sirve (tú)**	

a. Verbs ending in **-guir**, like **seguir**, drop the silent **u** before the ending **-o** and **-a**.

b. **seguir(i)** and **servir(i)** belong in the same stem-changing group as **pedir(i)**, **repetir(i)**.

2. The Present Progressive Tense of **hablar**, **aprender**, **vivir**.

<u>SINGULAR</u>

	estoy hablando (aprendiendo, viviendo)	I am speaking (learning, living)
	estás hablando (aprendiendo, viviendo)	you are speaking (learning, living)
Ud.	**está hablando (aprendiendo, viviendo)**	you are speaking (learning, living)
	está hablando (aprendiendo, viviendo)	he, she, it is speaking (learning, living)

<u>PLURAL</u>

	estamos hablando (aprendiendo, viviendo)	we are speaking (learning, living)
	estáis hablando (aprendiendo, viviendo)	you are speaking (learning, living)
Uds.	**están hablando (aprendiendo, viviendo)**	you are speaking (learning, living)
	están hablando (aprendiendo, viviendo)	they are speaking (learning, living)

a. The present progressive tense in Spanish is formed by the present tense of **estar** and the present participle of a verb.

b. To form the present participle: remove the infinitive ending **-ar**, **-er**, or **-ir**. Add **-ando** to the remaining stem of **-ar** verbs; add **-iendo** to the stem of **-er** verbs and **-ir** verbs. The endings **-ando** and **-iendo** are equivalent to the English ending **-ing**.

hablando speaking   **aprendiendo** learning   **viviendo** living

c. The simple present tense in Spanish may be translated into the English progressive form. However, to stress continuing action use the progressive tense:

No están hablando ahora.   They are not talking now.

3. Present Participle of Some Common Verbs

desear	to want	**deseando**	wanting	**leer**	to read	**leyendo**	reading
estudiar	to study	**estudiando**	studying	**creer**	to believe	**creyendo**	believing
pensar(ie)	to think	**pensando**	thinking	**traer**	to bring	**trayendo**	bringing
contar(ue)	to count	**contando**	counting	**caer**	to fall	**cayendo**	falling
hacer	to make, do	**haciendo**	making, doing	**ir**	to go	**yendo**	going
repetir(i)	to repeat	**repitiendo**	repeating	**poner**	to put	**poniendo**	putting
pedir(i)	to ask for	**pidiendo**	asking for	**querer(ie)**	to wish	**queriendo**	wishing
ser	to be	**siendo**	being	**abrir**	to open	**abriendo**	opening

a. The Spanish does not permit an unaccented **i** between two vowels. Therefore, **-iendo** becomes **-yendo** in the following verbs.

leer, leyendo   **creer, creyendo**   **oír, oyendo**   **caer, cayendo**   **traer, trayendo**

b. No Spanish word may begin with **ie**. Therefore: **yendo**, going.

4. Position of Object Pronouns with Present Participles

Object pronouns follow the present participle and are attached to it, as in the case of the infinitive. An accent mark must be added to hold the stress on the first syllable of **-ando** and **-iendo**:

Está escribiendo la carta.	He is writing the letter.
Está escribiéndola.	He is writing it.
Estamos esperando al maestro.	We are expecting the teacher.
Estamos esperándolo.	We are expecting him.
Estoy sentándome.	I am sitting down.

Ejercicios No. 76A-76B-76C

76A. Rewrite each sentence, changing the direct object noun into an object pronoun.

Ejemplo: Estamos estudiándolas.

1. **Estamos estudiando *las lecciones*.**
2. **Carlos está escribiendo *la carta*.**
3. **¿Estás leyendo *el cuento*, niño?**
4. **La criada está poniendo *la mesa*.**
5. **Los señores están tomando *el té*.**
6. **Juan y yo estamos contando *el dinero*.**
7. **¿Están comprando Uds. *los boletos*?**
8. **No estoy leyendo *las revistas*.**
9. **¿Quién está escribiendo *las cartas*?**
10. **Están vendiendo *los rebozos*.**

76B. Answer the questions in the negative form.

Ejemplo: No, no la estoy leyendo.

1. ¿Estás leyendo la revista?
2. ¿Está Ud. esperando a la señora?
3. ¿Está Ud. esperando al señor?
4. ¿Está el señor mirando las noticias en la tele?
5. ¿Está la muchacha comiendo un sandwich?
6. ¿Estamos aprendiendo los colores?

76C. Translate, using the present progressive tense. Omit all subject pronouns except **Ud.** and **Uds.**

1. We are studying
2. He is putting
3. We are opening
4. Are you (**Ud.**) reading?
5. She is bringing
6. Who is waiting?
7. Are you (**Ud.**) taking?
8. You (**tú**) are speaking
9. I am not writing
10. Is Mary working?
11. He is looking for
12. They are teaching

Ejercicio No.77—Preguntas

1. ¿De qué están hablando los señores?
2. ¿Qué tiempo hace en general en la primavera?
3. ¿Se pone verde la naturaleza en el invierno?
4. ¿Qué ve un viajero desde el avión en México?
5. ¿Dónde está situada México, D.F.?
6. ¿Qué altura tiene la Mesa Central?
7. ¿Cuál es la cima más alta de México?
8. ¿Qué determina en gran parte el clima de México?
9. ¿En qué zona está situada la mitad de México?
10. ¿En qué zona hace mucho calor?

CAPÍTULO 25 (VEINTICINCO)

PRIMERA PARTE

El clima de México (continuación)

1. Esta noche seguimos charlando del clima de México. Comenzamos con las estaciones.

2. En México hay solamente dos estaciones, la estación de lluvias y la estación seca. La estación de lluvias comienza en el mes de junio y termina en el mes de septiembre.

3. Voy a llegar a México el primero o el dos de junio, es decir, al comienzo de la estación de lluvias.

4. No importa. Todas las estaciones allí son agradables.

5. ¿Y es posible ser sorprendido por la lluvia?

6. A veces. Pero en la estación de lluvias suele llover más o menos a la misma hora cada día, es decir, a eso de las cuatro de la tarde. Por lo tanto vale la pena llevar un impermeable o un paraguas si uno quiere pasearse durante esas horas.

7. ¿Y nunca hace frío?

8. Por la noche hace fresco a veces, y un abrigo ligero o un suéter vienen bien. Nunca hace frío excepto en las montañas altas. Pero tenga cuidado con el sol tropical. Es muy fuerte y es peligroso caminar o quedarse al sol sin sombrero.

9. Muchas gracias por estos consejos.[1] Voy a acordarme de ellos. Y al hacer la maleta no voy a olvidarme del impermeable, un suéter y un abrigo ligero.

10. La próxima vez vamos a hablar de los efectos de la altura, de los alimentos, y de las bebidas.

1. Tonight, we continue chatting about the climate of Mexico. We'll start with the seasons.

2. In Mexico there are only two seasons, the rainy season and the dry season. The rainy season begins in the month of June and ends in the month of September.

3. I will arrive in Mexico the first or second of June, that is to say, at the beginning of the rainy season.

4. It doesn't matter. All the seasons there are pleasant.

5. And may one be surprised by the rain?

6. Sometimes. But in the rainy season it usually rains at more or less the same time every day, that is to say, at about four in the afternoon. Therefore it is worth the trouble to take a raincoat or umbrella if you want to go for a walk during those hours.

7. And it is never cold?

8. At night it is cool at times, and a light overcoat or a sweater is useful. It is never cold except in the high mountains. But watch out for the tropical sun. It is very strong and it is dangerous to walk or remain in the sun without a hat.

9. Many thanks for this advice. I am going to remember it. And on packing my bag I am not going to forget my raincoat, a sweater, and a light overcoat.

10. Next time we will talk about the effects of the altitude, of food, and of drink.

NOTE: 1. In Spanish one says: advices.

Pronunciation and Spelling Aids

Practice: llu-vias (*yoo-vyahs*)   sor-pren-**di**-do   **ve**-ces   cui-**da**-do
llo-**ver**   es-ta-**cio**-nes   a-cos-**tum**-bra   li-**ge**-ro

Building Vocabulary

A. **Antónimos:**

1. **algo**	something	**nada**	nothing
2. **antes de mi llegada**	before my arrival	**después de mi llegada**	after my arrival
3. **comenzar**	to begin	**terminar**	to end
4. **siempre**	always	**nunca**	never
5. **alguien**	somebody	**nadie**	nobody

Expresiones Importantes

1. **no importa** — it doesn't matter
2. **por lo tanto, por eso** — therefore
3. **esta noche** — tonight
4. **tenga cuidado (con)** — be careful (of)
5. **al hacer mi maleta** — on packing my valise
6. **suele (+ inf.)** he, it usually does (+ inf.)
7. **viene bien** useful
8. **Refrán** (Proverb) **Más vale algo que nada.**
   Literally: Something is worth more than nothing.

Ejercicio No. 78—Completion of Text

1. **Esta noche** (we continue speaking) **del clima.**
2. **La estación de lluvias comienza** (in the month of June).
3. **Suele llover** (at the same hour) **cada día.**
4. (Therefore) **lleve Ud. un paraguas.**
5. (It's useful) **llevar un impermeable.**
6. (Never) **hace frío** (except) **en las montañas.**
7. (Be careful of) **el sol tropical.**
8. **Es peligroso** (to remain) **al sol** (without) **sombrero.**
9. **Voy a** (remember) **de estos consejos.**
10. (On packing) **mi maleta no voy** (to forget) **del paraguas.**

SEGUNDA PARTE

Grammar Notes

1. Negative Words.

   a. Common negative words are:

nadie	nobody	**nunca (jamás)**	never
ninguno	no, none, not any	**ni . . . ni**	neither . . . nor
nada	nothing	**tampoco**	neither, not . . . either

b. If these negative words follow the verb, **no** must precede the verb. If the negative words precede the verb or stand alone, **no** is not required.

Nadie viene hoy.	*No* viene *nadie* hoy.	*Nobody* is coming today.
Ningún cliente viene.	*No* viene *ningún* cliente.	*No* customer is coming.
Nunca (*jamás*) hace frío.	*No* hace *nunca* (*jamás*) frío.	It is *never* cold.
Nada es difícil.		*Nothing* is difficult
No tengo *nada*.		I have *nothing*.
No tiene *ni* amigos *ni* dinero.		He has *neither* friends *nor* money.
¿Qué quiere Ud.? *Nada*.		What do you want? *Nothing*.
Pablo *no* desea ir. Yo *tampoco*. (*Ni* yo *tampoco*)		Paul *doesn't* want to go. *Neither* do I.

NOTE: ninguno becomes **ningún** before a masculine singular noun.
Ningún, ninguno, and **ninguna** have no plural.   **Nada** can precede only the verb **ser**, when used with adjectives.

2. Infinitives after Prepositions.

After prepositions the Spanish uses an infinitive where the English uses a present participle.

al cruzar México	on crossing Mexico	**después de comer**	after eating
sin trabajar	without working	**antes de comer**	before eating

Ejercicio No. 79

Complete the following, replacing the English words with **nadie, ningún (o, a, os, as), nunca, nada, ni...ni,** or **tampoco,** as needed.

1. **Muchos turistas no saben** (nothing) **de la historia de México.**
2. (Nothing) **es más fácil.**
3. (Never) **hace frío en la capital.**
4. **No es posible pasar sin números.** (Nor) **es posible comprar sin dinero.**
5. (Nobody) **puede vivir sin comer.**
6. **No hay** (nobody) **en la taquilla.**
7. **Más vale tarde que** (never).
8. **No anda** (never) **al sol sin sombrero.**
9. **El hombre no está bien.** (Neither) **está contento.**
10. **No tenemos** (neither) **tiempo** (nor) **dinero.**
11. (Nobody) **puede vivir sin comer.**
12. **No vemos a** (no) **niño en la calle.**
13. **¿Qué quieres decir? —No tengo** (anything) **que decir.**
14. **Más vale algo que** (nothing).

Ejercicio No. 80—Preguntas

1. **¿Cuáles son las dos estaciones en México?**
2. **¿Cuándo comienza la estación de lluvias?**
3. **¿Cuándo termina la estación de lluvias?**
4. **¿A qué hora suele llover cada día?**
5. **¿Hace frío en la ciudad?**
6. **¿Por qué viene bien un abrigo ligero?**

¿Sabías que «nada» es una palabra negativa?

Sì, y es la tercera persona del verbo «nadar» también.

CAPÍTULO 26 (VEINTISÉIS)

PRIMERA PARTE

La comida mexicana

1. México D.F. está situada a una altura de cerca de 7500 (siete mil quinientos) pies sobre el nivel del mar. Mucha gente no acostumbrada a la altura se siente un poco débil y sin ambición.

2. Es costumbre echarle la culpa a la altura de todos los malestares. ¿Tiene un turista un dolor de cabeza? Se dice es la altura. ¿Tiene dolor de estómago? Se dice es la altura. ¿Tiene dolor de muelas? Otra vez, es la altura.

3. —Pero ¿qué se puede hacer para acostumbrarse a la altura?

4. —No se preocupe. Al principio es mejor no apresurarse. Camine despacio. Descanse varias horas por la tarde.

5. —¿Y qué me aconseja sobre los alimentos?

6. —Tenga cuidado con las frutas típicas de México: el mango, la papaya, el zapote, etc. Son muy sabrosas pero al principio es mejor comer frutas ordinarias, como naranjas, plátanos, peras, melones y manzanas, que se venden en todos los mercados. Acostúmbrese poco a poco a las otras.

7. —¿Hay muchos alimentos típicos de México?

8. —Claro que sí. Hay muchos. Estos alimentos no nos parecen raros a nosotros los mexicanos. El hot dog, en cambio, sí. ¿Conoce el pan de México?

9. —Sí, lo conozco. Hay dos tipos: el taco y la tortilla.

10. —La tortilla se parece al panqueque. La preparan del maíz. La usan para hacer enchiladas. El taco es parecido pero más duro.

1. Mexico City has an altitude of about 7500 feet above sea level. Many people who are not used to the altitude may feel a little weak and lacking in ambition.

2. It is the custom to place the blame for all discomfort on the altitude. Does a tourist have a headache? They say it's the altitude. Does he have a stomachache? They say it's the altitude. Does he have a toothache? Again, it's the altitude.

3. But what can one do to get used to the altitude?

4. Don't worry. At first it is better not to hurry. Walk slowly. Rest several hours in the afternoon.

5. And what do you advise me about the food?

6. Be careful with the typical fruits of Mexico— mangos, papayas, zapotes, etc. They are very tasty but at first it is better to eat ordinary fruits—oranges, bananas, pears, melons, and apples which are sold in all the markets. Get used to the others little by little.

7. Are there many foods typical of Mexico?

8. Of course. There are many. These foods don't seem strange to us Mexicans. Hot dogs on the other hand do. Do you know the bread of Mexico?

9. Yes, I know it. There are two kinds: the taco and the tortilla.

10. The tortilla looks like a pancake. They make it of corn. They use it to make enchiladas. The taco is similar but harder.

11. —¿Qué clase de carne comen los mexicanos?

12. —Comen filete, jamón, pollo, guajalote, varias clases de chuletas, etc. Comen también varias clases de pescado. Les gusta mucho la salsa picante. Y casi no hay comida sin arroz y frijoles.

13. —¿Y hay muchas clases de postres?

14. —A los mexicanos les gusta comer un dulce, un flan o una de las muchas frutas que se venden en el mercado.

15. —Debo saber leer el menú en un restaurante, ¿verdad?

16. —Sí, y también debe probar la comida mexicana. Pero todo con moderación. El estómago norteamericano no se acostumbra rápidamente a los alimentos picantes de México. Recuerde comemos para vivir; no vivimos para comer.

17. No lo voy a olvidar. Tampoco voy a olvidar ninguno de sus buenos consejos.

11. What kind of meat do Mexicans eat?

12. They eat steak, ham, chicken, turkey, several kinds of chops, etc. They also eat several kinds of fish. They like a hot sauce very much. And there is almost no meal without rice and beans.

13. And are there many kinds of desserts?

14. Mexicans like to eat a candy, a custard, or one of the many fruits that are sold in the market.

15. I should know how to read the menu in a restaurant, shouldn't I?

16. Yes, and you should also try the Mexican foods. But everything in moderation. The North American stomach does not quickly get used to the hot foods of Mexico. Remember. We eat to live; we do not live to eat.

17. I will not forget. And I will not forget any of your good advice.

Pronunciation and Spelling Aids

1. Practice:

a-cos-tum-**bra**-da	a-con-**se**-ja	pa-**re**-cen	fri-**jo**-les
ma-les-**ta**-res	gua-ja-**lo**-te	res-tau-**ran**-te	es-**pá**-rra-gos
a-cos-tum-**brar**-se	es-**tó**-ma-go	ma-**íz**	le-**gum**-bres
a-pre-su-**rar**-se			

Building Vocabulary

A. **Frutas** Fruits

la banana	banana	**la lima**	lime	**la piña**	pineapple
el plátano	banana (Mex.)	**el limón**	lemon	**la toronja**	grapefruit
la cereza	cherry	**la naranja**	orange	**la uva**	grape
el melocotón	peach	**la pera**	pear		

Expresiones Importantes

B. **Carne** Meat and **Pescados** Fish

la chuleta	chop	**el pato**	duck	**el puerco**	pork
el cordero	lamb	**el pavo**	turkey	**el rosbif**	steak
la hamburguesa	hamburger	**el guajalote**	turkey (Mex.)	**el filete**	steak (Mex.)
el jamón	ham	**el pescado**	fish	**la ternera**	veal
la langosta	lobster	**el pollo**	chicken	**el tocino**	bacon

C. **Legumbres y verduras** Vegetables (*Lit.* legumes and greens)

el camote	sweet potato (Mex.)	**el elote**	ear of corn (Mex.)	**la lechuga**	lettuce
la cebolla	onion	**los chícharos**	peas	**la patata**	potato (Esp.)
la col	cabbage	**los espárragos**	asparagus	**la papa**	potato
la coliflor	cauliflower	**los frijoles**	beans	**el pepino**	cucumber

Expresiones Importantes

1. **dolor de cabeza** headache
2. **dolor de muelas** toothache
3. **dolor de estómago**   stomachache
4. **eso es**   that's right

Ejercicio No. 81—Completion of Text

1. **Mucha gente** (feel a bit weak) **a causa de la altura.**
2. **¿Tiene Ud.** (a headache)? (a toothache)? (a stomachache)?
3. (People say): **Es la altura.**
4. **¿**(What can one do) **si se siente un poco débil?**
5. (Rest) **varias horas cada día.** (Walk slowly).
6. **¿**(What do you advise me) **sobre los alimentos?**
7. (Be careful) **con las frutas típicas de México.**
8. **Estas frutas** (are sold) **en todos los mercados.**
9. **Estos alimentos no nos** (seem) **raros a nosotros.**
10. **La tortilla** (is like) **al panqueque.**
11. **¿Sabe Ud.** (what kind of meat) **comen los mexicanos?**
12. (They like) **mucho la salsa picante.**
13. **Ud.** (should) **probar la comida.**
14. (We eat) **para vivir.** (We do not live) **para comer.**
15. **No voy** (to forget) **sus consejos.**

PARTE SEGUNDA

Grammar Notes

1. The Present Tense of **sentir** (ie) to feel, to regret, **conocer** to know

I feel, etc.		I know, etc.	
siento	sentimos	conozco	conocemos
sientes	sentís	conoces	conocéis
siente	sienten	conoce	conocen

a. **parecer** to seem, and **traducir** to translate, are irregular in the first person singular, like **conocer**. Thus:
parezco, pareces, etc.; **traduzco, traduces,** etc.

2. Special Uses of the pronoun **se**. It has the meaning of the English *they*.

   a. The pronoun **se** is used for an impersonal subject.

Se venden frutas.	Fruits are sold (They sell fruits).
Se abre la puerta.	The door is opened.
Aquí se habla español.	Here Spanish is spoken.
Se ve mucha gente en el parque.	Many people are seen in the park.

   b. The pronoun **se** is also used with the verb, but without the direct object. It means: *one, people, they* or *you*.

se dice	one says	people say	they say	it is said
¿cómo se dice?	how does one say?	how do you say?		
se puede	one may	can		
se sube	one goes up			

   c. Some verbs change their meaning if the pronoun **se** is added.

comer	to eat	**ir**	to go	
comerse	to eat up	**irse**	to go away, to leave	
parecer	to seem	**encontrar**	to find	
parecerse	to resemble	**encontrarse**	to be (somewhere), to meet	

3. **conocer, saber**

   a. **saber** means to know facts and things (never persons) by means of the mind. **Saber** also means to know how.

Sabemos dónde vive Juan.	We know where John lives.
Sabemos cuántos años tiene.	We know how old he is.
Sabemos los números en español.	We know the numbers in Spanish.
Sé cantar esta canción.	I know how to sing this song.

   b. **conocer** means to know in the sense of to be acquainted with a person or thing; to recognize; to know by sight, hearing, or any of the senses.

Conozco a Juan.	I know (am acquainted with) John.
Conozco esta casa.	I know (recognize by sight) this house.
Conocemos este restaurante. Es muy bueno.	We know this restaurant. It is very good.
Conozco esta canción.	I know (recognize on hearing) this song.

Ejercicios No. 82A-82B

82A. Replace the English words with the correct Spanish ones.

   1. ¿(May one) **entrar en el parque?**

   2. ¿(How does one say) **en inglés—Permítame?**

   3. **Aquí** (are sold) **flores.**

   4. (Are seen) **muchos burros en los caminos.**

   5. (People say) **que el presidente viene hoy.**

   6. **Aquí** (Spanish is spoken).

   7. (They eat up) **todas las frutas.**

   8. ¿(Do you know) **a aquellos profesores?**

9. (I do not know them).

10. ¿(Do you know how) **contar hasta cien?**

11. **Mañana** (I go away).

12. (We know how) **cantar estas canciones.**

13. **La tortilla** (resembles) **a nuestros panqueques.**

82B. Match up the Spanish words in Group II with the English words in Group I.

Group I

1. the banana
2. the steak
3. the pear
4. the corn
5. the dessert
6. the rice
7. the beans
8. the ham
9. the meat
10. the chicken
11. the bread
12. the sauce
13. the chops
14. the foods
15. the orange
16. the apple

Group II

a. **el postre**
b. **los frijoles**
c. **el arroz**
d. **la carne**
e. **el jamón**
f. **la pera**
g. **el pan**
h. **la salsa**
i. **el plátano**
j. **las chuletas**
k. **el maíz**
l. **la naranja**
m. **el filete**
n. **el pollo**
o. **la manzana**
p. **los alimentos**

Ejercicio No. 83—Preguntas

1. ¿A qué altura está México D.F.?
2. Nombre dos frutas típicas de México.
3. Nombre cuatro frutas ordinarias.
4. ¿Dónde se vende toda clase de frutas?
5. Al principio ¿qué es mejor, comer frutas ordinarias o frutas típicas de México?
6. ¿Cuál es el pan de México?
7. ¿De qué se hace la tortilla?
8. ¿Qué se usa para hacer tacos y enchiladas?
9. ¿Qué clase de postres comen los mexicanos?
10. ¿Por qué es mejor probar la comida mexicana con moderación?
11. ¿Por qué es peligroso caminar al sol sin sombrero?
12. ¿De qué no va a olvidarse el Sr. Adams al hacer su maleta?
13. ¿De qué van a platicar la próxima vez?

REVIEW, CHAPTERS 23-26
REPASO, CAPÍTULOS 23-26

PRIMERA PARTE

Repaso de palabras (Word Review)

NOUNS

1. el abrigo	14. los frijoles	27. el otoño	1. coat	14. beans	27. autumn
2. la altura	15. la gente	28. el paraguas	2. height	15. people	28. umbrella
3. el arroz	16. el hecho	29. la pera	3. rice	16. fact	29. pear
4. la botella	17. el impermeable	30. el pie	4. bottle	17. raincoat	30. foot
5. la bebida	18. el invierno	31. el plátano	5. drink	18. winter	31. banana
6. la carne	19. el jamón	32. el pollo	6. meat	19. ham	32. chicken
7. el clima	20. el menú	33. el pico	7. climate	20. menu	33. peak
8. el consejo	21. la lluvia	34. la primavera	8. advice	21. rain	34. spring
9. las chuletas	22. el maíz	35. la tortilla	9. chops	22. corn	35. tortilla
10. el estado	23. el mar	36. la sierra	10. state	23. sea	36. mountain range
11. la estación	24 el melón	37. el sombrero	11. season	24. melon	37. hat
12. el filete	25. la naturaleza	38. el verano	12. steak	25. nature	38. summer
13. el flan	26. la nieve	39. el trueno	13. custard	26. snow	39. thunder

VERBS

1. acostumbrarse	11. ponerse	1. to accustom oneself	11. to become
2. aconsejar	12. preocuparse	2. to advise	12. to worry
3. apresurarse	13. probar	3. to hurry	13. to try
4. conocer	14. quedar	4. to know	14. to remain
5. charlar	15. seguir(i)	5. to chat	15. to follow, continue
6. descansar	16. servir(i)	6. to rest	16. to serve
7. llover(ue)	17. sentirse(ie)	7. to rain	17. to feel (weak, ill, etc.)
8. olvidar	18. subir	8. to forget	18. to go up
9. parecer	19. traer	9. to seem	19. to bring, carry
10. parecerse	20. tronar (truena)	10. to resemble	20. to thunder, it is thundering

ADJECTIVES

1. agradable	7. frío	13. mismo	1. pleasant	7. cold	13. same
2. caliente	8. fuerte	14. peligroso	2. hot	8. strong	14. dangerous
3. común	9. húmedo	15. picante	3. common	9. damp	15. hot, spicy
4. débil	10. ligero	16. sabroso	4. weak	10. light	16. tasty
5. diferente	11. lluvioso	17. seguro	5. different	11. rainy	17. certain
6. distinto	12. mojado	18. seco	6. different	12. wet	18. dry

ADVERBS

1. afuera	3. entonces	5. todavía	1. outside	3. then	5. still
2. abajo	4. solamente	6. todavía no	2. below	4. only	6. not yet

PREPOSITIONS

1. junto con	2. antes de	3. cerca de	1. together with	2. before	3. near

PRONOUNS

1. algo	2. alguien	3. consigo	1. something	2. somebody	3. with himself, herself, themselves

NEGATIVES

1. nada	4. nunca	7. jamás	1. nothing	4. never	7. never
2. nadie	5. ni...ni	8. todavía no	2. nobody	5. neither...nor	8. not yet
3. ninguno	6. tampoco		3. no, none, not any	6. neither, not...either	

IMPORTANT EXPRESSIONS

1. a menudo	8. dolor de muelas	1. often	8. toothache
2. acabar de	9. hacer la maleta	2. to have just	9. to pack the suitcase
3. con su permiso	10. no importa	3. with your permission	10. it doesn't matter
4. de veras	11. por lo tanto	4. indeed	11. therefore
5. en coche	12. tener cuidado	5. by automobile	12. to be careful
6. es cierto	13. vale la pena	6. it is true	13. it is worth the trouble
7. dolor de cabeza	14. eso es	7. headache	14. that's right

SEGUNDA PARTE

Grammar Notes

Ejercicio 84. From Group 2 select the opposite for each word in Group 1.

Group 1		Group 2	
1. antes de comer	7. fuerte	a. caliente	g. nunca
2. frío	8. trabajar	b. después de comer	h. olvidar
3. siempre	9. lluvioso	c. nada	i. débil
4. alguien	10. despacio	d. de prisa	j. terminar
5. comenzar	11. algo	e. seco	k. nadie
6. recordar		f. descansar	

Ejercicio 85. Complete the following sentences in Spanish.

1. **Cuando hace frío** (I am cold).
2. **Cuando hace calor** (I am warm).
3. **En el verano** (the weather is nice).
4. **En la primavera** (it rains a great deal).
5. **En el otoño** (it is cool).
6. **En el invierno** (it is cold).
7. **Cuando llueve** (I wear a raincoat).
8. **Cuando nieva** (I wear an overcoat).
9. **Cuando hace calor** (it is dusty).
10. **Me gustan** (all the seasons).

Ejercicio 86. Select the group words in the right-hand column which best complete the sentences begun in the left hand column.

Ejemplo: 1. Prefiero la primavera (d) porque hace buen tiempo.

1. **Prefiero la primavera**	a. **el clima de México.**
2. **No me gusta el invierno**	b. **es una tierra de montañas.**
3. **Voy a decir algo sobre**	c. **en todos los mercados.**
4. **Es verdad que México**	d. **porque hace buen tiempo.**
5. **Se venden frutas**	e. **comer mangos y plátanos.**
6. **Lleve Ud. un paraguas consigo**	f. **porque hace mucho frío.**
7. **A los mexicanos les gusta**	g. **contar en español.**
8. **No voy a olvidar**	h. **porque está lloviendo.**
9. **Sabemos**	i. **a los alumnos de esta clase.**
10. **Conocemos bien**	j. **ninguno de sus consejos.**

Ejercicio 87. Read each command. Then translate the sentence that follows it. Watch out for the position of the object pronoun!

Ejemplo: Cuente (Ud.) el dinero. I count it. Lo cuento.

1. **Abra (Ud.) la puerta.** I open it.	6. **Dejen (Uds.) los platos.** We leave them.
2. **Cuente los picos.** I count them.	7. **Tomen las tazas.** We take them.
3. **Coma la carne.** I eat it.	8. **Aprendan las lecciones.** We learn them.
4. **Ponga la mesa.** I set it.	9. **Escriban el ejercicio.** We write it.
5. **Repita las preguntas.** I repeat them.	10. **Lean el periódico.** We read it.

Ejercicio 88. Substitute the present participle for the infinitive in parentheses to make the present progressive tense.

Ejemplo: 1. Está lloviendo a cántaros.

1. **Está (llover) a cántaros.**	6. **¿Quién está (traer) la tetera?**
2. **Estamos (echar) el café en la taza.**	7. **¿Quiénes están (escribir) el mensaje?**
3. **Están (pedir) informes.**	8. **¿No están (contar) el dinero?**
4. **Estoy (leer) las cartas.**	9. **¿La criada está (poner) la mesa?**
5. **¿Está (pensar) Ud. en su viaje?**	10. **¿Qué está (hacer) Carlos?**

TERCERA PARTE

Diálogo

En el mercado

Practice the Spanish Aloud:

—**¿Puede traerme el menú, por favor?**—**le pregunta el Sr. Adams al mozo.**

Can I have the menu, please? Mr. Adams asks the waiter.

—**¡Cómo no! ¿Quiere Ud. probar algún plato típico mexicano?**

Of course! Do you want to eat some typical Mexican dish?

—Pues, todavía no. Acabo de llegar a México y es mejor, al principio, comer algo a lo que acostumbrado.

Well, not yet. I have just arrived in Mexico and it is better, at first, to eat something familiar.

—¿Me permite Ud. recomendar el filete mignon a la parrilla?

Can I recommend the broiled filet mignon?

—Debe de estar muy bueno pero prefiero probar las chuletas.

It must be very good but I prefer to try the chops.

—Chuletas de ternera, entonces. ¿Con arroz o legumbres?

Veal chops, then. With rice or vegetables?

—Con arroz y zanahorias. De postre, déme flan, por favor. Es un postre que me gusta mucho.

With rice and carrots. For dessert, give me custard, please. It is a dessert that I like very much.

—¿Y de beber?

And to drink?

—Café con leche, por favor.

Coffee with milk, please.

—Muy bien, señor.

Very well, sir.

—Y favor de traer la cuenta.

And please bring me the check.

—Aquí la tiene, señor.

Here it is, sir.

—Muchas gracias.

Many thanks.

—A Ud., señor.

Thanks to you, sir.

LECTURA

Ejercicio No. 89—A Felipe no le gusta estudiar aritmética

Un día, al volver (upon returning) de la escuela, le dice Felipe a su madre:—No me gusta estudiar aritmética. Es tan difícil. ¿Para qué necesitamos tantos (so many) ejercicios y problemas hoy día? ¿No es verdad que tenemos calculadoras?

La señora Adams mira a su hijo y dice:—No tienes razón, hijito. No es posible pasar sin números. Por ejemplo, siempre es necesario cambiar dinero, hacer compras, calcular distancias y...

La madre deja de (stops) hablar al ver (on seeing) que Felipe no presta atención a lo que (what) ella dice.

—A propósito—continúa la madre con una sonrisa (smile)—el béisbol no te interesa tampoco (either), hijo mío?

—Ya lo creo, mamacita.

—Pues, si los Dodgers han ganado (have won) ochenta juegos (games) y han perdido (have lost) treinta, ¿sabes qué por ciento de los juegos han ganado?

Al oír (On hearing) esto Felipe abre la boca y exclama:—Tienes razón, mamá. Los números, la aritmética y las matemáticas son muy importantes. Creo que voy a estudiar mucho más.

CAPÍTULO 28 (VEINTIOCHO)

PRIMERA PARTE
El pueblo de México

1. —Voy a hacerle algunas preguntas sobre el pueblo de México—dice el señor Adams.— ¿Está Ud. listo? ¿Quiere un café o un té?

2. —Gracias, señor Adams. Estoy muy bien. Continúe, por favor.

3. —Ante todo, ¿quiénes son los mexicanos?

4. —Son los descendientes de los indios indígenas y de los españoles, conquistadores de México y de la América del Sur.

5. —¿Cuántos habitantes tiene México?

6. —México tiene actualmente más o menos 100 millones de hebitantes. No todos hablan español. De los muchos millones llamados «indios» muchos todavía hablan varias lenguas indígenas.

7. —¿Dónde vive la mayor parte de los habitantes, en la ciudad o en el campo?

8. —Hay ciudades grandes muy modernas e industrias grandes. Unas 20 millones de personas viven en el Distrito Federal, una ciudad hermosa y cosmopolita. Pero la mayor parte vive en el campo y trabaja en la agricultura.

9. —¿Cuáles son los productos más importantes?

10. —A causa de la variedad de climas y la extensión del territorio, México produce una variedad de productos, desde el trigo hasta la caña de azúcar. Pero el maíz es el producto más importante de todos.

11. —Además de ser agricultures, los mexicanos son artistas y artesanos, ¿verdad?

12. —Tratan siempre de embellecer una vida dura. Son muy trabajadores pero saben también vivir bien. La artesanía mexicana es famosa.

1. "I am going to ask you some questions about the people of Mexico," says Mr. Adams. "Are you ready? Do you want coffee or tea?"

2. Thank you, Mr. Adams. I am very well. Continue, please.

3. First of all, who are the Mexicans?

4. They are descendants of the native Indians and of the Spaniards, conquerors of Mexico and of South America.

5. How many inhabitants does Mexico have?

6. Today about 100 million people live in Mexico. Not all speak Spanish. Of the many million called "Indians" a great number still speak various native languages.

7. Where do the majority of the inhabitants live, in the city or in the country?

8. There are big, very modern cities and big industries. About twenty million people live in the Federal District, a beautiful and cosmopolitan city. But the majority live in the country and work in agriculture.

9. What are the most important products?

10. Because of the variety of climates and the extent of territory, Mexico produces a variety of products from wheat to sugar cane. But corn is the most important product of all.

11. Besides being agriculturists, Mexicans are artists and craftsmen, are they not?

12. They always try to beautify a hard life. They are very hardworking but they also know how to live. The Mexican folk art is famous.

13. —¿De qué artes se ocupan?

14. —Mucha gente se ocupa de las artes populares, la cerámicay el tejido; hace cestas, artículos de cuero, de cobre, de hojalata, de oro, de plata y de laca.

15. —A propósito, acabo de recibir un envío de algunos artículos de México. ¿Quiere Ud. venir a mi oficina el jueves a las tres de la tarde para verlos? Entonces volvemos a platicar de las artes populares.

16. —Con todo gusto, Sr. Adams. Tenemos cita para el jueves a las tres, ¿verdad?

17. —Hasta el jueves, entonces.

18. —Hasta luego. Que lo pase bien.

13. What arts are they engaged in?

14. Many people are engaged in the folk arts—ceramics, weaving; they make baskets, leather goods, things of copper, tin, gold, silver, and lacquer.

15. By the way, I have just received a shipment of some articles from Mexico. Do you want to come to my office Thursday at three in the afternoon to look at them? Then we will talk again about the popular arts.

16. With pleasure, Mr. Adams. We have an appointment for Thursday at three, right?

17. Until Thursday, then.

18. So long. Good luck to you.

Pronunciation and Spelling Aids

1. Practice:

con-ti-**nen**-te	Fe-de-**ral**	em-be-lle-**cer**	las **Ar**-tes	en-**ví**-o
con-ti-**nú**-e	in-**dí**-ge-nas	cos-mo-po-**li**-ta	tra-ba-ja-**do**-res	Po-pu-**la**-res
ho-ja-**la**-ta	des-cen-**dien**-tes	in-**dus**-trias	ex-ten-**sión**	a-gri-cul-**to**-res
ce-**rá**-mi-ca	**cue**-ro	con-quis-ta-**do**-res	Dis-**tri**-to	va-rie-**dad**
ar-**tís**-ti-cos	te-**ji**-do	**co**-bre		

2. y and e mean *and*. e is used instead of y when the next word begins with the letter **i**, to avoid repetition of the **i** (**ee**) sound; **agricultura e industria**.

o and u mean *or*. u is used instead of o when the next word begins with o to avoid repetition of the o sound. **septiembre u octubre**.

Building Vocabulary

A. **Materias primas** (Raw Materials)

el algodón	cotton	**la lana**	wool	**el petróleo**	petroleum
el cobre	copper	**la madera**	wood	**la plata**	silver
el cuero	leather	**el oro**	gold	**el plomo**	lead
el hierro	iron	**la paja**	straw	**la seda**	silk

B. **Sinónimos**

el idioma	**la lengua**	language
acabar	**terminar**	to finish
con todo gusto	**con mucho gusto**	with great pleasure

Expresiones Importantes

a causa de	because of	**hacer preguntas**	to ask questions
ante todo	first of all	**ocuparse de**	to be engaged in (to busy oneself with)
acostumbrarse a	to get used to	**que la pase bien**	good luck to you (may you get along well)

Ejercicio No. 90—Completion of Text

1. **Voy a** (ask you) **algunas preguntas.**
2. **Son** (about the people) **de México.**
3. (Here is) **el café.** (Continue), **por favor.**
4. ¿(Who) **son los mexicanos?**
5. ¿**Cuántas personas viven** (nowadays) **en México?**
6. **El Distrito Federal es una ciudad** (beautiful and cosmopolitan).
7. (Because of the variety) **de climas, hay** (a variety) **de productos.**
8. **El maíz es** (the most important product) **de todos.**
9. **Son** (artists and artisans).
10. ¿**De qué artes** (are they engaged)?
11. (They are engaged) **de las artes populares.**
12. **Hacen** (baskets and leather articles).
13. (I have just received) **un envío de México.**
14. (We will talk again) **de las artes populares.**
15. (Good luck to you).

SEGUNDA PARTE

Grammar Notes

1. Present tense of **volver (ue)** to return, go back

   Vuelvo a casa. I return home. **Volvemos al cine.** We return to the movies.

vuelvo I return	**vuelves** you return	**vuelve** he, she, it returns
volvemos we return	**volvéis** you return	**vuelven** they return

2. **Volver a**+ an infinitive, means to do something again; **volver a hablar**, to speak again

vuelvo a hablar I speak again	**volvemos a hablar** we speak again
vuelves a hablar you speak again	**volvéis a hablar** you speak again
vuelve a hablar he, she, it speaks again	**vuelven a hablar** they speak again
Vuelvo a escribir la carta.	I am writing the letter again.
Hoy volvemos a platicar de las artes.	Today we shall speak again of the arts.

   Another way of expressing the same idea:
   Hoy platicamos de las artes otra vez.   Today we are speaking of the arts again.

3. Present tense of **acabar** to finish

   Acabo el trabajo. I finish the work.   ¿**Acaban Uds. la lección?** Are you finishing the lesson?

4. **Acabar de** + infinitive, means to have just done something; **acabar de recibir** to have just received

   Acabo de recibir un envío.   I have just received a shipment.
   Acaba de enseñar la lección.   He has just taught the lesson.

Ejercicios No. 91A-91B

91A. Repeat aloud the Spanish sentences many times.

   1. ¿**Acaba Ud. de comer?**   Have you just eaten?
   2. **Sí, acabo de comer.**   Yes, I have just eaten.

3. ¿Acaba de dormir el niño?	Has the child just slept?
4. No, no acaba de dormir.	No, he has not just slept.
5. ¿Acaban de tomar la cena?	Have they just eaten supper?
6. Sí, acaban de tomarla.	Yes, they have just eaten it.
7. ¿Cuándo vuelve Ud. a casa?	When do you return home?
8. Vuelvo a casa a las siete.	I return home at seven.
9. Vuelven a leer el libro.	They are reading the book again.
10. Carlos vuelve a venir acá.	Charles is coming here again.

NOTE: acá *here*, and allá *there*, are used instead of **aquí** and **allí** with verbs of motion.

91B. Translate:

1. When do they return home?
2. They return home at ten o'clock in the evening.
3. The students are writing the exercises again.
4. I am reading the guide book (**la guía de viajero**) again.
5. We have just received a shipment of merchandise (**mercancía**).
6. I have just spoken about the climate.
7. She has just returned from the jewelry shop (**joyería**).
8. They have just bought silver earrings (**aretes de plata**).
9. Have you just come from the movies?
10. We are finishing the work (**el trabajo**).

Ejercicio No. 92—Preguntas

1. ¿Quién va a hacer algunas preguntas?
2. ¿Cuál es la primera pregunta?
3. ¿De quiénes son descendientes los mexicanos de hoy?
4. ¿Cuántos habitantes tiene México?
5. ¿Quién acaba de recibir un envío de mercancía de México?
6. ¿Dónde vive la mayor parte de los habitantes, en la ciudad o en el campo?
7. ¿Cuál es el producto más importante de México?
8. ¿De qué artes se ocupan muchas personas?
9. ¿Qué materiales usan para hacer cosas artísticas?

CAPÍTULO 29 (VEINTINUEVE)

PRIMERA PARTE
Las artes populares

1. El Sr. Adams acaba de recibir en su oficina una caja de mercancía de México y ha invitado al Sr. López a ver el contenido con él.

2. —Vamos a ver los artículos de México, Sr. López. Acabo de recibirlos.

3. —Con mucho gusto. Y entretanto podemos hablar de las artes populares.

4. —Sabemos, Sr. López, que algunos de los artículos más artísticos que hacen los artesanos mexicanos son los de uso diario. Así es que el vestido típico es también un arte popular, ¿verdad?

5. —Es cierto. El vestido típico da a los indios un aspecto pintoresco. Las mujeres llevan faldas largas y blusas con bordados sencillos. Lejos de las ciudades se visten todavía de blusas, faldas y fajas de antes. Los hombres llevan traje blanco o de color claro. El sombrero de paja es de uso general.

6. —¿Aquí tiene Ud. algunos sarapes de lugares distintos. El sarape es un artículo de ropa, ¿verdad?

7. —Sí, los hombres llevan el sarape de abrigo o de adorno. Sirve también de manta. ¡Qué tejidos más bonitos son estos sarapes grises! ¡Me gustan los dibujos geométricos! Son de Oaxaca, ¿verdad?

8. —Sí. Y mire Ud. las fajas. Estas rojas son de Toluca. Tanto los hombres como las mujeres llevan faja. Es tejida de lana o de algodón.

9. —¡Qué graciosos son los dibujos!—éstos de pájaros y ésos de animalitos que adornan la bolsa que tiene Ud. en la mano. ¿Y le mandan también chales?

1. Mr. Adams has just received in his office a box of merchandise from Mexico and has invited Mr. Lopez to look at its contents with him.

2. Let us look at the things from Mexico, Mr. Lopez. I have just received them.

3. With pleasure. And meanwhile we can talk about the popular arts.

4. We know, Mr. Lopez, that some of the most artistic articles that the Mexican craftsmen make are those of daily use. So clothing is also a popular art, is it not?

5. Yes, indeed. The typical dress gives the Indians a picturesque appearance. The women wear long skirts and blouses with simple embroidery. Far from the cities they still dress in the blouses and skirts and sashes of olden times. The men wear a white or light-colored suit. The straw hat is in general use.

6. Here are some sarapes from different places. The sarape is an article of clothing, is it not?

7. Yes, the men wear the sarape as an overcoat or for adornment. It serves also as a blanket. How beautifully woven these gray sarapes are! I like the geometric designs! They are from Oaxaca, are they not?

8. Yes. And look at the sashes. These red ones are from Toluca. The men as well as the women wear sashes. It is woven of wool or cotton.

9. How pleasing the designs are!—these of birds and those of little animals which adorn the purse that you have in your hand. And they also sent you shawls?

10. —Desgraciadamente, no.

11. —¿Ud. sabe que el rebozo es para la mujer lo que es el sarape para el hombre. Sirve para todo, sombrero, abrigo, para envolver bultos; para manta y cuna del nene.

12. —Van a mandarme también cestas de varios tamaños y estilos y, desde luego, toda clase de cerámica—dice el señor Adams.

13. —¿Ha visto Ud. las máscaras que llevan los indios durante las fiestas?

14. —No las he visto. Y sé muy poco de las fiestas.

15. —Entonces tenemos que hablar de las fiestas la próxima vez. ¿Le parece bien el martes a las ocho?

16. —Me parece bien

17. —Hasta el martes, Sr. Adams.

18. —Hasta la vista, Sr. López.

10. Unfortunately, no.

11. You know that the shawl is to the woman what the sarape is to the man. It serves all purposes: as a hat and an overcoat; to wrap packages; as a blanket and cradle for the baby.

12. "They are also going to send me baskets of various sizes and styles and, of course, all kinds of pottery," says Mr. Adams.

13. Have you seen the masks that the Indians wear during the fiestas?

14. I have not seen them. And I know very little about fiestas.

15. Then, we must talk about fiestas the next time. Is Tuesday at eight all right with you?

16. It is all right with me.

17. Until Tuesday, Mr. Adams.

18. See you soon, Mr. Lopez

Pronunciation and Spelling Aids

1. Practice:

| en-tre-**tan**-to | des-gra-cia-da-**men**-te | ge-o-**mé**-tri-co | as-**pec**-to |
| pin-to-**res**-co | ves-**ti**-do | **más**-ca-ra | gra-**cio**-so |

Building Vocabulary

A. **la mano**, the hand. Nouns ending in -o are usually masculine. **La mano** is an exception.

B. **La Ropa** Clothing, Wearing Apparel

el abrigo	coat	la falda	skirt	el rebozo	shawl
la blusa	blouse	los guantes	gloves	el sarape	shawl, blanket
los calcetines	socks	el impermeable	raincoat	el sombrero	hat
la camisa	shirt	las medias	stockings	el traje	suit
la corbata	tie	los pantalones	pants	el vestido	dress
la faja	sash	el pañuelo	handkerchief	los zapatos	shoes

C. **Sinónimos**

el idioma	la lengua	language
acabar	terminar	to finish
con todo gusto	con mucho gusto	with great pleasure

Expresiones Importantes

1. **entretanto** — meanwhile
2. **seguro** — certainly
3. **¿Le parece (a Ud.) bien?** — Is it all right with you?

4. **Me parece bien.** — It's all right with me.
5. **Se visten de blusas.** — They dress in blouses.
6. **El sarape sirve de abrigo.** — The sarape is used as a coat.

Ejercicio No. 93—Completion of Text

1. **Vamos** (to see) **los artículos de México.**
2. (In the meanwhile) **vamos a hablar de** (the folk arts).
3. **Estos artículos son** (in daily use).
4. (The typical dress) **les da a los indios un aspecto** (picturesque).
5. **Las mujeres se visten de** (long skirts).
6. **Los hombres llevan** (a white suit).
7. (The straw hat) **es de uso general.**
8. **El sarape es** (an article of clothing).
9. (I like) **los dibujos geométricos.**
10. **La faja es tejida** (of wool or cotton).
11. **El rebozo** (serves for everything).
12. (Of course) **van a mandarme** (baskets of various sizes).
13. (We must talk) **de las fiestas.**
14. (Is Tuesday all right with you?)
15. (It's all right with me.)

SEGUNDA PARTE

Grammar Notes

1. Demonstrative Pronouns

a. **este** dibujo y **ése** — *this* sketch and *that* (*one*)   **esa** tienda y **ésta** — *that* shop and *this* (*one*)
esta casa y **aquélla** — *this* house and *that* (*one*)   **esos** trajes y **éstos** — *those* costumes and *these*
estos libros y **ésos** — *these* books and *those*   **aquel** coche y **éste** — *that* car and *this* (*one*)

The demonstrative adjective must agree in gender and number with the noun it precedes.

When the noun is omitted after a demonstrative adjective, the adjective becomes a demonstrative pronoun. The demonstrative pronoun takes an accent mark.

b. **esto, eso, aquello**. These are neuter forms of the demonstrative pronoun. They are used to point out a thing not yet mentioned, and to refer to a whole sentence or idea. They do not have an accent mark.

¿Qué es esto? What's this? (pointing to it) **Es perezoso**. *Eso es verdad*. He is lazy. That is true.

¡OJO! (Watch out!) Do not confuse with the masculine demonstrative adjective **este**, plural **estos**.

2. The Closer, the Farther

In both adjectives and pronouns, **este**, and **éste** mean the closer; **ese**, and **ése** refer to nouns that are not close to the speaker, while **aquel**, and **aquél** refer to nouns that are even farther away. They agree in number and gender with the nouns to which they refer. The accent mark is usually omitted over capitals.

El Sr. Adams y su esposa están en casa. — Mr. Adams and his wife are at home.
Ésta lee una revista. — *The latter* is reading a magazine.
Aquél escribe una carta. — *The former* is writing a letter.

Ejercicios No. 94A-94B-94C

94A. Write each sentence putting the verbs into Spanish. Remember: **vestir(i)** *to dress*,
vestir de *to dress in*, **vestirse** *to dress oneself*, **llevar** *to wear*.

1. (I dress) **al niño.**
2. (I dress myself)
3. (They dress in) **faldas bordadas.**
4. (We dress) **a los niños.**
5. **Las niñas** (dress themselves).

6. ¿**Qué** (do you wear) **los domingos?**
7. (I wear) **mi vestido nuevo.**
8. ¿**Quiénes** (wear) **sarapes?**
9. **Las señoritas** (wear) **guantes.**
10. (We are wearing) **zapatos nuevos.**

94B. Complete these sentences using the correct demonstrative adjectives and pronouns.

Ejemplo: Este dibujo es antiguo, ése es moderno.

1. (This) **dibujo es antiguo,** (that one) **es moderno.**
2. (These) **sarapes tienen dibujos de animalitos,** (those) **tienen dibujos de pájaros.**
3. (Those) **faldas son de lana,** (these) **son de algodón.**
4. (This) **blusa tiene bordados sencillos,** (that one) **es moderna.**
5. (That-*distant*) **casa es antigua,** (this one) **es moderna.**
6. **El Sr. López llega a la casa del Sr. Adams cuando** (this one) **sale.**
7. **Felipe trabaja diligentemente. Todos saben** (that).
8. ¿**Qué es** (this)?¿**Qué es** (that)?
9. **El hombre es rico.** (That) **es verdad.**

94C. Repeat the Spanish sentences aloud many times.

1. **¿Qué está comprando Ud.?**
2. **Estoy comprando un sombrero.**
3. **¿Qué está comprando su hermana?**
4. **Está comprando una faja.**

1. What are you buying?
2. I am buying a hat.
3. What is your sister buying?
4. She is buying a sash.

1. **¿Tiene Ud. un rebozo?**
2. **No, no tengo rebozo.**
3. **¿Tiene Ud. un pañuelo?**
4. **No, no tengo pañuelo.**

1. Have you a shawl?
2. I have no shawl.
3. Have you a handkerchief?
4. I have no handkerchief

1. **¿Lleva Ud. guantes en el invierno?**
2. **Sí, llevo guantes en el invierno.**
3. **¿Lleva Ud. abrigo?**
4. **Llevo abrigo cuando hace frío.**

1. Do you wear gloves in winter?
2. Yes, I wear gloves in winter.
3. Do you wear a coat?
4. I wear a coat when it is cold.

Ejercicio No. 95—Preguntas

1. **¿Quién acaba de recibir una caja de mercancía de México?**
2. **¿Quiénes llevan sarape, los hombres o las mujeres?**
3. **¿De dónde son los sarapes con los dibujos geométricos?**
4. **¿De dónde son las fajas rojas?**
5. **¿Qué llevan tanto los hombres como las mujeres?**

6. **¿Qué clase de dibujos adornan la bolsa?**
7. **¿Qué artículo sirve de manta y cuna del nené?**
8. **¿Qué llevan los indios en las fiestas?**
9. **¿De qué sabe muy poco el Sr. Adams?**
10. **¿Qué le dice el Sr. Adams al Sr. López cuando éste sale de su casa?**

CAPÍTULO 30 (TREINTA)

PRIMERA PARTE

Los días de fiesta

1. —¿Cuáles son los días de fiesta en México?—
le pregunta el Sr. Adams al Sr. López.

2. —Hay fiestas casi todos los días en algún
pueblo u otro. Hay fiestas nacionales y fiestas
dedicadas a varios santos. Todas se celebran
con bailes, cohetes, juegos, y dramas.

3. —Por supuesto, celebran la Navidad.

4. —Sí, la celebración de la Navidad dura diez
días, desde el 16 de diciembre hasta el 25.
Las personas van en grupos de casa en casa
cantando canciones y pidiendo «posada».
Entran en las casas y allí la pasan bien.
Cantan, bailan y rompen la piñata tradicional.

5. —¿Qué es la piñata?

6. —Es un olla grande cubierta de papel de
colores vivos. Puede representar un animalito
o un pájaro. Contiene dulces y juguetes. Un
niño con los ojos vendados trata de romperla
con un palo. Al final logra romperla. Todos
se apresuran a agarrar los dulces y juguetes.

7. —¿Reciben regalos los niños?

8. —Los reciben el seis de enero, el Día de los
Reyes Magos.

9. —¿Qué fiestas hay en la primavera?

10. —Ud. debe ver la fiesta de la Semana Santa
en Tzintzuntzán, cerca de Pátzcuaro. Es
el drama de la Pasión y dura tres días.
Lo interpretan los habitantes del pueblo.
Hacen los papeles con mucha emoción.

11. —¿Cómo celebran el 5 de mayo?

12. —Hay una gran batalla simulada cerca
de Puebla para celebrar la victoria de
los mexicanos sobre los franceses.

1. "What are the fiesta days in Mexico?"
Mr. Adams asks Mr. Lopez.

2. There are fiestas almost every day in some town
or other. There are national fiestas and fiestas
dedicated to various saints. All are celebrated
with dances, fireworks, games, and plays.

3. Of course, they celebrate Christmas.

4. Yes, the celebration of Christmas lasts ten days,
from the 16th of December until the 25th.
The people go in groups from house to house
singing songs and asking for "lodging." They
enter the houses and there spend a pleasant
time. They sing, they dance, and they break the
traditional piñata.

5. What is the piñata?

6. It is a big pot covered with paper in bright
colors. It may represent an animal or bird.
It contains candy and toys. A child, with his
eyes blindfolded, tries to break it with a stick.
At the end he succeeds in breaking it. Everybody
rushes to gather up the candy and toys.

7. Do the children receive presents?

8. They receive them on the sixth of January,
the Day of the Wise Kings.

9. What fiestas are there in spring?

10. You should see the fiesta of Holy Week in
Tzintzuntzan, near Patzcuaro. It is the Passion
Play and it lasts three days. It is interpreted by
the inhabitants of the town. They act the roles
with much feeling.

11. How do they celebrate the fifth of May?

12. There is a great simulated battle near Puebla
to celebrate the victory of the Mexicans over
the French.

13. —He oído hablar también del Día de los Difuntos.

14. —Sí, el 2 de noviembre es el Día de los Difuntos. Los panaderos venden «panes de los muertos». Se pueden comprar en los mercados toda clase de juguetes apropriados, como esqueletos danzantes, máscaras, etc. La gente visita los cementerios y prepara ofrendas de comida para los muertos de la familia.

15. —¿Hay fiestas en el Día de Corpus Christi?

16. —¡Claro! En los pueblos cerca de Pátzcuaro, Michoacán, hay ferias. Cada vendedor vende miniaturas de la mercancía que vende en el mercado regularmente, como tortillas, ropa o cualquier otra cosa. Los compradores usan dinero de mentira, hecha por los panaderos.

17. —Me acuerdo de otra fecha importante. Es el 16 de septiembre, el Día de la Independencia.

18. —Sí, es el día del Grito de Dolores, pronunciado por el padre Miguel Hidalgo para dar comienzo a la revolución de 1810 contra España.

19. —Yo sé muy poco de la historia de México.

20. —Pero Ud. sí va aprendiendo[1] Sr. Adams.

13. I have also heard talk of the Day of the Dead.

14. Yes, November 2 is the Day of the Dead. The bakers sell "cakes of the dead." One can buy in the markets all kinds of appropriate toys: dancing skeletons, masks, etc. People visit the cemeteries and prepare offerings of food for the dead of the family.

15. Are there fiestas on Corpus Christi Day?

16. Yes indeed! In the towns near Patzcuaro, Michoacan, there are fairs. Each seller sells miniatures of the merchandise that he ordinarily sells in the market, like tortillas, clothing, or whatever other things. The buyers use fake money—made by the bakers.

17. I remember another important date. It is the 16th of September, Independence Day.

18. Yes, it is the day of the Proclamation (*Lit.* Shout) of Dolores made by Father Miguel Hidalgo to set off the revolution of 1810 against Spain.

19. I know very little about the history of Mexico.

20. But you are certainly learning, Mr. Adams.

NOTE: 1. **ir** may be used instead of **estar** to express the progressive tense, **va aprendiendo** = **está aprendiendo**.

Pronunciation and Spelling Aids

1. Practice:

Na-vi-**dad**	a-pro-**pia**-pos	Mi-choa-**cán** (*meech-wah-cahn*)
di-**ciem**-bre	ce-men-**te**-rios	Tzin-tzun-**tzán** (*seen-soon-sahn*)
ce-re-**mo**-nia	mi-nia-**tu**-ras	**Pátz**-cua-ro (*pahts-kwah-roh*)
a-pre-**su**-ran	or-di-na-ria-**men**-te	Mi-**guel** (*mee-gel*)
e-mo-**ción**	in-de-pen-**den**-cia	Hi-**dal**-go (*ee-dahl-goh*)
ju-**gue**-tes		

Building Vocabulary

A. Palabras Relacionadas

1. **pan** — bread
   panadero — baker
   panadería — bakery

2. **zapato** — shoe
   zapatero — shoemaker
   zapatería — shoe store, shoe repair shop

3. **plata** — silver
   platero — silversmith
   platería — silversmith's shop

4. **sastre** — tailor
   sastrería — tailor's shop

B. **Partes de la cara**   Parts of the Face

la boca	mouth	**los oídos**	ears (internal)
los dientes	teeth	**las orejas**	ears (external)
los labios	lips	**los ojos**	eyes
la nariz	nose	**las mejillas**	cheeks

Expresiones Importantes

1. **al final** — finally
2. **al principio** — at first
3. **Ud. debe ver** — you should see
5. **Logra romper.** — He succeeds in breaking.
6. **La pasan bien.** — They have a good time.

Ejercicio No. 96—Completion of Text

1. **Hay fiestas** (in some town or other).
2. **Todos** (are celebrated) **con danzas y juegos.**
3. (Of course) **celebran la Navidad.**
4. **Van de casa en casa** (singing songs and asking for lodging).
5. **En las casas** (they have a good time).
6. **La piñata es un olla** (covered with paper).
7. **Un niño** (tries to break it).
8. **Llega** (in breaking it).
9. (You should see) **el drama de la Pasión.**
10. **El 2 de noviembre es** (the Day of the Dead).
11. (The bakers sell) **«panes de los muertos».**
12. (One may buy) **toda clase de juguetes.**
13. **Hay** (markets) **en el Día de Corpus Christi.**
14. (The buyers) **emplean dinero de mentira** (made by) **los panaderos.**
15. (The 16th of September) **es el día del** (Proclamation of Dolores).

SEGUNDA PARTE

Grammar Notes

1. Present Tense of **agarrar** to catch, pick up **escoger** to choose

I catch, etc.		I choose, etc.		IMPERATIVE	
agarro	agarramos	escojo	escogemos	agarre Ud.	escoja Ud.
agarras	agarrais	escoges	escogéis	agarren Uds.	escojan Uds
agarra	agarran	escoge	escogen		

NOTE: algún and ningún have an accent mark to hold the stress on the syllable -gún.

2. Present Participle of Stem-Changing Verbs. **pedir (i)**, and verbs like it, which have the stem change **e** to **i** in the present tense, have the same change in the present participle.

INFINITIVE	PRESENT TENSE	PRESENT PARTICIPLE
pedir	(yo) pido	pidiendo
repetir	(yo) repito	repitiendo
servir	(yo) sirvo	sirviendo
despedirse	(yo) me despido	despidiéndome

Ejercicios No. 97A-97B

97A. Complete these sentences in Spanish.

1. **Enero es el** (first) **mes del año.**
2. **Marzo es el** (third) **mes del año.**
3. **Vamos a pasarla** (well).
4. **Tenemos un maestro** (good).
5. **El científico Einstein es un** (great) **hombre. No es un hombre** (big, tall).

6. **Tenemos asientos en la** (third) **fila.**
7. **Hace** (bad) **tiempo en el invierno.**
8. **El** (first) **de enero.**
9. **Ellos tienen asientos** (good).
10. (Some) **día Ud. irá a México.**

97B. Write each sentence translating all verbs into Spanish.

1. (They sing) **canciones.**
2. (We celebrate) **la Navidad.**
3. (They visit) **los cementerios.**
4. **La celebración** (lasts) **diez días.**
5. (I am preparing) **la comida.**

6. ¿(Do you use) **moneda falsa?**
7. **La piñata** (contains) **dulces y juguetes.**
8. **Un niño** (tries) **de romper la piñata.**
9. **Todos** (pick up) **los dulces.**
10. **Los Reyes Magos** (bring) **los regalos.**

Ejercicio No. 98—Preguntas

1. ¿Cómo se titula (titled) **esta lectura** (reading selection)?
2. ¿Qué clase de fiestas hay en México?
3. ¿Cómo se celebran estas fiestas?
4. ¿Cuántos días dura la celebración de la Navidad?
5. ¿Quiénes van de casa en casa?
6. ¿Qué piden?
7. ¿Cómo la pasan ellos en las casas?
8. ¿Qué es la piñata?
9. ¿Qué contiene?
10. ¿Quién trata de romperla con un palo?
11. ¿Qué agarran todos cuando un niño logra romperla?
12. ¿De quiénes reciben los niños regalos?
13. ¿Qué fiesta debe ver el Sr. Adams?
14. ¿Quiénes interpretan el drama de la Pasión?
15. ¿Cuál es la fecha del «Grito de Dolores»?

Algunos adjetivos pierden la «o» antes de un nombre masculine.».

¿Podrías darme un ejemplo?

PRIMERA PARTE

¿Qué lugares quiere visitar, Sr. Adams?

1. —Pronto va a salir para México, Sr. Adams. ¿Ha decidido qué lugares quiere visitar?

2. —No pienso en nada más y estoy leyendo mucho en las varias guías de viaje.

3. —Viajaré por avión a la capital. Usando el centro de la ciudad como punto de partida, visitaré lugares de interés en el Distrito Federal, en los alrededores y en otras partes del país.

4. —En la capital, veré la Alameda con sus grandes árboles; muy cerca está el Museo Nacional de Artes e Industrias Populares. Visitaré la Secretaria de Educación Publica y la Escuela Nacional Preparatoria para ver las pinturas murales. Voy a ver el Zócalo, donde están situados la Catedral, el Palacio Nacional y muchas cosas más de interés. Pasaré un día en el parque de Chapultepec. Tengo ganas también de ir a ver los mercados. Oigo hablar a mucha gente del mercado de la Merced y del mercado de Lagunilla.

5. —En los alrededores visitaré las pirámides de Teotihuacán. Veré la gran pirámide del Sol y la de la Luna. Se dice que son tan imponentes como las de Egipto. Y mientras estoy en la capital visitaré los suburbios como, por ejemplo, Coyoacán, y algunos de los pueblos cercanos.

6. —¿No quiere ir a una corrida de toros, Sr. Adams?

7. —Sí, y no—responde el señor Adams.—Tal vez.

8. —Estoy seguro de que irá al mercado de Toluca y a Cuernavaca. Esta ciudad tiene siempre un clima de primavera, edificios bonitos con jardines y patios llenos de flores, muchos

1. Soon you are going to leave for Mexico, Mr. Adams. Have you decided what places you want to visit?

2. I think of nothing else and I am reading a great deal in the various travel guides.

3. I will travel by plane to the capital. Using the center of the city as a point of departure, I will visit places of interest in the Federal District, in the surrounding areas, and in other parts of the country.

4. In the capital, I will see the Alameda with its great trees; very near is the National Museum of Popular Arts and Industries. I will visit the Secretary of Public Education and the National Preparatory School to see the painted murals. I will see the Zocalo, where the Cathedral, the National Palace, and many more things of interest are located. I will spend a day in Chapultepec Park. I also have a desire to go to see the markets. I hear many people speak of the Merced market and the market of Lagunilla.

5. In the surrounding areas I will visit the pyramids of Teotihuacan. I will see the great pyramid of the Sun and that of the Moon. It is said that they are as impressive as those of Egypt. And while I am in the capital, I will visit the suburbs like, for example, Coyoacan, and some of the nearby towns.

6. Do you not want to go to a bullfight, Mr. Adams.

7. "Yes and no," answers Mr. Adams. "Maybe."

8. I am sure that you will go to the market of Toluca and to Cuernavaca. That city always has a spring climate, pretty buildings with gardens and patios full of flowers, many trees

árboles y hermosas vistas de las montañas. Ud. irá a Taxco, el pueblo de los plateros y de casas antiguas.

and beautiful views of the mountains. You will go to Taxco, the town of the silversmiths and of ancient houses.

9. —Sí, e iré a Pátzcuaro y a los otros pueblos conocidos por sus artes populares.

9. Yes, and I will go to Patzcuaro and to other towns known for their popular arts.

10. —Ud. es siempre el negociante, Sr. Adams.

10. You are always the businessman, Mr. Adams.

11. —No es eso. Me interesa la gente que vive fuera de los grandes centros. Pero claro está que también quiero visitar Guadalajara y otros lugares bien conocidos.

11. It is not that. I am interested in the people who live outside the great centers. But of course I also want to visit Guadalajara and other well-known places.

12. —No deje de ver Guanajuato, una ciudad colonial con callejones tortuosos que suben las montañas entre casas chicas de varios colores.

12. Do not fail to see Guanajuato, a colonial city with winding lanes that climb the mountains among small houses of various colors.

13. —Y he leído que en Oaxaca también hay una cantidad de cosas interesantes, los restos de las culturas de los mixtecas y los zapotecas, el pueblo de Mitla y la zona arqueológica de Monte Albán.

13. And I have read that in Oaxaca also there are a number of interesting things—the remains of the cultures of the Mixtec and the Zapotec Indians, the town of Mitla, and the archeological zone of Monte Albán.

14. Tengo ganas de acompañarlo, Sr. Adams, pero no es posible.

14. I have a desire to go with you, Mr. Adams, but it is not possible.

15. —¡Qué lástima, Sr. López!

15. What a pity, Mr. Lopez.

Pronunciation and Spelling Aids

1. Practice:

na-cio-**nal**	ca-lle-**jo**-nes	Cuer-na-**va**-ca
se-cre-**ta**-ria	tor-**tuo**-so	**Tax**-co (*tahs-coh*)
ca-te-**dral**	ar-que-o-**ló**-gi-co	Oa-**xa**-ca (*wah-hah-cah*)
pi-**rá**-mi-de	Te-o-ti-hua-**cán** (*tay-oh-tee-wah-cahn*)	Mix-**te**-cas (*mees-tay-cahs*)
im-po-**nen**-te	Za-po-**te**-cas	co-**rri**-da
E-**gip**-to	Gua-na-**jua**-to	

Building Vocabulary

A. The **Alameda** is a park along the **Avenida Juárez**, the most important shopping center for the tourist in Mexico City. Most towns have an **Alameda**, named for the **álamo** tree that gives them shade.

B. **Sinónimos**

1. **contestar**	**responder**	to answer
2. **desear**	**querer**	to wish, want

3. **el lugar**	**el sitio**	place

C. Expressions of Future

1. **mañana**	tomorrow
2. **pasado mañana**	day after tomorrow
3. **la próxima vez (semana)**	next time (week)

4. **el próximo año**	next year
5. **el año que viene**	the coming year
6. **mañana por la mañana**	tomorrow morning

Expresiones Importantes

1. **estoy seguro**	I am sure	3. **pensar en**	to think of
2. **No deje Ud. de (ver, etc.)**	do not fail to (see, etc.)	4. **tengo ganas de**	I feel like

Ejercicio No. 99—Completion of Text

1. (I am reading) **en las varias guías.**
2. (I shall travel) **por avión.**
3. (I shall visit) **lugares de interés.**
4. (I shall see) **la Alameda.**
5. (I shall spend) **un día en el parque de Chapultepec.**
6. (I am sure) **que Ud. irá al mercado de Toluca.**
7. **Tiene siempre** (a spring climate).
8. **Los edificios son** (pretty) **y los jardines están** (full of flowers).
9. **Hay** (many trees) **y** (beautiful views) **de las montañas.**
10. **Le gustará a Ud. Taxco** (the town of the silversmiths).
11. (I shall go) **a Pátzcuaro.**
12. **Me interesa más el pueblo que vive** (outside of the great centers).
13. (Do not fail) **de ver a Guanajuato, una ciudad** (with winding lanes).
14. **En Oaxaca hay** (a number of interesting things).
15. (I have a desire) **de acompañarlo, Sr. Adams.**

SEGUNDA PARTE

Grammar Notes

1. The Future Tense. Model Verb, **hablar**.

hablar-é	I shall speak	**hablar-emos**	we shall speak
hablar-ás	you (*familiar*) will speak	**hablar-éis**	you (*familiar, pl.*) will speak
hablar-á	you (*formal*), he, she, it will speak	**hablar-á**	you (*formal pl.*), they will speak

a. The future endings of all verbs are:

SINGULAR -é -ás -á   PLURAL -emos -éis –án

b. To form the regular future add these endings to the whole infinitive as a base.

hablaré	hablarás	hablará	hablaremos	hablaréis	hablarán
aprenderé	aprenderás	aprenderá	aprenderemos	aprenderéis	aprenderán
seré	serás	será	seremos	seréis	serán
estaré	estarás	estará	estaremos	estaréis	estarán
viviré	vivirás	vivirá	viviremos	viviréis	vivirán
abriré	abrirás	abrirá	abriremos	abriréis	abrirán

2. The Irregular Future.

In a few common verbs there is a change in the infinitive base when the future endings are added. Thus:

saber to know		**tener** to have		**salir** to leave	
I shall know, etc.		I shall have, etc.		I shall leave, etc.	
sabré	sabremos	tendré	tendremos	saldré	saldremos
sabrás	sabréis	tendrás	tendréis	saldrás	saldréis
sabrá	sabrán	tendrá	tendrán	saldrá	saldrán

querer to wish		**venir** to come		**valer** to be worth	
I shall wish, etc.		I shall come, etc.		I shall be worth, etc.	
querré	querremos	vendré	vendremos	valdré	valdremos
querrás	querréis	vendrás	vendréis	valdrás	valdréis
querrá	querrán	vendrá	vendrán	valdrá	valdrán

poder to be able		**decir** to say		**hacer** to do, to make	
I shall be able, etc.		I shall say, etc.		I shall do, make, etc.	
podré	podremos	diré	diremos	haré	haremos
podrás	podréis	dirás	diréis	harás	haréis
podrá	podrán	dirá	dirán	hará	harán

Ejercicios No. 100A-100B-100C

100A. Translate:

1. Visitaremos Taxco.
2. Pasaré una semana allí.
3. Me gustará ver las pinturas murales.
4. ¿Quién viajará a México?
5. Ellos no trabajarán mucho.
6. ¿Estudiarán (Uds.) la lección?
7. ¿Tomará Ud. café?
8. Felipe no escribirá la carta.
9. No tendré frío.
10. Él no vendrá acá.
11. Saldremos a las ocho.
12. Haré este papel con entusiasmo.
13. Querrán comer.
14. Ella lo pondrá en la mesa.
15. No podré ir allá.

100B. Answer these questions in complete sentences (in the future), with the help of the words in parentheses.

Ejemplo: Adónde irá Ud. esta noche? (al cine) Esta noche iré al cine.

1. ¿Qué comprará Ud.? (una corbata)
2. ¿Cuánto costará? (cinco pesos)
3. ¿Adónde irá Ud. en el verano? (al campo)
4. ¿Quién irá con Ud.? (mi hermano)
5. ¿A qué hora volverá Ud. del cine? (a las nueve de la noche)
6. ¿A quién verá Ud. en la estación? (a mi amigo Guillermo)
7. ¿A qué hora saldrá Ud. de su casa? (a las ocho de la mañana)
8. ¿A qué hora cenarán Uds.? (a las siete)
9. ¿A quiénes visitarán Uds. en la ciudad? (a nuestros amigos)
10. ¿Qué estudiarán Uds. esta tarde? (nuestras lecciones de español)

100C. Translate:

1. I shall learn.
2. He will write.
3. They will go.
4. We shall eat.
5. She will speak.
6. Will you work?

7. Will John see?
8. Who will visit?
9. I shall not travel.
10. Will they study?
11. I shall make.
12. He will come.

13. You (Ud.) will put.
14. They will not want.
15. Will you (Ud.) go out?
16. I shall have.
17. They will be here.
18. Will you (Uds.) go?

Ejercicio No. 101—Preguntas

1. ¿Cómo se titula esta lectura?
2. ¿Quién va a salir pronto para México?
3. ¿Qué clase de libros está leyendo él?
4. ¿Cómo viajará?
5. ¿Qué lugar usará como punto de partida?
6. ¿Dónde está el Museo Nacional de Artes e Industrias Populares?
7. ¿Qué verá el Sr. Adams en la Secretaría de Educación Pública?
8. ¿En qué parque pasará un día?
9. ¿Qué pirámides verá en Teotihuacán?
10. ¿Qué se dice acerca de estas pirámides?
11. ¿Irá el Sr. Adams a una corrida de toros?
12. ¿Qué ciudad tiene un clima de primavera?
13. ¿Cuál es el pueblo de los plateros?
14. ¿Qué le interesa más al Sr. Adams, la gente de las ciudades o la gente del campo?
15. ¿Quién tiene ganas de acompañar al Sr. Adams?

PRIMERA PARTE

Repaso de palabras (Word Review)

NOUNS

1. el artista	21. la lana	1. artist	21. wool
2. el árbol	22. la madera	2. tree	22. wood
3. el arte	23. la mano	3. art	23. hand
4. el algodón	24. las medias	4. cotton	24. stockings
5. el baile	25. la moneda	5. dance	25. coin
6. la blusa	26. la nariz	6. blouse	26. noise
7. la boca	27. la feria	7. mouth	27. market
8. la caña de azúcar	28. el ojo	8. sugar cane	28. eye
9. la camisa	29. el oro	9. shirt	29. gold
10. la canción	30. la plata	10. song	30. silver
11. los calcetines	31. el panadero	11. socks	31. baker
12. la cara	32. los pantalones	12. face	32. trousers
13. la corbata	33. el pañuelo	13. necktie	33. handkerchief
14. el cuero	34. el platero	14. leather	34. silversmith
15. la falda	35. la ropa	15. skirt	35. clothing
16. la guía	36. el sastre	16. guidebook	36. tailor
17. el idioma	37. el tejido	17. language	37. cloth
18. el juego	38. el traje	18. game	38. suit
19. el juguete	39. el vestido	19. toy	39. dress
20. el jardín	40. el zapato	20. garden	40. shoe

VERBS

1. bailar	12. mandar	1. to dance	12. to send
2. cantar	13. mirar	2. to sing	13. to look at
3. celebrar	14. observar	3. to celebrate	14. to observe
4. coger	15. ocuparse de	4. to pick up, to catch	15. to be busy with
5. contener	16. representar	5. to contain	16. to represent
6. cubrir	17. romper	6. to cover	17. to break
7. decidir	18. vestir	7. to decide	18. to dress
8. durar	19. vestirse	8. to last	19. to dress oneself
9. emplear	20. volver	9. to employ	20. to return
10. escoger	21. interpretar	10. to choose	21. to act
11. llevar		11. to bring, wear	

ADJECTIVES

1. cubierto	5. hecho	9. precioso	1. covered	5. made	9. precious
2. cercano	6. imponente	10. popular	2. near	6. impressive	10. folk, popular
3. chico	7. lleno	11. rosado	3. little	7. full	11. pink
4. falso	8. pintoresco	12. tejido	4. false	8. picturesque	12. woven

ADVERBS

1. de antemano	2. entretanto	3. todavía	1. beforehand	2. in the meantime	3. still

PREPOSITIONS

1. acerca de	2. a causa de	3. fuera de	1. concerning	2. because of	3. outside of

IMPORTANT EXPRESSIONS

1. acabar de (+ infin.)	7. pasarla bien	1. to have just	7. to have a good time
2. al fin	8. vestir de	2. finally	8. to dress in
3. al principio	9. volver a (+ infín.)	3. at first	9. to do again
4. llegar a (+ infin.)	10. a la derecha	4. to succeed in	10. to the right
5. ¿Le parece bien?	11. a la izquierda	5. Is it all right with you?	11. to the left
6. Me parece bien.		6. It's all right with me	

SEGUNDA PARTE

Ejercicio 102. From Group 2 select the synonym for each word or expression in Group 1.

Ejemplo: Me pongo la camisa (not mi camisa). I put on my shirt.

Group 1		Group 2	
1. contestar	7. me acuerdo	a. terminar	g. vestir de
2. desear	8. vuelvo a escribir	b. lengua	h. el año que viene
3. acabar	9. por eso	c. responder	i. recuerdo
4. llevar	10. idioma	d. lugar	j. escribo otra vez
5. sitio	11. por supuesto	e. querer	k. prefiero
6. el año próximo	12. me gusta más	f. por lo tanto	l. claro

Ejercicio 103. Complete the following sentences by translating the given words.

Remember: 1. **ponerse** = to put on.   2. Use the definite article (**el, la, los, las**) instead of the possessive adjective (**mi, tu, su, etc.**) with clothing, when the meaning is clear.

Ejemplo: 1. Me pongo los pantalones.

1. **Me pongo** (my trousers).
2. **Te pones** (your hat).
3. **Él se pone** (his suit).
4. **Ud. se pone** (your tie).
5. **Ella se pone** (her sash).
6. **Nos ponemos** (our shoes).
7. **Uds. se ponen** (your gloves).
8. **Ellos se ponen** (their shirts).
9. **Ellas se ponen** (their dresses).
10. **Póngase** (your coat).

NOTE: Another meaning of **ponerse** is *to become*. **Los árboles de ponen verdes.** The trees become green.

Ejercicio 104. Select the group of words in the right-hand column that best completes the sentence begun in the left-hand column.

Remember: se lleva = is worn, one wears   Se llevan = are worn, one wears

1. **Se lleva abrigo**
2. **Se lleva impermeable**
3. **Se lleva sombrero**
4. **Se llevan zapatos**
5. **Se llevan guantes**
6. **Se lleva traje de deporte**

a. **cuando se juega al tenis.**
b. **para proteger la cabeza.**
c. **cuando hace frío.**
d. **para proteger las manos.**
e. **cuando llueve.**
f. **para proteger los pies.**

Ejercicio 105. Complete these sentences, putting all the English words into Spanish.

1. (The baker) **vende pan en la** (bakery).
2. (The silversmith) h**ace artículos de plata en** (the silversmith's shop).
3. (The shoemaker) **vende zapatos en la** (shoe shop).
4. **El** (tailor) **hace trajes en la** (tailor shop).
5. **Quien vende es** (a seller).
6. **Quien compra es** (a buyer).
7. **Comemos y hablamos con la** (mouth).
8. **Oímos con los** (ears).
9. **Vemos con los** (eyes).
10. **Otras partes de la** (face) **son** (the nose) **y** (the lips).

TERCERA PARTE

Diálogo I

Practice the Spanish Aloud

En el camión

1. —**Discúlpeme, señor, ¿dónde me bajo para el Correo Central? (para la Avenida Juárez)? (para la Alameda)? (para la embajada de los EE.UU.)? (para la estación de ferrocarril)? (para el mercado de la Merced)? etc.**
2. —**Ud. se baja en la esquina de Madero y San Juan de Letrán (etc.).**
3. —**¿A cuántas cuadras de aquí?**
4. —**Más o menos diez (cinco, etc.) cuadras, señor.**
5. —**¿En cuántos minutos llegaremos?**
6. —**Como en quince minutos.**
7. —**Muchas gracias, señor.**

On the Bus

1. Excuse me, sir, where do I get off for the Main Post Office? (for Juarez Avenue)? (for the Alameda)? (for the United States embassy)? (for the railway station)? (for the Merced market)? etc.
2. You get off at the corner of Madero and San Juan de Letran (etc.).
3. How many blocks from here?
4. More or less ten (five, etc.) blocks, sir.
5. In how many minutes will we get there?
6. In about fifteen minutes.
7. Thank you very much, sir.

Diálogo 2

Practice the Spanish Aloud

Sobre el correo.

1. —**Sr. Adams, por supuesto tiene Ud. mucha correspondencia. ¿Hay un buzón en su edificio?**

About the mail

1. Mr. Adams, of course you have much correspondence. Is there a mailbox in your building?

2. —Naturalmente. Tenemos un buzón en donde echamos nuestras cartas. Pero llevamos los paquetes al Correo Central.

3. —¿Quién los lleva allá?

4. —Nuestro mandadero. Él nos compra también las muchos estampillas que necesitamos, estampillas de correo aéreo, de entrega inmediata, etc.

5. —¿Dónde está el Correo Central?

6. —No está lejos de aquí.

2. Naturally. We have a mailbox where we mail our letters. But we take parcels to the main post office.

3. Who takes them there?

4. Our office boy. He also buys us the many stamps that we need—air mail stamps, special delivery, etc.

5. Where is the main post office?

6. It is not far from here.

LECTURA

Ejercicio No. 106—El cumpleaños de la señora Adams

Es el veintidós de marzo, día del cumpleaños (birthday) de la señora Adams. Hoy cumple (she is) treinta y cinco años. Para celebrar este día, la familia Adams va a cenar (dine) en un restaurante elegante en la calle Cincuenta y Dos (52) en la ciudad de Nueva York.

Cuando entran en el restaurante ven una hermosa canasta llena de (basket full of) rosas rojas en el centro de la mesa reservada para los Adams. Naturalmente la señora Adams está muy sorprendida y le da mil gracias y besos (kisses) a su esposo.

Después de una comida sabrosa, Anita, la hija menor, dice en voz baja (in a low voice) a sus hermanos:—

¡Ya! (Now!) Y cada uno de los cuatro hijos saca (take out) de debajo de la mesa una cajita bonita. Son regalos para su madre.

Anita le da un pañuelo de seda; Rosita, una blusa de algodón; Guillermo, un par de guantes y Felipe, un rebozo (una chal) de lana.

CAPÍTULO 33 (TREINTA Y TRES)

PRIMERA PARTE

El Sr. Adams escribe una carta a su agente

1. El Sr. Adams y el Sr. López están sentados en la sala del primero. Es la última cita antes de la salida del Sr. Adams para México. El Sr. Adams tiene en la mano una copia de su carta a su agente, el Sr. Carrillo, y la respuesta de éste, que acaba de llegar.

2. —Sr. López, voy a leerle mi carta al Sr. Carrillo.

3. —Me gustará mucho oírla.

4. El Sr. Adams lee la carta siguiente:

Nueva York, 4 de mayo de 2004

Sr. Rufino Carrillo
Gante 40
México, D.F., México

Estimado Sr. Carrillo:

Tengo el gusto de informarle que voy a hacer un viaje a México. Saldré de Nueva York por avión el 31 de mayo a las ocho menos cuarto de la mañana y llegaré al aeropuerto de México D.F. a las siete menos cuarto de la tarde. Tengo la intención de quedarme en la capital dos meses. Será un viaje de recreo y también de negocios. Usando la capital como punto de partida, haré viajes a lugares de interés en México. Espero también ir por avión a Guatemala, y tal vez a Colombia.

Siempre lo he apreciado mucho a causa de sus servicios excelentes para nuestra casa y ahora espero aprovechar la oportunidad de conocerlo personalmente. Tenga la bondad de informarme la fecha más conveniente para una cita. Sé que está muy ocupado y que viaja mucho. Por eso le escribo de antemano esperando tener el gusto de verlo.

1. Mr. Adams and Mr. Lopez are seated in the living room of the former. It is the last appointment before the departure of Mr. Adams for Mexico. Mr. Adams has in his hand a copy of his letter to his agent, Mr. Carrillo, and the latter's answer, which has just arrived.

2. Mr. Lopez, I am going to read you my letter to Mr. Carrillo.

3. I will like very much to hear it.

4. Mr. Adams reads the following letter:

New York, May 4, 2004

Mr. Rufino Carrillo
Gante 40
Mexico. D.F., Mexico

Dear Mr. Carrillo:

I am pleased to inform you that I am going to make a trip to Mexico. I will leave New York by plane May 31 at 7:45 A.M. and will arrive at the airport of Mexico City at 6:45 P.M. I intend to remain in the capital two months. It will be a trip for recreation and also for business. Using the capital as a point of departure, I will take trips to places of interest in Mexico. I also hope to go by plane to Guatemala and perhaps to Colombia.

I have always appreciated you very much because of your excellent services for our firm and now I hope to take advantage of the opportunity to meet you personally. I beg you to let me know the most convenient date for an appointment. I know that you are very busy and that you travel a great deal. For that reason I am writing you beforehand, hoping to have the pleasure of seeing you.

Estará sorprendido de saber que desde hace cinco meses tomo lecciones de conversación española. Ud. sabe que yo sabía leer el español bastante bien pero no sabía ni escribirlo ni hablarlo. Esta carta, espero, le mostrará que mi escritura ha mejorado un poco. Espero poder conversar con Ud. en su hermoso idioma. Creo que no tendrá mucha dificultad en entenderme. Mi maestro es el Sr. Eugenio López, compatriota de Ud. Por eso verá que uso muchos mexicanismos típicos.

En espera de sus noticias, lo saludo atentamente.

Juan Adams

5. —Estupendo, Sr. Adams. No hay ninguna falta en toda la carta.

6. —Sr. López, tengo que confesarle algo. Hay un libro titulado *Correspondencia Comercial.* Me ayuda mucho este libro en todas las cosas relacionadas con encabezamientos, saludos, conclusiones y diversas formulas y expresiones de cortesía. Desde luego, tengo que darle mis gracias más sinceras.

7. —Ud. es muy amable. ¿Y ahora me hará el favor de leerme la respuesta que ha recibido del Sr. Carrillo?

8. —Con todo gusto, señor.

Continúa en el capítulo 34

You will be surprised to learn that for five months I have been taking lessons in Spanish conversation. You know that I could read Spanish fairly well but I could neither write it nor speak it. This letter, I hope, will show you that I have made a little progress in writing. I hope to be able to talk with you in your beautiful language. I think you won't have much difficulty in understanding me. My teacher is Mr. Eugene Lopez, a compatriot of yours. For that reason, you will see that I use many typical Mexicanisms.

Looking forward to hearing from you,

John Adams

5. Wonderful, Mr. Adams. There is not a single error in the whole letter.

6. Mr. Lopez, I must confess something to you. There is a book entitled *Commercial Correspondence.* This book helps me a great deal in all matters relating to headings, salutations, conclusions, and various forms and expressions of courtesy. Of course, I must give my most sincere thanks to you.

7. You are very kind. And now, will you kindly read me the answer you have received from Mr. Carrillo?

8. With great pleasure, sir.

Continued in Chapter 34

Pronunciation and Spelling Aids

1. Practice:

a-e-ro-**puer**-to	per-so-nal-**men**-te	en-ten-**der**-me	con-ver-**sar**	o-por-tu-ni-**dad**	co-rres-pon-**den**-cia
a-pre-**cia**-do	con-ve-**nien**-te	com-pa-**trio**-ta	si-**guien**-te	an-te-**ma**-no	en-ca-be-za-**mien**-to
a-pro-ve-**char**	sor-pren-**di**-do	co-mer-**cial**	ser-**vi**-cios	a-de-lan-**ta**-do	con-clu-**sio**-nes

Building Vocabulary

A. Sinónimos:

1. **bello** — hermoso — beautiful
2. **comprender** — entender(ie) — to understand
3. **el idioma** — la lengua — language
4. **mostrar(ue)** — enseñar — to show
5. **por eso** — por lo tanto — therefore
6. **Tenga la bondad de...** — please
   Hágame el favor de... — please
   (*Lit.* have the kindness to; do me the favor to)

B. Palabras Relacionadas

1. la mano	the hand	5. a la izquierda	to the left
2. la mano derecha	the right hand	6. de antemano	beforehand
3. la mano izquierda	the left hand	7. hecho a mano	handmade
4. a la derecha	to the right		

Expresiones Importantes

A. Salutation: Business Letters

1. **Estimado Sr. Adams:** Dear Mr. Adams:

2. **Estimados señores:** Dear Gentlemen:

3. **Estimada señora:** Dear Madame:

B. Conclusion: Business Letters

En espera de sus gratas noticias, quedo de Ud.   Awaiting your kind reply, I remain yours

Ejercicio No. 107—Completion of Text

1. **Voy** (to read to you) **mi carta.**
2. (I will be very glad) **oírla.**
3. **Tengo el gusto** (to inform you) **que saldré el 31 de mayo.**
4. **Siempre** (I have appreciated you).
5. (Kindly) **informarme de la fecha** (most convenient).
6. **Sé que Ud. está** (very busy).
7. (Therefore) **le escribo** (in advance).
8. **Espero tener el gusto** (of seeing you).
9. **Esta carta** (will show you) **que he adelantado.**
10. **Ud. no tendrá dificultad** (in understanding me).
11. (There is not any) **falta en la carta.**
12. **Un libro** (called) **Correspondencia Comercial** (helps me) **mucho.**
13. **Tengo que** (give my sincere thanks to you).
14. (You are very kind.)
15. ¿(Will you kindly) **leerme la respuesta?**

SEGUNDA PARTE

Grammar Notes

1. The Indirect Object.

As in English, the indirect object is the *to* (sometimes *for*) object. It indicates the person or persons *to* whom, sometimes *for* whom, the action is performed.

Escribo una carta *a* mi agente.   I write a letter *to* my agent.

2. The Indirect Object Pronouns.

Observe the indirect object pronouns in the following sentences.

Carlos *me* da el vaso.	Charles gives *me* the glass.
Juan *te* escribe una carta.	John writes *you* (fam.) a letter.
Pablo *le* da (*a Ud.*) el dinero.	Paul gives *you* the money.
Ana *le* lleva (*a él*) la silla.	Anna brings *him* the chair.
Yo *le* leo (*a ella*) el cuento.	I read *her* the story.
El maestro *nos* da la lección.	The teacher gives *us* the lesson.

La criada *les* da (*a Uds.*) los platos.	The servant gives *you* the plates.
Nosotros *les* vendemos (*a ellos*) el auto.	We sell *them* (*m.*) the auto.
Los niños *les* traen (*a ellas*) las flores.	The children bring *them* (*f.*) the flowers.

a. The Indirect Object Pronouns Are:

me (*to*) me	**le...a Ud.** (*to*) you	**les...a Uds.** (*to*) you
te (*to*) you (*fam.*)	**le...a él** (*to*) him	**les...a ellos** (*to*) them (*m.*)
nos (*to*) us	**le...a ella** (*to*) her	**les...a ellas** (*to*) them (*f.*)
os (*to*) you (*fam. pl.*)		

b. The Indirect Object Pronouns, **me**, **te**, **nos**, and **os** are like the direct object pronouns.

c. The indirect object pronoun **le** can mean *to you, to him,* or *to her*. The indirect object pronoun **les** can mean *to you* (*pl.*), *to them* (*m.*), or *to them* (*f.*).

If necessary to make the meaning clear, add: **a Ud., a él, a ella, a Uds., a ellos,** or **a ellas,** immediately after the verb.

d. Like the direct object, the indirect object precedes the verb, except when used with the infinitive, the present participle, or the affirmative imperative.

¡OJO! Direct and indirect object pronouns, as well as reflexive pronouns, must follow affirmative commands and present participle or infinitive, and be attached to them. In order to maintain the original stress of the verb form, an accent mark is added to the stressed vowel if the original command has two or more syllables.

Example: Está comprando un abrigo para Juan = está comprándole un abrigo.

¡Compre un abrigo para Juan! = ¡Cómprele un abrigo!

3. Familiar Verbs Which May Take Indirect Objects

dar	to give	**mandar**	to send	**leer**	to read
enseñar	to show, teach	**llevar**	to bring	**escribir**	to write
mostrar (ue)	to show	**traer**	to bring	**decir**	to say
enviar	to send	**entregar**	to deliver		

4. Indirect Objects with **gustar, parecer, importar**.

a. **gustar**, to be pleasing to, to like

Me gusta el cuento.	I like the story. (*Lit.* To me is pleasing the story.)
¿Les gustan a Uds. los cuentos?	Do you like the stories?

b. **parecer** to seem

Me parece bien. It seems (is) all right to me. **Le parece bien a ella.** It seems (is) all right to her.

c. **importar** to be important to (another meaning of **importar**)

No nos importa.	It is not important to us. It does not concern us.
No les importa (a ellos).	It is not important to them. It does not concern them.

Ejercicios No. 108A-108B

108A. Translate:

1. Le dará Ud. las naranjas (a él).
2. Lléveme los zapatos a la zapatería.
3. Tenga la bondad de leernos la carta.
4. Cuanto antes le escribiré a ella una carta.
5. ¿Me enseñará Ud. las palabras nuevas?
6. No podemos mandarles a Uds. el dinero.

7. ¿Quién nos leerá el cuento?
8. Dígame, ¿qué hace María en la cocina?
9. No me gustará la corrida de toros.
10. ¿Le parece bien esa fecha?
11. Me parece bien.
12. No me importan estas cosas.

108B. Complete the Spanish sentences, filling in the correct indirect object pronouns, so that the Spanish sentences correspond exactly to the English.

Remember: **le** = to you (*sing.*), to him, to her; **les** = to you (*plur.*), to them (*m.* and *f.*)

Ejemplo: I am writing *you* a letter.　　　　*Le* escribo una carta.

1. Will you give *him* the money?
2. They bring *us* the clothing.
3. Will you teach *her* the lesson?
4. I like *your* hats.
5. They like *your* garden.
6. Tell *me* the truth.
7. It's of no concern *to them*.
8. The ticket-seller will give *you* (*pl.*) the tickets.
9. *I* like sweets.
10. Their parents are buying *them* the toys.
11. I shall speak to *you* on the telephone, Henry.
12. I am bringing *you* the umbrella, sir.
13. Bring *us* the coffee, please.
14. It seems good *to me*.
15. They seem good *to us*.

1. ¿_____ dará Ud. el dinero?
2. _____ traen la ropa.
3. ¿_____ enseñará Ud. la lección?
4. _____ gustan tus sombreros.
5. _____ gusta (a ellos) su jardín.
6. Díga_____ la verdad.
7. No_____ importa (a ellos).
8. El boletero_____ dará los boletos.
9. _____ gustan los dulces.
10. Sus padres están comprando_____ los juguetes.
11. _____ hablaré por teléfono, Enrique.
12. Estoy trayendo_____ a Ud. el paraguas, señor.
13. Tráiga_____ el café, por favor.
14. _____ parece bien.
15. _____ parecen bien.

Ejercicio No. 109—Preguntas

1. ¿Dónde están sentados los dos señores?
2. ¿Qué tiene en la mano el señor Adams?
3. ¿Qué va a leerle al Sr. López?
4. ¿A quién le gustará mucho oírla?
5. ¿Cuál es la fecha de la carta?
6. ¿A quién le escribe la carta el Sr. Adams?
7. ¿Qué forma de saludo usa el Sr. Adams?
8. ¿Quién irá de viaje a México?
9. ¿Cuándo saldrá el Sr. Adams de Nueva York?
10. ¿Cuándo llegará al aeropuerto de México D. F. ?
11. ¿Cuánto tiempo se quedará en la capital?
12. ¿Adónde hará viajes?
13. ¿Adónde irá tal vez por avión?
14. ¿De quién ha apreciado los servicios el Sr. Adams?
15. ¿A quién quiere conocer personalmente?

Acabo de aprender la expresión «Tenga la bondad de…»

Es muy útil cuando quieres pedir un favor.

PRIMERA PARTE

El señor Adams recibe una carta.

El Sr. Adams tiene en la mano la respuesta que acaba de recibir de su agente, el Sr. Carrillo. Está leyéndola.

1. Estimado señor:

2. Le agradezco mucho su carta del 4 de mayo en la que me informa de su visita a México.

3. Tengo el gusto de informarle que estaré en la capital durante los meses de junio y julio y quiero aprovechar la oportunidad de ponerme enteramente a sus órdenes.

4. Tendré el gran placer de recibirlo en el aeropuerto el 31 de mayo a las siete menos cuarto de la tarde. Espero poder facilitar su estancia en esta capital tanto en las diversiones como en los negocios.

5. Con mucho gusto conversaré con Ud. en español y estoy seguro de que Ud. lo habla perfectamente. Por cierto, lo escribe sumamente bien. Quiero felicitarlos a Ud. y a su maestro, el Sr. López. Puesto que es mexicano, entiendo bien que Ud. usará muchos modismos mexicanos. ¿Y por qué no?

6. Esperando la pronta oportunidad de conocerlo, lo saludo muy atentamente.

Rufino Carrillo

7. —Es una carta muy amable—dice el señor López. —Hasta ahora Ud. ha conocido y ha apreciado al señor Carrillo solamente como un buen representante. Sin duda alguna, Ud. verá que es también muy simpático, como tantos mexicanos. Perdóneme si estoy orgulloso de mi pueblo. Pero Ud. verá por sí mismo.

Mr. Adams has in his hand the reply that he has just received from his agent, Mr. Carrillo. He is reading it.

1. Dear Sir:

2. Thank you for your letter of May 4 in which you inform me of your visit to Mexico.

3. I take pleasure in informing you that I shall be in the capital during the months of June and July and I want to take advantage of the opportunity to put myself entirely at your service.

4. I will take great pleasure in greeting you at the airport on May 31 at 6:45 P.M. I hope to be able to facilitate your stay in this capital in matters of diversion as well as in matters of business.

5. With much pleasure, I will talk with you in Spanish and I am sure that you speak it perfectly. Indeed you write it extremely well. I want to congratulate you and your teacher, Mr. Lopez. Since he is Mexican, I understand very well that you will use many Mexican idioms. And why not?

6. Looking forward to meeting you soon, I remain, sincerely yours.

Rufino Carrillo

7. "It is a very kind letter," says Mr. Lopez. "Until now you have known and appreciated Mr. Carrillo only as a good representative. Without any doubt, you will find that he is also very nice like so many Mexicans. Pardon me if I am proud of my people. But you will see for yourself."

8. —Estoy seguro de que estaré muy contento entre la gente de México. Y lo mejor es que podré hablar con ellos en su propio idioma.

9. —Claro está. Pues, Sr. Adams, el martes que viene es nuestra última cita antes de su salida para México. Nos veremos en su oficina, ¿verdad?

10. —Sí. ¿Y me dará algunos últimos consejos?

11. —Con mucho gusto, Sr. Adams.

8. I am sure that I will be very happy among the people of Mexico. And the best is that I shall be able to speak to them in their own language.

9. Very true. Well, Mr. Adams, next Tuesday is our last appointment before your departure for Mexico. We shall meet in your office, shall we not?

10. Yes, and will you give me some final advice?

11. With great pleasure, Mr. Adams.

Pronunciation and Spelling Aids

1. Practice:

a-gra-de-**ci**-do	es-**tan**-cia	su-ma-**men**-te	re-pre-**sen**-to
a-pro-ve-**char**	di-ver-**sio**-nes	fe-li-ci-**tar**-los	per-**dó**-ne-me
en-te-ra-**men**-te	per-fec-ta-**men**-te	a-pre-**cia**-do	or-gu-**llo**-so

Building Vocabulary

Sinónimos:

1. **informar—avisar**   to inform
2. **enteramente—completamente**   entirely
3. **tendré gran placer en—me gustará mucho**   I shall be pleased to
4. **discúlpeme—perdóneme**   pardon me

Expresiones Importantes

A.
1. **aprovechar la oportunidad de**   to take advantage of the opportunity to
2. **esperando la pronta oportunidad de conocerlo**   looking forward to meeting you soon
3. **Lo/la saludo atentamente**   Sincerely yours
4. **le agradezco mucho**   I thank you very much
5. **lo mejor es, lo peor es**   the best is, the worst is
6. **quiero felicitarle**   I want to congratulate you
7. **sin duda alguna**   without any doubt
8. **Tengo el gusto de informarle**   I am pleased to inform you

B. Greetings: Letters to Friends

Querido Pablo; Querida Elena   Dear Paul; Dear Ellen
Querido amigo; Querida amiga   Dear Friend
Estimada amiga Estimado amigo   Esteemed Friend

C. Conclusions: Letters to Friends

Su sincero amigo, Su sincera amiga   Your sincere friend
Sinceramente, Afectuosamente   Sincerely, Affectionately
Lo saluda cordialmente su amigo(a)   Cordial greetings from your friend
Reciba un abrazo de su amigo(a)   Receive an embrace from your friend

NOTE: Querido(a) is for relatives and very intimate friends. It is not used freely like the English *Dear*, which is the form of address even for business letters.

Ejercicio No. 110—Completion of Text

A. Complete these sentences by translating all English words into Spanish.

1. **El Sr. Adams tiene** (a letter in his hand).
2. (I am much obliged) **por su carta del 4 de mayo.**
3. **Ud. tiene la bondad** (to inform me) **de su visita a México.**
4. (I shall take great pleasure) **en recibirlo en el aeropuerto.**
5. (I shall converse) **con Ud. en español.**
6. **Quiero** (to congratulate you) **a Ud. y a su maestro.**
7. (I understand very well) **que Ud. usará modismos mexicanos.** (Why not?)
8. (Without any doubt) **Ud. verá que el Sr. Carrillo es** (very congenial).
9. (Pardon me). **Estoy muy** (proud) **de mi pueblo.**
10. **Ud. verá** (for yourself) **que los mexicanos son** (very nice).
11. (I am sure) **de que** (I will be able) **hablar con ellos en su propio idioma.**
12. (The best is) **que puedo hablar español.**
13. (The worst is) **que Ud. no puede ir conmigo.**
14. (Each other) **veremos en su oficina.**
15. **Le daré a Ud.** (some final advice).

SEGUNDA PARTE

Grammar Notes

1. Use of **hacer** in Time Expressions.

   a. **¿Cuánto tiempo hace que Ud. estudia español?**   How long have you been studying Spanish?
      (*Lit.* How much time does it make that you are studying Spanish?)

   b. **Hace cinco meses que estudio español.**   I have been studying Spanish for five months.
      (It makes five months that I am studying Spanish.)

   c. **Estudio español hace cinco meses.**   I have been studying Spanish for (since)
      (I am studying Spanish it makes five months.)   five months.

   To express an action which began in the past and is still going on, the Spanish uses **hace** (it makes), plus an expression of time, plus **que**, plus the present tense of the verb (ex. b).

   If the hace expression comes after the verb, **que** is omitted (ex. c).

2. Use of the Definite Article in Place of the Possessive Adjective.

   1. **El señor tiene una carta en la mano.**   The gentleman has a letter in his hand.
   2. **Ana se pone el sombrero en la cabeza.**   Anna puts her hat on her head.

   The definite article is used instead of the possessive adjective with parts of the body and clothing when there is no doubt who is meant.

3. Reflexive Pronouns with a Reciprocal Meaning.

   Nos veremos.   We shall see each other.
   No se conocen el uno al otro.   They do not know each other.
   Juana y Ana se admiran la una a la otra.   Jane and Anna admire each other.

a. When the reflexive pronoun is used with a reciprocal meaning, **el uno al otro (la una a la otra)**, *one another*, may be added for clarity.

Ejercicios No. 111A-111B-111C

111A. Complete these sentences by putting the English words into Spanish.

Ejemplo: 1. ¿Cuánto tiempo hace que Ud. estudia el español?

1. ¿(How long) **hace que Ud. estudia español?**
2. (For six months) **que estudio español.**
3. (For ten years) **que el Sr. López es profesor.**
4. (For 45 minutes) **que esperamos.**
5. (For three days) **que mi madre está enferma.**
6. **Hace seis meses que** (I have known him).
7. **Hace cinco semanas que** (they have lived in this house).
8. **Hace tres horas que los niños** (have been in the cinema).
9. **Hace diez años que** (he has been in this country).
10. **Hace cinco días que** (I have been here).

111B. Change the following affirmative commands into negative commands.

Remember: 1. In affirmative commands object pronouns follow the verb.
2. In negative commands they precede it.

Ejemplo: Déme el libro. No me dé el libro.

1. **Pónganlos en la mesa.**
2. **Escríbales las cartas.**
3. **Tráiganlos a la casa.**
4. **Dígame las respuestas.**
5. **Mándele los artículos.**
6. **Lléveme la carne y el pescado.**
7. **Déme un boleto de ida y vuelta.**
8. **Cómpreme una bolsa de cuero.**
9. **Léanles todos los cuentos.**
10. **Véndale el automóvil.**

Remember: 1. The singular imperative of **dar, dé Ud.**, takes an accent mark to distinguish it from **de** (of).
2. When writing the negative form of the imperative, remember to drop the accent mark..

111C. Answer the following questions in the future with both **sí** and **no**. Use an object pronoun in each answer.

Remember: If the question has **Ud.** as subject, the answer has **(yo)** as subject; if the question has **Uds.**, the answer has **(nosotros)**.

| Ejemplos: | ¿Comerá Ud. la carne? | Sí, la comeré | No, no la comeré. |
| | ¿Comerán Uds. la carne? | Sí, la comeremos. | No, no la comeremos. |

1. ¿Visitará Ud. el museo?
2. ¿Escribirá Ud. la carta?
3. ¿Comprará Ud. el coche?
4. ¿Traerá Ud. los cestos?
5. ¿Tomará Ud. el té?
6. ¿Pedirán Uds. los boletos?
7. ¿Venderán Uds. la casa?
8. ¿Querrán Uds. las frutas?
9. ¿Seguirán Uds. a sus amigos?
10. ¿Repetirán Uds. las preguntas?

Ejercicio No. 112—Preguntas

1. ¿Qué acaba de recibir el Sr. Adams?
2. ¿Cuándo estará en la capital el Sr. Carrillo?
3. ¿Dónde esperará al Sr. Adams?
4. ¿En qué idioma conversará con él?
5. ¿A quiénes quiere felicitar el Sr. Carrillo?
6. ¿Qué entiende bien?
7. ¿Quién está orgulloso de su pueblo?
8. ¿Qué verá el Sr. Adams por sí mismo?
9. ¿Cuándo será la última cita de los dos señores?
10. ¿Dónde se verán?

CAPÍTULO 35 (TREINTA Y CINCO)

PRIMERA PARTE

Los consejos del señor López

1. Hace calor en la oficina del señor Adams. No hace viento. Por la ventana abierta se oye el ruido de la calle.

2. —Me alegro de salir de la ciudad—le dice el señor Adams al señor López.

3. —Tengo ganas de acompañarlo—contesta el señor López.

4. —¿No puede ir conmigo?

5. —Desgraciadamente, no es posible.

6. —Por lo menos, ¿me hace el favor de darme algunos últimos consejos? ¿Es muy distinta la vida en México de la vida en los EE.UU.?

7. —Sí, señor Adams, hay muchas costumbres diferentes. En general, la vida en México es más formal. Son muy importantes las formalidades. Y eso de la cortesía, yo creo, tiene un significado profundo. Quiere decir que cada hombre es digno de respeto.

8. —Es verdad—responde el señor Adams.

9. —He notado que entre los negociantes también hay más formalidad en México que en los EE.UU. Les gusta platicar un rato acerca de otras cosas antes de emprender un negocio. Quieren llegar a conocerse el uno al otro.

10. —Estaré muy contento allí.

11. —Como le he dicho hace algún tiempo, hay que acostumbrarse a la altura. Al principio es mejor no apresurarse.

12. —Se dice que en general la vida es más tranquila allí. Espero que sí. Estoy cansado de estar de prisa.

13. —A propósito, Sr. Adams, ¿ha leído los libros sobre México que le he recomendado?

1. It is hot in Mr. Adams's office. There is no wind. Through the open window are heard the noises of the street.

2. "I am happy to leave the city," says Mr. Adams to Mr. Lopez.

3. "I feel like going with you," answers Mr. Lopez.

4. Can you not go with me?

5. Unfortunately, it is not possible.

6. At least, will you please give me some final advice? Is life in Mexico very different from life in the United States?

7. Yes, Mr. Adams, there are many different customs. In general, life in Mexico is more formal. The formalities are very important. And the matter of courtesy, I think, has a profound significance. It means that every man is worthy of respect.

8. "That is true," answers Mr. Adams.

9. I have noticed that among businessmen too there is more formality in Mexico than in the United States. They like to chat a little about other things before taking up business. They want to get to know one another.

10. I shall be very happy there.

11. As I told you some time ago, one must get used to the altitude. At first it is better not to hurry.

12. They say that in general life is more tranquil there. I hope so. I am tired of being in a hurry.

13. By the way, Mr. Adams, have you read the books on Mexico which I have recommended to you?

14. —Sí, los he leído todos. Me han sido muy útiles e interesantes. Pero me gusta sobre todo «Mexican Folkways» por Frances Toor. También he leído el excelente librito «Mexico por Motor» publicado por la Asociación Automovilística de América.

15. —Bueno. Le he dicho muchas veces que Ud. se harà entender bien en México. En cuanto a mí, pasaré el verano en Nueva York. He gozado de nuestras conversaciones y voy a echarlo de menos.

16. —Pensaré en Ud. a menudo y le escribiré de vez en cuando.

17. —Me gustará mucho recibir sus cartas desde México. Pues bien, tenemos que despedirnos. Hágame el favor de saludar de mi parte a la señora Adams y a sus hijos.

18. —Gracias y mucha suerte, Sr. López.

19. —Buen viaje, Sr. Adams.

Se dan la mano.

14. Yes, I have read them all. They have been very useful and interesting to me. But I like most of all "Mexican Folkways" by Frances Toor. I have read the excellent booklet *Mexico by Motor*, published by the Automobile Association of America.

15. Good. I have said many times that you will get along well in Mexico. As for me, I shall spend the summer in New York. I have enjoyed our conversations and I am going to miss you.

16. I shall think of you often and I shall write you from time to time.

17. I shall be glad to receive your letters from Mexico. Well then, we have to take leave of each other. Kindly give my regards to Mrs. Adams and to your children.

18. Thank you and good luck, Mr. Lopez.

19. Happy voyage, Mr. Adams.

They shake hands.

Pronunciation and Spelling Aids

1. Practice:

vien-to	des-gra-cia-da-**men**-te	for-ma-li-**dad**	des-pe-**dir**-nos	cre-**í**-do
rui-dos	cor-te-**sí**-a	a-cos-tum-**brar**-se	le-**í**-do	o-**í**-do
a-com-pa-**ñar**-lo	sig-ni-fi-**ca**-do	a-pre-su-**rar**-se	ca-**í**-do	

2. The combinations (diphthongs) **ai**, **oi**, and **ei** become separate vowels, **a-í**, **o-í**, and **e-í**, when the **í** has an accent mark.

Building Vocabulary

A. Sinónimos

1. alegrarse (de)   estar contento (de)   to be happy (to)
2. a menudo   muchas veces   often
3. estar de prisa   tener prisa   to be in a hurry
4. hay que   es necesario   it is necessary, one must

Expresiones Importantes

1. en cuanto a mí   as for me
2. Espero que sí.   I hope so.
3. Espero que no.   I hope not.
4. He gozado de nuestras conversaciones.   I have enjoyed our conversations.
5. Voy a echarlo de menos.   I am going to miss you.
6. hacerse entender   to get along

Ejercicio No. 113—Completion of Text

1. (I am glad) **salir de la ciudad.**
2. (I feel like) **de acompañarlo.**
3. (At least) **hágame el favor de** (to give me) **algunos consejos.**
4. (The matter of courtesy) **tiene un significado profundo.**
5. (It means) **que cada hombre** (is worthy) **de respeto.**
6. (They like) **platicar un rato** (about) **otras cosas.**
7. **Quieren llegar a** (to know each other).
8. (As I have told you) **es mejor no apresurarse.**
9. (People say) **que en general la vida es más tranquila.** (I hope so).
10. **Estoy cansado** (of being in a hurry).
11. ¿(Have you read) **los libros sobre México?**
12. (As for me) **me quedaré aquí en Nueva York.**
13. (I have enjoyed) **de nuestras conversaciones.**
14. **Tenemos que** (take leave of each other).
15. **They shake hands.**

SEGUNDA PARTE

Grammar Notes

1. The Present Perfect Tense—Model Verbs: **hablar**, **aprender**, **vivir**. This is one of the tenses used to indicate past time.

SINGULAR

	he hablado (aprendido, vivido)	I have spoken (learned, lived)
	has hablado (aprendido, vivido)	you have spoken (learned, lived)
Ud.	**ha hablado (aprendido, vivido)**	you have spoken (learned, lived)
	ha hablado (aprendido, vivido)	he, she, it has spoken (learned, lived)

PLURAL

	hemos hablado (aprendido, vivido)	we have spoken (learned, lived)
	habéis hablado (aprendido, vivido)	you have spoken (learned, lived)
Uds.	**han hablado (aprendido, vivido)**	you have spoken (learned, lived)
	han hablado (aprendido, vivido)	they have spoken (learned, lived)

a. As in English, the present perfect tense in Spanish is formed by the present tense of the auxiliary (helping) verb, **haber** (*to have*) plus the past participle of the verb.

b. The endings of the auxiliary verb **haber** are: singular -**e**, -**as**, -**a**; plural -**emos**, -**éis**, -**an**. You have learned that these are also the endings in the future tense (See **Capítulo 31**). In the future, however, all the endings except -**emos** have an accent mark.

c. To form the regular past participle of an -**ar** verb, drop the -**ar** and add -**ado**. To form the past participle of an -**er** or -**ir** verb, drop the -**er** or -**ir** and add -**ido**. Example: **hablar->hablado; vender-> vendido; vivir-> vivido.**

d. The subject may never, as in English, come between the auxiliary verb and the past participle. Object pronouns precede the auxiliary verb.

¿Ha escrito Carlos la carta?   Has Charles written the letter?
Sí, la ha escrito.   Yes, he has written it.

2. The Past Participles of Some Familiar Verbs

he comprado	I have bought	**he querido**	I have wished
he enseñado	I have taught	**he vendido**	I have sold
he tomado	I have taken	**he comido**	I have eaten
he trabajado	I have worked	**he bebido**	I have drunk
he andado	I have walked	**he tenido**	I have had
he deseado	I have wanted	**he sido**	I have been
he pasado	I have passed	**he ido**	I have gone
he estado	I have been	**he venido**	I have come

3. Past Participles with an Accent Mark

When the stem of the verb ends in a vowel, the i of -ido has an accent mark.

he leído (le-í-do)	I have read	**he traído (tra-í-do)**	I have brought
he caído (ca-í-do)	I have fallen	**he creído (cre-í-do)**	I have believed
he oído (o-í-do)	I have heard		

4. Irregular Past Participles

Most past participles are regular. The most common irregulars are:

abrir	he *abierto*	I have opened	**poner**	he *puesto*	I have put
cubrir	he *cubierto*	I have covered	**ver**	he *visto*	I have seen
decir	he *dicho*	I have said	**volver**	he *vuelto*	I have returned
escribir	he *escrito*	I have written	**morir**	ha *muerto*	he has died
hacer	he *hecho*	I have done	**romper**	he *roto*	I have broken

NOTE: the proverb (**refrán**): **Dicho y hecho**—No sooner said than done. *Lit.* Said and done.

5. haber and tener

haber, to have, as you have seen, is used as an auxiliary verb to form the present perfect tense.
tener, to have, means *to possess*. It is never used as an auxiliary verb.

He vendido la casa.	I have sold the house.	**Tengo una casa.**	I have (possess) a house.
He tenido una casa.	I have had (possessed) a house.		

Ejercicios No. 114A-114B-114C

114A. Translate:

1. **Hemos tenido un buen viaje.**
2. **Los jarros han caído en el suelo.**
3. **No han dicho nada.**
4. **¿Qué ha hecho Pablo con el dinero?**
5. **Nadie ha abierto las puertas.**
6. **No hemos leído esos diarios.**
7. **¿Han estado Uds. en el cine?**
8. **¿Ha estado enferma la niña?**
9. **Nunca he creído ese cuento.**
10. **¿Qué han dicho ellos?**

114B. Translate:

1. I have noticed
2. He has said
3. They have not read
4. (**ser**) They have been
5. (**estar**) We have been

6. I have not worked
7. Have you taught (**Ud.**)?
8. Who has not written?
9. What have you done (**Uds.**)?
10. You (**tú**) have opened.

11. What has John said?
12. She has taken
13. I have not believed
14. We have heard
15. Have you (**Uds.**) heard?

114C. Change the following sentences 1. to the future. 2. to the present perfect. Do not change the subject.

Ejemplo: Compro un sombrero. Compraré un sombrero. He comprado un sombrero.

1. El Sr. García vende su casa.
2. Trabajo en la ciudad.
3. Escribimos una carta.
4. Leen las revistas.
5. ¿Cena Ud. a las ocho?

6. Tú no aprendes la lección.
7. ¿Busca el niño a su madre?
8. ¿Compran Uds. zapatos nuevos?
9. Salgo de la ciudad.
10. Entran en la casa.

Ejercicio No. 115—Preguntas

1. ¿Dónde se encuentran los señores Adams y López?
2. ¿Qué tiempo hace?
3. ¿Qué se oye por la ventana?
4. ¿Quién se alegra de irse de la ciudad?
5. ¿Quién tiene ganas de acompañar al Sr. Adams?
6. ¿Qué responde el Sr. López a la pregunta: ¿No puede Ud. ir conmigo?
7. ¿Es la vida en México más formal que la vida en Estados Unidos?

8. ¿Qué quiere decir la importancia de la cortesía en México?
9. ¿Qué ha notado el Sr. López entre los negociantes?
10. ¿Quién está cansado de estar de prisa?
11. ¿Quién ha leído libros sobre México?
12. ¿Quién ha recomendado estos libros?
13. En cuanto al Sr. López, ¿dónde pasará el verano?
14. ¿En quién pensará a menudo el Sr. Adams?
15. ¿Le escribirá cartas al Sr. López de vez en cuando?

La mayoría de los participios son regulares en español.

Algunos de los participios pasados irregulares más comunes son de los verbos «abrir», «poner» y «cubrir».

CAPÍTULO 36 (TREINTA Y SEIS)

PRIMERA PARTE

El señor Adams sale para México

1. Hace cinco meses que el señor Adams estudia español. Ha pasado muchas horas en conversación con su maestro, el señor López. También ha aprendido la gramática necesaria y ha leído mucho sobre México e Hispanoamérica. Verdaderamente ha trabajado mucho. Ahora habla español bastante bien y espera hacerse entender muy bien en México.

2. El señor Adams ha conseguido los boletos para el vuelo, el pasaporte, y el permiso de entrada mexicano. Necesita todo esto porque está en viaje de negocios así como en viaje de recreo. Un turista necesita solamente el pasaporte. Desde luego, el señor Adams ha escrito una carta a su agente en México haciéndole saber la hora de llegada del avión en la capital. Este ha prometido recibirlo en el aeropuerto.

3. Al fin llega el 31 de mayo, día de la salida. El avión del señor Adams sale del Aeropuerto Internacional a las ocho menos cuarto de la mañana. El tiene que estar en el aeropuerto dos horas antes para pasar por la seguridad y el control de pasaportes, mostrar su boleto y hacer pesar su equipaje. La familia no va a acompañarlo a México porque los hijos tienen que terminar el año escolar y su esposa tiene que quedarse en casa para cuidarlos. Además, viajar con cuatro niños de cinco a diez años de edad no es solamente difícil sino también bastante caro.

4. Por supuesto, toda la familia está muy animada. Los niños no han dormido mucho y a las cinco de la mañana todos están despiertos.

1. Mr. Adams has been studying Spanish for five months. He has spent many hours in conversation with his teacher, Mr. Lopez. He has also learned the necessary grammar and has read a great deal about Mexico and Hispanic-America. He really has worked very hard. Now he speaks Spanish well enough and he expects to make himself understood very well in Mexico.

2. Mr. Adams has obtained the tickets for the flight, his passport, and the Mexican entry permit. He needs all this because he is on a business trip as well as a recreational trip. A tourist needs only a passport. Of course, Mr. Adams has written a letter to his agent in Mexico letting him know the time of arrival of the plane at the capital. The latter has promised to meet him at the airport.

3. At last May 31st, the day of departure, arrives. Mr. Adams's plane leaves the International Airport at a quarter to eight in the morning. He must be at the airport two hours earlier to go through the security and passport control, show his ticket, and have his baggage weighed. His family is not going with him to Mexico because his children have to finish the school year and his wife has to remain at home to take care of them. Besides, traveling with four children from five to ten years of age is not only difficult but quite expensive.

4. Of course the whole family is very excited. The children have not slept very much and at five in the morning all are awake.

5. A las seis de la mañana la familia entera está lista para salir para el aeropuerto. El señor Adams ha hecho dos maletas y las pone en el auto. Entonces todos suben al automóvil, que se pone en marcha y llega al aeropuerto a eso de las siete.

5. At six in the morning the whole family is ready to leave for the airport. Mr. Adams has packed two valises and puts them in the auto. Then all get into the automobile which starts off and arrives at the airport at about seven.

6. Entonces el señor Adams se despide de su esposa y de sus hijos, que le desean un buen viaje. El señor Adams hace revisar su boleto y hace pesar su equipaje. Tiene que pagar setenta dólares de exceso porque el peso total excede las 66 libras permitidas gratis. Sube al avión A las ocho menos cuarto en punto éste se despega.

6. Then Mr. Adams says good-bye to his wife and children, who wish him a happy voyage. Mr. Adams has his ticket checked and has his baggage weighed. He has to pay seventy dollars extra because the total weight exceeds the 66 pounds allowed free. He boards the plane. At 7:45 sharp, it departs.

7. El señor Adams está en camino.

7. Mr. Adams is on his way.

Pronunciation and Spelling Aids

1. Practice:

ver-da-de-ra-**men**-te	le-**í**-do	pro-me-**ti**-do	cer-ti-fi-**ca**-do	re-vi-**sar**	se des-**pi**-de
pa-**sa**-do	**he**-cho	dor-**mi**-do	re-qui-**si**-to	ha-**cién**-do-le	e-qui-**pa**-je
a-pren-**di**-do	con-se-**gui**-do	des-**pier**-to	va-**cu**-na	des-pe-**dir**-se	ae-ro-**puer**-to

Building Vocabulary

Antónimos

1. **empezar (ie)**	to begin	**acabar, terminar**	to finish
2. **abrir**	to open	**cerrar**	to close
3. **abierto**	open	**cerrado**	closed
4. **acostarse (ue)**	to go to bed	**levantarse**	to get up
5. **dormir**	to sleep	**estar despierto**	to be awake
6. **dormirse**	to go to sleep	**despertarse**	to wake up
7. **despedirse(i) (de)**	to take leave (of)	**saludar (a)**	to greet
8. **llegar (a)**	to arrive (at)	**salir (de)**	to leave (from)
9. **la llegada**	the arrival	**la salida**	the departure
10. **suben al auto**	they get into the auto	**bajan del auto**	they get out of the auto

Expresiones Importantes

1. **cuidar a los niños**	to take care of the children
2. **haciéndole saber**	letting him know
3. **hacer una maleta**	to pack a suitcase
4. **no solamente...sino también**	not only...but also
5. **quedarse en casa**	to remain at home
6. **hacerse entender**	to get along

Ejercicio No. 116-Completion of Text

1. (For five months) **que el Sr. Adams estudia el español.**
2. **El Sr. Adams** (has obtained) **los boletos.**
3. (Of course) **el Sr. Adams ha escrito a su agente.**
4. (Finally) **llega el 31 de mayo.**
5. **La familia no va** (to accompany him).
6. **Viajar con cuatro niños** (is not only) **difícil** (but also) **bastante caro.**
7. **La familia** (is ready) **para salir**
8. **El Sr. Adams** (has packed two suitcases).
9. **Todos** (get into the automobile).
10. (It starts off) **y llega al aeropuerto** (at about) **las diez.**
11. **El peso total** (of his baggage) **excede** 66 (pounds).
12. **Por eso** (he has to) **pagar setenta dólares extra.**
13. **El negociante** (takes leave of) **su esposa y de sus hijos.**
14. (At 11 o'clock sharp) **se despega el avión.**
15. Mr. Adams is on his way.

SEGUNDA PARTE

Grammar Notes

1. Present Tense of **dormir (ue)** to sleep, **despedirse (i)** to take leave

I sleep, etc.

duermo	dormimos
duermes	dormís
duerme	duermen

IMPERATIVE

duerma Ud.	duerman Uds.

I take leave, etc.

me despido	nos despedimos
te despides	os despedís
se despide	se despiden

IMPERATIVE

despídase Ud.	despídanse Uds.

2. Present Perfect of **dormir (ue)** and **despedirse (i)**

I have slept, etc.

he dormido	hemos dormido
has dormido	habéis dormido
ha dormido	han dormido

I have taken leave, etc.

me he despedido	nos hemos despedido
te has despedido	os habéis despedido
se ha despedido	se han despedido

In the present perfect tense of a reflexive verb, the reflexive pronoun must precede the auxiliary verb.

No me he lavado.   I have not washed myself.   **¿Se ha lavado Ud.?**   Have you washed yourself?

3. Past Participles Used as Adjectives.

Study the following expressions, noting in each a past participle used as an adjective.

1. **el libro abierto**   the open book
2. **el libro está abierto.** The book is open.
3. **la ventana cerrada**   the closed window
4. **La ventana está cerrada.** The window is closed.

a. Past participles may be used as adjectives. Like other adjectives they agree in number and gender with the nouns they modify.

b. Past participles as predicate adjectives are generally used with **estar.**

Ejercicios No. 117A-117B-117C

117A. Translate:

1. Estamos comenzando la lección.
2. Hemos comenzado el ejercicio.
3. No me acuerdo de él.
4. Me he acordado de ella.
5. ¿Están sentándose?
6. ¿Se han sentado?
7. ¿Están repitiendo Uds. las palabras?
8. ¿Han repetido Uds. las palabras?
9. La criada está poniendo la mesa.
10. La criada no ha puesto la mesa.
11. La mesa está puesta.
12. Ella está sirviendo el café.
13. Ella ha servido el té.
14. ¿Qué frutas prefiere Ud.?
15. ¿Qué frutas ha preferido Ud.?
16. Los niños están acostándose.

117B. Complete by translating the English words into Spanish.

1. La ventana está (open).
2. La puerta está (closed).
3. Los niños están (awake).
4. La mesa está (set).
5. La casa está (sold).
6. Los muchachos están (dressed).
7. Los señores están (seated).
8. Las cartas están (written).
9. El año escolar está (finished).
10. El traje está (made) a mano.

117C. Translate:

1. I sleep.
2. He is sleeping (prog. tense).
3. They sleep.
4. Do you (Ud.) sleep?
5. I am leaving.
6. They are leaving.
7. We do not say good-bye.
8. I have slept.
9. Have you slept?
10. We have not slept.
11. I have taken leave.
12. They have not said good-bye.
13. Have you (Uds.) taken leave?
14. Sleep (Ud.).
15. Do not sleep (Uds.).

Ejercicio No. 118—Preguntas

1. ¿Cuánto tiempo hace que el Sr. Adams estudia español?
2. ¿Con quién ha pasado muchas horas en conversación?
3. ¿Qué ha aprendido?
4. ¿Cómo ha trabajado?
5. ¿Cómo habla español ahora?
6. ¿Qué ha conseguido el Sr. Adams?
7. ¿Qué certificado ha obtenido?
8. ¿A quién le ha escrito el Sr. Adams?
9. ¿Qué le ha prometido su agente?
10. ¿A qué hora están despiertos todos los niños?
11. ¿A qué hora sale el avión del aeropuerto?
12. ¿Qué tiene que mostrar cada pasajero?
13. ¿Va a acompañarlo al Sr. Adams su familia?
14. ¿Qué tienen que terminar sus niños?
15. ¿Para qué tiene que quedarse en casa la señora Adams?

PRIMERA PARTE

Repaso de palabras (Word Review)

NOUNS

1. el aeropuerto	14. el negocio	1. airport	14. business
2. el aire	15. la partida	2. air	15. departure
3. los alrededores	16. el pasaporte	3. surrounding areas	16. passport
4. los suburbios	17. el placer	4. suburbs	17. pleasure
5. el cariño	18. el punto	5. affection	18. point
6. la cortesía	19. un rato	6. courtesy	19. a while, time
7. la corrida de toros	20. el ruido	7. bullfight	20. noise
8. la cultura	21. el servicio	8. culture	21. service
9. la dirección	22. tarjeta de turista	9. address	22. tourist card
10. la entrada	23. el sitio	10. entrance	23. place
11. la luna	24. la visita	11. moon	24. visit
12. el modismo	25. la vista	12. idiom	25. view
13. las noticias	26. la bondad	13. news	26. kindness

VERBS

1. acompañar	12. informar	1. to accompany	12. to inform
2. alegrarse	13. faltar	2. to be glad	13. to be lacking
3. aprovechar	14. facturar	3. to take advantage of	14. to check (baggage)
4. apreciar	15. felicitar	4. to appreciate	15. to congratulate
5. ayudar	16. gozar de	5. to help	16. to enjoy
6. cansarse	17. irse	6. to get tired	17. to go away
7. confesar(ie)	18. mostrar(ue)	7. to confess	18. to show
8. cuidar	19. pesar	8. to take care of	19. to weigh
9. despedirse(i) de	20. prometer	9. to take leave of	20. to promise
10. extender(ie)	21. usar	10. to extend	21. to use
11. envidiar		11. to envy	

ADJECTIVES

1. abierto	6. cierto	11. orgulloso	1. open	6. certain	11. proud
2. amable	7. conveniente	12. siguiente	2. friendly	7. convenient	12. following
3. bello	8. despierto	13. sorprendido	3. beautiful	8. awake	13. surprised
4. digno	9. entero	14. último	4. worthy	9. entire	14. final
5. caro	10. ocupado		5. expensive	10. busy	

ADVERBS

1. atentamente	4. entretanto	1. attentively	4. meanwhile
2. desgraciadamente	5. perfectamente	2. unfortunately	5. perfectly
3. enteramente	6. sumamente	3. entirely	6. completely

IMPORTANT EXPRESSIONS

1. a menudo	12. hace algún tiempo	1. often	12. some time ago
2. bastante bien	13. hay que	2. quite well	13. it is necessary
3. de antemano	14. hecho a mano	3. beforehand	14. handmade
4. de seguro	15. por lo menos	4. surely	15. at least
5. discúlpeme	16. que lástima	5. pardon me	16. what a pity
6. echar de menos	17. ponerse en marcha	6. to miss	17. to put in motion
7. en cuanto a mí	18. sin duda alguna	7. as for me	18. without any doubt
8. Espero que sí.	19. tener la intención	8. I hope so.	19. to intend
9. Espero que no.	20. la mano izquierda	9. I hope not.	20. the left hand
10. estar de prisa	21. la mano derecha	10. to be in a hurry	21. the right hand
11. estar en camino		11. to be on the way	

SEGUNDA PARTE

Ejercico 119. From Group II select the antonyms for each word in Group I.

Group I		Group II	
1. me acuesto	6. abro	a. comienzo	f. me levanto
2. me despido	7. aprendo	b. cierro	g. enseño
3. duermo	8. mando/envio	c. saludo	h. recibo
4. acabo	9. subo a	d. vendo	i. bajo de
5. compro	10. llego a	e. estoy despierto	j. salgo de

Ejercicio 120. Complete the following sentences by selecting expressions from those listed (a to j). Be sure to use the correct forms of the verbs.

1. (Pardon me), **señor, tengo que despedirme.**
2. (It is necessary) **conseguir un pasaporte.**
3. **Estudiamos español** (for some time).
4. (They intend to) **salir para México mañana.**
5. (Often) **he pensado en Ud.**
6. **No puedo hablar más porque** (I am in a hurry).
7. **María** (will remain at home) **porque está en-ferma.**
8. ¿(At least) **me dará Ud. algunos consejos?**
9. (As for me) **pasaré todo el verano en la ciudad.**
10. **Me haré entender en México porque hablo español** (quite well).

a. **tener la intención de**
b. **a menudo**
c. **discúlpeme**
d. **estar de prisa**
e. **por lo menos**
f. **hay que**
g. **quedarse en casa**
h. **bastante bien**
i. **hace algún tiempo**
J. **en cuanto a mí**

Ejercicio 121. Select the group of words in the right-hand column that best completes each sentence begun in the left-hand column.

1. **Ahora espero aprovechar la oportunidad**
2. **El Sr. Adams no es solamente un buen negociante**
3. **Ha aprendido a hablar español**
4. **La carta que he recibido**
5. **Si Ud. quiere viajar en México**
6. **Después de despedirse de su familia**
7. **El Sr. López tiene ganas de acompañar a su amigo**
8. **Pensaré a menudo en Ud.**
9. **Ya no puedo quedarme aquí**
10. **Hace cinco meses**

a. **lea Ud. algo de sus costumbres.**
b. **pero tiene que quedarse en Nueva York.**
c. **porque estoy de prisa.**
d. **de conocerlo personalmente.**
e. **sino también un hombre de cultura.**
f. **de mi agente es muy amistosa (friendly).**
g. **porque quiere visitar a su agente.**
h. **el Sr. Adams entra en el avión.**
i. **que estudio el español.**
j. **porque voy a echarlo de menos.**

Ejercicio 122. Complete the Spanish sentences so that they correspond to the English sentences. Be careful to use the correct indirect object pronouns.

Ejemplo: Me gusta la carta.

1. I like the letter.
2. They like to travel.
3. We like the airplanes.
4. Do you like the paintings, Madame?
5. He does not like tomatoes.
6. She does not like this style.
7. Do you like to dance, gentlemen?
8. Don't you like to play, Anita?
9. It seems all right to us.
10. It doesn't concern me.

1. _____ gusta la carta.
2. _____ gusta viajar.
3. _____ gustan los aviones.
4. _____ gustan las pinturas, señora?
5. No _____ gustan los tomates.
6. No _____ gusta esta moda.
7. ¿_____ gusta bailar, caballeros?
8. ¿No _____ gusta jugar, Anita?
9. _____ parece bien.
10. No _____ importa.

Ejercicio 123. In the following sentences fill in the past participle of the verbs in parentheses.

1. **Los pájaros han** (cantar) **todo el día.**
2. **¿Por qué no han** (volver) **Uds. a casa?**
3. **¿Ha** (llegar) **el tren ya?**
4. **¿Han** (poner) **Uds. los objetos de arte en la mesa?**
5. **El señor ha** (hacer) **un viaje de recreo.**
6. **Los empleados han** (abrir) **las cajas.**
7. **Hemos** (recibir) **una caja de mercancía.**
8. **Le he** (decir) **a Ud. la verdad.**
9. **¿Han** (leer) **Uds. muchos libros sobre México?**
10. **¿Se han** (despedir) **todos los viajeros?**

Ejercicio 124. Complete the following sentences with a past participle.

Remember: In these sentences the past participle is used as an adjective and therefore must agree with the noun it modifies.

Ejemplo: 1. Las señoritas están sentadas en la sala.

1. **Las señoritas están** (sentar) **en la sala.**
2. **La tierra está** (cubrir) **de nieve (snow).**
3. **El viento viene por la puerta** (abrir).
4. **Todos los cuartos están** (cerrar).
5. **Los rebozos están** (hacer) **a mano.**
6. **Estas cartas están** (written) **en español.**
7. **La mesa está** (poner).
8. **No hemos visto el ejercicio** (escribir).
9. **El trabajo está** (acabar).
10. **Tiene un libro** (abrir) **en la mano.**

Ejercicio 125. Translate the English sentences. Be careful to use the correct direct object pronouns.

Ejemplo: 1. ¿Ha comprado Ud. la cesta? Sí, la he comprado.—No, no la he comprado

1. ¿Ha comprado Ud. la cesta?
2. ¿Ha abierto Ud. la ventana?
3. ¿Ha oído Ud. el ruido?
4. ¿Ha conseguido Ud.el pasaporte?
5. ¿Ha ayudado Ud. a sus amigos?
6. ¿Han visto Uds. los rebozos?
7. ¿Han vendido Uds. los boletos?
8. ¿Han completado Uds. el ejercicio?
9. ¿Han escrito Uds. las cartas?
10. ¿Han leído Uds. la revista?

1. Yes, I have bought it.
2. Yes, I have opened it.
3. No, I haven't heard it.
4. No, I haven't obtained it.
5. Yes, I have helped them.
6. Yes, we have seen them.
7. Yes, we have sold them.
8. No, we haven't completed it.
9. No, we haven't written them.
10. Yes, we have read it.

TERCERA PARTE

Diálogo

En el aeropuerto

Practice the Spanish Aloud:

—Buenos días, Sr. Carrillo. ¿Espera Ud. a alguien en el próximo avión?

Good day, Mr. Carrillo. Are you waiting for someone on the next plane?

—Sí, estoy esperando al Sr. Adams de Nueva York, jefe de la casa que represento en México.

Yes, I am waiting for Mr. Adams from New York, head of the firm which I represent in Mexico.

—¿Lo conoce personalmente?

Do you know him personally?

—Lo conozco solamente por correspondencia. Pero tengo su fotografía y debo reconocerlo. Es un hombre de cerca de cuarenta años de edad.

I know him only by correspondence. But I have his photograph and I should recognize him. He is a man of about forty years of age.

—¿Cuándo llega el vuelo 225 de Houston?

When does flight 225 arrive from Houston?

—Debe de llegar a las once y cuarto.

It should arrive at 11:15.

—¿Llega atrasado?

Is it late?

—No, llega a tiempo. ¡Ah! Ya llega. Está acercándose. Está bajando. Ya está aterrizando.

No, it is on time. Ah! It is arriving now. It is approaching. It is coming down. It is landing now.

—Discúlpeme, señor, voy a saludar al Sr. Adams.

Excuse me, sir, I am going to greet Mr. Adams.

—Bienvenido a México, Sr. Adams. ¿Ha tenido Ud. un buen viaje?

Welcome to Mexico, Mr. Adams. Have you had a good trip?

—¡Estupendo! Me alegro mucho de estar en México. A menudo he soñado con este momento.

Stupendous! I am very happy to be in Mexico. I have often dreamed of this moment.

—Bueno. Estoy seguro de que estará muy contento aquí.

Good. I am sure that you will be very happy here.

LECTURA

Ejercicio No. 126—Un programa extraordinario en el cine

Esta tarde el señor Adams y su esposa van al cine. Al señor Adams no le gusta la mayoría de las peliculas de Hollywood, sobre todo aquéllas en que los vaqueros americanos se disparan tiros (fire shots) los unos a los otros. Tampoco le interesan las películas policíacas.

Pero esta tarde se pone (is being shown) un programa extraordinario en un teatro que está a cosa de cuatro cuadras de su casa. La película se llama «Un Viaje Por México». Es una película sobre el país que nuestro amigo Adams va a visitar dentro de unos meses y que trata de (deals with) su historia, su geografía, sus ríos, montañas, ciudades, etc.; es decir, una película que debe interesar mucho a los turistas.

Los Adams entran en el teatro a las ocho y media. Casi todos los asientos están ocupados y por eso tienen que sentarse en la tercera fila. Esto no le gusta al señor Adams porque los movimientos en la pantalla le hacen daño a los ojos. Afortunadamente pueden cambiar de asientos después de quince minutos y se cambian (move) a la fila trece.

Los Adams gozan mucho de esta película y también aprenden mucho acerca de las costumbres de México. Al salir (On leaving) del teatro, el señor Adams le dice a su esposa—¿Sabes, Carlota? Creo que me haré entender muy bien en México. He entendido (I have understood) casi todas las palabras de los actores y las actrices de esta película.

CAPÍTULO 38 (TREINTA Y OCHO)

PRIMERA PARTE

Foreword

Mr. Adams is now in Mexico and writes ten letters to Mr. Lopez, about some of the places he visits and about some of his experiences and impressions.

There are many references in his letters to things he has discussed with his teacher so that much of the vocabulary of Chapters 3 to 36 is repeated in the letters.

It is therefore very desirable that you reread all the texts and dialogues of the previous chapters before proceeding with Chapter 38. You will be able to do this easily and rapidly, with little or no reference to the English translation. Thus you will in a pleasant manner review the vocabulary and important expressions.

Chapters 2 to 30 are in the present tense, which is by far the most important and most used tense in the affairs of daily life. In Chapters 31 to 36 the future and present perfect tenses were introduced. In Chapter 38, Mr. Adams begins to relate his experiences, that is to say, what *happened* to him. He will begin to use the preterite tense, which is the chief tense for relating what *happened* in definite past time.

Thus in Chapter 38, you will accompany Mr. Adams not only into the interesting and fascinating country of Mexico, but also into the realm of the preterite tense, which you will find interesting and useful.

You should continue your pronunciation practice by reading aloud as often as possible dialogues and parts of conversational texts from previous chapters.

El ejercicio hace al maestro.

El señor Adams llega a México
Primera carta de México

México D.F., 4 de junio de 2004

Estimado amigo:

1. **Después de que llegó el avión al aeropuerto de México y me revisaron el equipaje en la aduana, fui a la sala de espera.**

2. **De repente un señor guapo se acercó a mí y dijo—Discúlpeme, ¿es Ud. el señor Adams?**

3. **—A sus órdenes—contesté yo.— Y Ud. es el señor Carrillo, ¿verdad? Mucho gusto en conocerlo. (Se dan la mano.)**

4. **—El gusto es mío—respondió el señor Carrillo.**

Mexico City, June 4, 2004

Dear (Esteemed) Friend:

1. After the airplane arrived at the airport of Mexico and they examined my luggage in the customshouse, I went to the waiting room.

2. Suddenly a handsome gentleman approached me and asked, Excuse me, are you Mr. Adams?

3. At your service, I answered. And you are Mr. Carrillo, are you not? I am very pleased to meet you. (They shake hands.)

4. The pleasure is mine, answered Mr. Carrillo.

5. **Ud. recordará, Sr. López, que el Sr. Carrillo es el agente de nuestra casa en Nueva York y que prometió recibirme en el aeropuerto.**

6. **Cuando salimos juntos a la calle el señor Carrillo llamó un libre (un taxi mexicano). Le dijo al chófer—Al Hotel Luma, por favor.**

7. **Salimos del aeropuerto. Andando a una velocidad espantosa por una gran avenida, pensé:—López está muy equivocado en cuanto a la tranquila vida mexicana.**

8. **Por la ventanilla del libre vi correr por todas partes a la misma velocidad espantosa, camiones, autos, tranvías y ¿quién sabe qué más?**

9. **Traté de decirle al chófer:—¡Por favor, más despacio! Pero olvidé por entero el español.**

10. **—Yo no tengo prisa—le grité al fin al chófer.**

11. **—Yo tampoco, señor—me contestó, doblando la calle a toda velocidad.**

12. **Pues, al fin llegamos sanos y salvos al hotel. El automóvil paró y bajamos. El Sr. Carrillo y yo entramos en el hotel. Le dije al dependiente—Buenas tardes. ¿Tiene Ud. un cuarto con baño?**

13. **—Tenemos un cuarto en el segundo piso. Da a la plaza. Es el número 25.**

14. **—¿Cuánto es?**

15. **—Quinientos pesos al día, señor.**

16. **—Muy bien. Voy a quedarme aquí varias semanas. Favor de mandar a un muchacho por mis maletas.**

17. **—Ahorita, señor. Ud. habla español muy bien. ¿Hace mucho tiempo que está aquí en México?**

18. **—Acabo de llegar—contesté yo, un tanto orgulloso.**

19. **—¿Ud. está aquí de turista?—preguntó el dependiente.**

20. **—Estoy aquí de viaje de recreo y de negocios.**

5. You will remember, Mr. Lopez, that Mr. Carrillo is the agent of our firm in New York and that he promised to meet me at the airport.

6. When we went outside together Mr. Carrillo called a "libre" (a Mexican taxi). He said to the driver, "To the Hotel Luma, please."

7. We left the airport. Traveling with frightful speed along the great avenue, I thought Lopez is very mistaken as regards the quiet life of Mexico!

8. Through the window of the taxi I saw on all sides, dashing at the same frightening speed, buses, automobiles, streetcars, and who knows what else?

9. I tried to say to the driver, "Please, more slowly." But I forgot my Spanish completely.

10. "I am not in a hurry," at last I shouted to the driver.

11. "Neither am I, sir," he answered me, turning a corner at full speed.

12. Well, at last we arrived safe and sound at the hotel. The automobile stopped and we got out. Mr. Carrillo and I entered the hotel. I said to the clerk, "Good day. Have you a room with bath?"

13. We have a room on the second floor. It opens onto the plaza. It is number 25.

14. How much is it?

15. Five hundred pesos a day, sir.

16. Very well. I am going to remain here several weeks. Please send a bellboy to get my bags.

17. Right away, sir. You speak Spanish very well. You have been in Mexico a long time?

18. "I have just arrived," I answered, somewhat proud.

19. "You are here as a tourist?" asked the clerk.

20. I am here on a pleasure and business trip.

21. El Sr. Carrillo y yo conversamos un rato más y después nos despedimos. Prometió llamarme por teléfono para hacer una cita.

21. Mr. Carrillo and I chatted a while longer and then we said good-bye. He promised to telephone me to make an appointment.

22. Subí en el ascensor al cuarto número 25. Es muy cómodo. No me falta nada. Vuelvo a decirle, señor López, que voy a estar muy contento en México.

22. I went up in the elevator to room number 25. It is very comfortable. I lack nothing. I tell you again, Mr. Lopez, that I am going to be very happy in Mexico.

Un cordial saludo de su amigo,

Juan Adams

Cordial greetings from your friend,

John Adams

NOTE: libre really means *free*. It is the name given to Mexican taxis because they show the sign **"Libre"** when unoccupied.

Pronunciation and Spelling Aids

1. Practice: **chó**-fer   es-pan-**to**-sa   co-**rrien**-do   ve-lo-ci-**dad**   or-gu-**llo**-so

2. Be sure to stress these verbs on the last syllable.

sa-*lió*	res-pon-*dió*	pro-me-*tió*	ba-*jé*	con-tes-*té*	gri-*té*
con-tes-*tó*	se a-cer-*có*	en-*tré*	pre-gun-*té*	ol-vi-*dé*	

Building Vocabulary

A. Words Indicating Past Time

1. **ayer**   yesterday
2. **anteayer**   day before yesterday
3. **anoche**   last night
4. **el año (mes) pasado**   last year (month)
5. **la semana pasada**   last week
6. **el verano pasado**   last summer

Expresiones Importantes

A. 1. **acercarse a**   to approach   **Se acercó a mí**   He approached me
2. **doblando la calle**   making a turn
3. **de repente**   suddenly
4. **tratar de**   to try to
5. **pienso visitar**   I intend to visit
6. **por entero**   completely
7. **revisar el equipaje**   to examine the luggage
8. **sano y salvo**   safe and sound (*Lit.* sound and safe)
9. **se dan la mano**   they shake hands (*Lit.* give the hand to each other)

B. Presentaciones (Introductions)

1. *Sr. Carrillo*: Quiero presentarle a un amigo mío.
2. *Sr. Sánchez*: Pedro Sánchez, a sus órdenes. Tengo mucho gusto en conocerlo.
3. *Sr. Adams*: Juan Adams. El gusto es mío. (Se dan la mano)

1. *Mr. Carrillo*: I want to present to you a friend of mine.
2. *Mr. Sanchez*: Peter Sanchez, at your service. I'm very glad to meet you.
3. *Mr. Adams*: John Adams. The pleasure is mine. (They shake hands)

Notice that the introducer lets the persons introduced say their own names.

Ejercicio No. 127—Completion of Text

1. **Fui a** (the waiting room).
2. (Suddenly) **un señor se acercó a mí.**
3. (Excuse me), **¿es Ud. el Sr. Adams?**
4. **Yo contesté**—(I am pleased to meet you).
5. —(The pleasure is mine)—**respondió el Sr. Carrillo.**
6. **El Sr. Carrillo llamó** (a taxi).
7. **Pensé**—(Lopez is very mistaken).
8. (Who knows what else?)
9. —(I am not in a hurry!)—**le grité al chófer.**
10. —(Neither am I), **señor**—**me contestó.**
11. **Tenemos un cuarto que** (faces the plaza).
12. **¿Cuánto es?** (Five hundred pesos a day).

SEGUNDA PARTE

Grammar Notes

1. The Preterite Tense. Model Verbs—**hablar, aprender, vivir**

The preterite tense is used in Spanish to tell of things that happened at a definite time in the past.

hablar, to speak	**aprender**, to learn	**vivir**, to live
I spoke (did speak), etc.	I learned (did learn), etc.	I lived (did live), etc.
SINGULAR	SINGULAR	SINGULAR
habl-é	**aprend-í**	**viv-í**
habl-aste	**aprend-iste**	**viv-iste**
habl-ó	**aprend-ió**	**viv-ió**
PLURAL	PLURAL	PLURAL
habl-amos	**aprend-imos**	**viv-imos**
habl-asteis	**aprend-isteis**	**viv-isteis**
habl-aron	**aprend-ieron**	**viv-ieron**

a. To form the regular preterite tense of **-ar** verbs

   1. Drop **-ar** from the infinitive
      SINGULAR: **-é, -aste, -ó**

   2. Add to the remaining stem the endings:
      PLURAL **-amos, -asteis, -aron**

b. To form the regular preterite tense of **-er** and **-ir** verbs

   l. Drop **-er** or **-ir** from the infinitive.
      SINGULAR: **-í, -iste, -ió**

   2. Add to the remaining stem the endings:
      PLURAL **-imos, -isteis, -ieron**

The preterite endings of **-er** and **-ir** verbs are exactly the same.

c. **-ar** and **-ir** verbs have **-amos** and **-imos** respectively in the **nosotros** (*we*) form of both the present and preterite.

The sense of the sentence will tell you which is meant.

Hoy hablamos.	Today we speak.	**Hoy vivimos.**	Today we live.
Ayer hablamos.	Yesterday we spoke.	**Ayer vivimos.**	Yesterday we lived.

d. **dije**, *I said* and **dijo**, *he said* are irregular preterites. You will learn more about these and other irregular preterites later.

2. Preterite of **leer, creer, caerse,** and **oír**

I read (did read), etc.	I believed, etc.	I fell, etc.	I heard, etc.
leí	creí	me caí	oí
leíste	creíste	te caíste	oíste
leyó	creyó	se cayó	oyó
leímos	creímos	nos caímos	oímos
leísteis	creísteis	os caísteis	oísteis
leyeron	creyeron	se cayeron	oyeron

Note carefully the forms:

leyó, leyeron   **creyó, creyeron**   **cayó, cayeron**   **oyó, oyeron**

Ejercicios No. 128A.128B-128C-128D

128A. Conjugate the following verbs in the preterite tense:

1. **entrar**   2. **comer**   3. **salir**   4. **ver**   5. **sentarse**

128B. Translate:

1. ¿Quién olvidó los boletos?
2. Ayer recibimos las cartas.
3. El hombre compró un vestido nuevo.
4. Anoche no oímos el timbre.
5. ¿Llegó a tiempo el tren?
6. Buscaron el equipaje.
7. El niño se cayó delante de la casa.
8. Salieron del aeropuerto en un libre.
9. ¿Dónde esperó el Sr. Adams a su amigo?
10. ¿Cuánto costó el impermeable?

128C. Answer in the negative in complete Spanish sentences. Use the preterite.

Remember: A question with **Ud.** requires an answer in the singular (**yo**).

A question with **Uds.** requires an answer in the plural (**nosotros**).

Ejemplo: **¿Trabajó Ud. anoche?** Did you work last night?
No, no trabajé anoche. No, I did not work last night.

1. ¿Compró Ud. ayer un sombrero nuevo?
2. ¿Volvieron Uds. tarde del teatro anoche?
3. ¿Escribió Ud. unas cartas esta mañana?
4. ¿Llegaron Uds. a las ocho en punto?
5. ¿Salió Ud. a las nueve de la noche?
6. ¿Pasó Ud. el verano pasado en el campo?
7. ¿Oyeron Uds. el timbre?
8. ¿Vendió Ud. su casa?
9. ¿Dejaron Uds. el dinero en casa?
10. ¿Trabajaron Uds. toda la noche?

128D. Translate into Spanish, using the verbs indicated in the preterite tense.

1. (salir) I left
2. (llegar) we arrived
3. (examinar) they examined
4. (oír) he heard
5. (responder) you (Ud.) answered
6. (preguntar) I did not ask
7. (llamar) she called
8. (desear) you (Uds.) wanted
9. (salir) we went out
10. (parar) it stopped
11. (olvidar) I did not forget
12. (gritar) he shouted
13. (creer) they believed
14. (vender) we sold
15. (volver) did you (Uds.) return?
16. (leer) did he read?

Exercise No. 129—Preguntas

1. ¿Quiénes revisaron el equipaje?
2. ¿Quién se acercó al Sr. Adams en la sala de espera?
3. ¿Qué dijo el señor?
4. ¿Qué contestó el Sr. Adams?
5. ¿Cómo pasó el libre por una gran avenida?
6. ¿Qué deseó decirle el Sr. Adams al chófer?

7. ¿Qué olvidó?
8. ¿Qué vió el Sr. Adams por la ventanilla?
9. ¿Qué le gritó al chófer?
10. ¿Qué le contestó el chófer?
11. ¿Cómo llegaron al fin al hotel?
12. ¿Qué le dijo el Sr. Adams al dependiente?

CAPÍTULO 39 (TREINTA Y NUEVE)

PRIMERA PARTE

Una visita a la familia Carrillo
Segunda carta de México

Estimado amigo:

1. El lunes pasado el Sr. Carrillo me llamó por teléfono. Quiso invitarme a tomar la merienda en su casa el día siguiente. Así es que tuve la oportunidad de visitar a una familia mexicana.

2. A las cinco de la tarde llegué a una casa grande de piedra roja en la colonia Roma. Me acerqué a la puerta enorme.

3. Toqué el timbre e inmediatamente oí pasos rápidos en el zaguán. Una criada me abrió la puerta y me invitó a entrar en la casa.

4. El Sr. Carrillo vino a saludarme.—Ud. está en su casa—me dijo, según la costumbre mexicana.

5. Le di las gracias.—Su casa tiene un aspecto verdaderamente romántico. Me parece una casa de un cuento antiguo.

6. —Hay muchas casas semejantes en México—me respondió—Esa casa fue construida en el siglo diecisiete.

7. Miré las paredes gruesas, los balcones y las ventanas altas con sus rejas de hierro. Me encantó el patio lleno de árboles y flores. Gran parte del suelo estaba[1] cubierto de azulejos. Admiré la fuente de piedra en el centro del patio.

8. Entramos en una sala grande, uno de los muchos cuartos que dan al patio. El Sr. Carrillo me presentó a su esposa y a sus dos hijos, jóvenes muy serios e inteligentes.

9. Los muchachos me dijeron que asisten a una escuela secundaria. El mayor quiere hacerse médico. El menor quiere ser abogado.

Dear Friend:

1. Last Monday Mr. Carrillo called me on the telephone. He wanted to invite me to take "tea" (have refreshments) at his house the following day. So it is that I had the opportunity to visit a Mexican family.

2. At five o'clock in the afternoon I arrived at a big house of red stone in the Roma district. I approached the enormous door.

3. I rang the bell and immediately I heard rapid steps in the vestibule. A servant opened the door and asked me to enter the house.

4. Mr. Carrillo came to greet me. "My house is yours," (*Lit.* You are in your house.) he said to me, according to the Mexican custom.

5. I thanked him. "Your house has a truly romantic appearance. It seems to me a house out of an old story."

6. "There are many similar houses in Mexico," he answered me. "This house was built in the 17th century."

7. I looked at the thick walls, the balconies, and tall windows with their iron grilles. The courtyard full of trees and flowers enchanted me. Most of the ground was covered with tile. I admired the stone fountain in the center of the courtyard.

8. We entered a big living room, one of the many rooms that face the courtyard. Mr. Carrillo introduced me to his wife and to his two sons, very serious and intelligent young men.

9. The boys told me that they go to a secondary school. The elder wants to become a doctor. The younger wants to be a lawyer.

10. Dentro de poco tuvieron que volver a su cuarto para estudiar.

11. La señora de Carrillo me sirvió una taza de chocolate y algunas tortas muy sabrosas. Entretanto el señor Carrillo y yo platicamos de la vida en México, de las costumbres y del arte.

12. Me dijo que vale la pena ir al mercado de Toluca tanto para ver un mercado típico como para buscar ejemplares del arte popular. Me dijo que el viernes es el mejor día para visitarlo.

13. Le respondí que tenía[1] la intención de ir allá dentro de unos pocos días.

14. Sintió no poder acompañarme.

15. Después de una hora y media muy interesante y divertida nos despedimos y volví a casa, es decir, a mi hotel.

Su sincero amigo,

Juan Adams

10. Within a short time they had to go back to their rooms to study.

11. Mrs. Carrillo served me a cup of chocolate and some very tasty cakes. Meanwhile Mr. Carrillo and I chatted about life in Mexico, about its customs and art.

12. He told me that it is worth the trouble to go to the Toluca market as much to see a typical market as to look for samples of folk art. He told me that Friday is the best day to visit it.

13. I answered that I intended to go there within a few days.

14. He regretted not to be able to accompany me.

15. After a very interesting and pleasant hour and a half we took leave of one another and I returned home, that is to say, to my hotel.

Your sincere friend,

John Adams

NOTE: 1. Imperfect tense. You will learn this tense later.

Pronunciation and Spelling Aids

1. Practice:

lle-**gué**	sin-**tió**	**hie**-rro	se-cun-**da**-rio
a-cer-**qué**	re-pi-**tió**	se-me-**jan**-te	ver-da-de-ra-**men**-te
sir-**vió**	ro-**mán**-ti-co	in-me-dia-ta-**men**-te	

2. **el joven, los jóvenes.** The plural must add an accent mark to hold the stress on the syllable **jo-**.

Building Vocabulary

A. **¿De qué lo hace?** What is it made of?

1. **casa de piedra**	stone house	4. **falda de algodón**	cotton skirt
2. **reja de hierro**	iron grille	5. **guantes de lana**	woolen gloves
3. **silla de madera**	wooden chair	6. **vestido de seda**	silk dress

NOTE: In Spanish, what things are made of is indicated by **de** plus the material, not by using the material as an adjective. Thus **casa de piedra** (house of stone).

B. **la merienda,** a light afternoon meal, "tea." The Mexicans eat **la cena,** supper, rather late in the evening, about 8 or 9 o'clock or later.

Expresiones Importantes

1. **al día siguiente** on the following day
2. **es decir** that is to say
3. **hacerse** to become (*Lit.* to make oneself)
   Se hace médico (abogado, ingeniero). He becomes a doctor (lawyer, engineer).

4. **llamar por teléfono** to call by phone   **Llamé por teléfono.**   I telephoned.
5. **Tener la intención de** to intend to   **Tengo la intención de salir.**   I intend to leave.

Ejercicio No. 130—Completion of Text

1. **El Sr. Carrillo** (telephoned me).
2. **Quiso invitarme** (to have "tea") **en su casa.**
3. (The following day) **llegué a su casa.**
4. (I approached) **a la puerta.**
5. **Una criada** (invited me to enter) **en la casa.**
6. **El Sr. Carrillo** (came to greet me).
7. —(You are in your house)—**me dijo.**
8. **Me saludó** (according to the Mexican custom).

9. (It looks to me like) **una casa de un cuento antiguo.**
10. **Hay** (many similar houses) **en México.**
11. (I admired) **la fuente de piedra.**
12. (He presented me) **a la señora de Carrillo.**
13. **El hijo mayor quiere** (to become a doctor).
14. (He was sorry) **no poder acompañarme.**
15. (We took leave) **y volví** (home).

SEGUNDA PARTE

Grammar Notes

1. The Irregular Preterite with -**i** Stems.

hacer to do (make)	**querer** to wish	**venir** to come	**decir** to say
I did (made), etc.	I wished, etc.	I came, etc.	I said, etc.
hic-e	quis-e	vin-e	dij-e
hic-iste	quis-iste	vin-iste	dij-iste
hiz-o	quis-o	vin-o	dij-o
hic-imos	quis-imos	vin-imos	dij-imos
hic-isteis	quis-isteis	vin-isteis	dij-isteis
hic-ieron	quis-ieron	vin-ieron	dij-eron

a. Irregular verbs of this group have an -**i** in the preterite stem.

b. The ending of the (**yo**) form is unaccented -**e** instead of -**i**; the ending of the (**Ud.**, **él**, **ella**) form is unaccented -**o** instead of -**ió**.

c. In the form **hizo**, **z** replaces **c**.

d. You know that the (**yo**) form of the present tense of these verbs ends in unaccented -**o**.

hago I do   **quiero** I wish   **vengo** I come   **digo** I say

2. The Preterite of Stem-Changing Verbs like **pedir (i)**.

pedir (i) to ask for	**servir (i)** to serve	**repetir (i)** to repeat	**vestir (i)** to dress
I asked for, etc.	I serve, etc.	I repeated, etc.	I dressed, etc.
pedí	serví	repetí	vestí
pediste	serviste	repetiste	vestiste
pidió	sirvió	repitió	vistió
pedimos	servimos	repetimos	vestimos
pedisteis	servisteis	repetisteis	vestisteis
pidieron	sirvieron	repitieron	vistieron

a. The preterite of verbs like **pedir (i)** is formed almost exactly like the regular preterite of -**ir** verbs. The only differences are in the stem of the (**Ud., él, ella**) form (**pidió**) and in the (**Uds., ellos, ellas**) form (**pidieron**) where -**i**- replaces -**e**- in the stem.

b. Note the same difference in the preterite of **sentir** to regret.

sentí	sentiste	sintió	sentimos	sentisteis	sintieron

Ejercicios No. 131A-131B-131C

131A. Translate:

1. La criada nos sirvió la merienda.
2. ¿Por qué no quiso Ud. invitarme?
3. Anoche volvimos tarde del teatro.
4. Quise llamarlo a Ud. por teléfono.
5. ¿Qué hizo Ud. después de la comida?
6. Dijeron:—No tenemos prisa.
7. Repetí todas las respuestas.
8. Mi amigo no vino a tiempo. Lo sentí.
9. Pidieron información en la oficina de información.
10. Quisieron comprar boletos de avión.

131B. Answer in complete sentences the following questions using the suggested words in the answer.

Ejemplo: ¿Qué quiso Ud. comprar? (guantes de lana)

Quise comprar guantes de lana.

1. ¿Qué le dijo al señor? (Pase Ud.)
2. ¿Quién hizo un viaje al Perú? (mi hermano)
3. ¿Cuándo vino Ud. a casa? (a las siete)
4. ¿De qué se vistieron las mujeres? (de falda de algodón)
5. ¿Qué quiso hacerse el hijo mayor? (médico)
6. ¿Qué sirvió la criada? (una taza de chocolate)
7. ¿Qué pidió el viajero? (información)
8. ¿Qué quisieron ver Uds.? (la película nueva)
9. ¿Cuándo hicieron Uds. un viaje a México? (el año pasado)
10. ¿Qué dijeron Uds. cuando salieron de la casa? (hasta la vista)

131C. Translate. Use the correct forms of **querer, decir, hacer, servir(i), repetir(i)**, and **sentir(ie)**.

1. I wished
2. I did not say
3. he made
4. they came
5. she served
6. they wished
7. I repeated
8. we made
9. they said
10. they made
11. What did he say?
12. What did you (**Uds.**) say?
13. we did not wish
14. I did not come
15. they regretted

Ejercicio No. 132—Preguntas

1. ¿Quién llamó al Sr. Adams por teléfono?
2. ¿A qué hora llegó a la casa del señor Carrillo?
3. ¿Quién le abrió al Sr. Adams la puerta?
4. ¿Quién vino a saludar al Sr. Adams?
5. ¿Qué le encantó al Sr. Adams?
6. ¿Qué admiró él?
7. ¿Cómo son los hijos del Sr. Carrillo?
8. ¿A qué clase de escuela asisten los jóvenes?
9. ¿Qué quiere hacerse el hijo mayor?
10. ¿A dónde tuvieron que volver los jóvenes?
11. ¿De qué conversaron entretanto los señores?
12. ¿Vale la pena de ir al mercado de Toluca?
13. ¿Quién quiso ir allá?
14. ¿Después de una hora quiénes se despidieron?
15. ¿Adónde volvió el Sr. Adams?

CAPÍTULO 40 (CUARENTA)

PRIMERA PARTE

El Paseo de la Reforma
Tercera carta de México

Estimado amigo:

1. ¡Qué hermoso es el Paseo de la Reforma! Los árboles son tan grandes, los edificios tan imponentes, algunos de estilo español, algunos de estilo moderno, otros que combinan los dos estilos. La avenida es tan ancha, tan espaciosa que parece un río enorme.

2. Naturalmente, tuve que pensar en nuestra conversación sobre las calles de México. Recordé que al norte del Paseo se puede cruzar algunos de los grandes ríos del mundo. Al sur del Paseo, como Ud. me dijo, se puede caminar por algunas de las ciudades más grandes de Europa.

3. Ayer pude ver esto por mí mismo. Era[1] domingo. El Sr. Carrillo y yo nos encontramos cerca del «Caballito».

4. Le pregunté:—¿Qué es este «Caballito»? Mi profesor de español, Eugenio López, me dijo que las terminaciones -ito, -cito, e -illo quieren de-cir algo pequeño. También se usan estas terminaciones para expresar cariño. Pero— seguí yo—no veo más que una estatua enorme.

5. El Sr. Carrillo me respondió que precisamente por eso se llama el «Caballito». ¡Es un ejemplo del humor mexicano! Esta estatua, que repre-senta al rey Carlos IV (cuarto) de España mon-tado en su caballo chico, domina el Paseo.

6. A lo largo del Paseo de la Reforma, que se extiende desde el «Caballito» hasta el Parque de Chapultepec, vimos otros monumentos históricos. Ud. los conoce bien, el monumento de la Independencia, la estatua de Cristóbal Colón y el monumento a Cuauhtémoc.

Dear Friend:

1. How beautiful the Paseo de la Reforma is! The trees are so big, the buildings so impressive— some in Spanish style, some in modern style, others that combine the two styles. The avenue is so wide, so spacious that it seems like an enormous river.

2. Naturally, I had to think of our conversation about the streets of Mexico. I remembered that north of the Paseo one can cross some of the great "rivers" of the world. South of the Paseo, as you told me, one can walk along some of the largest "cities" of Europe.

3. Yesterday I could see this for myself. It was Sunday. Mr. Carrillo and I met near the "Caballito."

4. I asked him: "What is this 'Caballito'? My Spanish professor, Eugene Lopez, told me the endings -ito, -cito, and -illo mean something small. These endings are also used to express affection. But," I continued, "I only see an enormous statue."

5. Mr. Carrillo replied that just for that reason it is called the "Caballito." It is an example of Mexican humor. This statue (which represents King Charles IV) (Fourth) of Spain mounted on his "tiny" horse dominates the Paseo.

6. Along the Paseo de la Reforma, which stretches from the "Caballito" to Chapultepec Park, we saw other historical monuments. You know them well—the monument of Independence, the statue of Christopher Columbus, and the monument to Cuauhtemoc.

7. He leído algo sobre este héroe de los aztecas, Cuauhtémoc, que tan valerosamente defendió a su nación contra los españoles.

8. Cuando vi todos aquellos monumentos comprendí el orgullo de los mexicanos en el pasado de la nación.

9. No lejos del Parque de Chapultepec, el Sr. Carrillo me señaló un edificio casi enteramente de cristal, muy moderno en todos sus detalles.—Es el edificio del Seguro Social—me dijo.—Aquí tiene Ud. la arquitectura del futuro, ¿verdad?

10. De veras, pude comprender el orgullo de los mexicanos, no solamente en su pasado, sino también en su porvenir.

Saludos cordiales de su amigo,

Juan Adams

7. I have read something about this hero of the Aztecs, Cuauhtemoc, who so bravely defended his nation against the Spaniards.

8. When I saw all those monuments I understood the pride of the Mexicans in the nation's past.

9. Not far from Chapultepec Park, Mr. Carrillo pointed out to me a building almost entirely of glass, very modern in all its details. "It is the Social Security Building," he told me. "Here is the architecture of the future, isn't it?"

10. Indeed I could understand the pride of the Mexicans not only in their past but also in their future.

Best regards from your friend,

John Adams

NOTE: 1. **Era**= Imperfect tense of **ser** to be

Pronunciation and Spelling Aids

1. Practice:

im-po-**nen**-te	es-**ta**-tua	va-le-ro-sa-**men**-te	en-te-ra-**men**-te	Co-**lón**
es-pa-**cio**-so	mo-nu-**men**-to	pre-ci-sa-**men**-te	Cuauh-**té**-moc	Cha-pul-te-**pec**
ca-ba-**lli**-to	ter-mi-na-**ción**		Cris-**tó**-bal	

Building Vocabulary

A. Related Words

1. **pasar**   to pass   **el pase**   pass, permit
   el paso   the step, passage   **pase de turista** tourist's pass
   el pasillo   corridor

2. **pasear** or **pasearse** to stroll   **el paseante**   the stroller
   el paseo   the walk, promenade   **dar un paseo**   to take a walk

3. **parecer**   to seem to appear   **Me parece bien.** It seems all right to me.
   parecerse a   to resemble   **La avenida se parece a un río.** The avenue resembles a river.

Ejercicio No. 133—Completion of Text

Complete these sentences based on the text.

1. ¡(How beautiful) **es el Paseo de la Reforma!**
2. **La avenida es** (wide and spacious).
3. (It seems like) **un río enorme.**
4. **Al norte** (one may cross) **algunos de los ríos más grandes** (in the world).
5. **Al sur** (one may walk) **por algunas** (of the largest cities).
6. (Yesterday) **fui al cine. Era domingo.**
7. **Juan y yo** (met) **cerca del «Caballito».**
8. **Las terminaciones -ito, -cito e -illo** (mean something small).
9. (I see only) **una estatua enorme.**
10. **Este «Caballito» representa** (King Charles IV of Spain).

11. (You know well) **el monumento a Cuauhtémoc.**
12. (I have read something) **sobre este héroe.**
13. (I saw) **todos aquellos monumentos.**
14. **Aquel edificio es** (almost entirely of glass).
15. (I could understand) **el orgullo de los mexicanos.**

SEGUNDA PARTE

Grammar Notes

1. Irregular Preterites with **-u** Stems.

    In the last chapter you learned the irregular preterite of some familiar verbs. Here are more familiar verbs with an irregular preterite.

poder to be able	**poner** to put	**tener** to have	**estar** to be	**saber** to know
I was able, etc.	I put (did put), etc.	I had, etc.	I was, etc.	I knew, etc.
pud-e	pus-e	tuv-e	estuv-e	sup-e
pud-iste	pus-iste	tuv-iste	estuv-iste	sup-iste
pud-o	pus-o	tuv-o	estuv-o	sup-o
pud-imos	pus-imos	tuv-imos	estuv-imos	sup-imos
pud-isteis	pus-isteis	tuv-isteis	estuv-isteis	sup-isteis
pud-ieron	pus-ieron	tuv-ieron	estuv-ieron	sup-ieron

a. Irregular verbs of this group have a **-u** in the preterite stem.

b. The endings are the same as the irregular preterites (of **hacer**, etc.) you have already learned.

c. **saber** to know, in the preterite usually means *learned, found out.*
   Supe el nombre del médico.   I learned the name of the doctor.

2. More Irregular Preterites

dar to give	**ser** to be	**ir** to go
I gave, etc.	I was, etc.	I went, etc
di	fui	fui
diste	fuiste	fuiste
dio	fue	fue
dimos	fuimos	fuimos
disteis	fuisteis	fuisteis
dieron	fueron	fueron

The verbs **ser** and **ir** have exactly the same forms in the preterite tense. The sense of the sentence will always tell you which verb is meant. Thus:

| **Isabel fue reina de España.** | Isabel was queen of Spain. |
| **Cristóbal Colón fue a ver a la reina.** | Christopher Columbus went to see the queen. |

3. The personal **a** is always used before a specific person. It is often used before cities and animals that are important to a person.

   La estatua representa al rey y a su caballo.   The statue represents the king and his horse.

Ejercicios No. 134A-134B-134C

134A. Translate:

1. En Navidad di regalos a todos los niños.
2. No tuve oportunidad de conocerlo a Ud. personalmente.
3. No pudimos pagar toda la cuenta.
4. Esta casa fue construida en el siglo dieciséis
5. El domingo dimos un paseo por el Parque de Chapultepec.
6. Pude conversar con él en su idioma.
7. El no tuvo dificultad en entenderme.
8. Ella no quiso descansar mucho.
9. La familia del Sr. Adams no pudo acompañarlo.
10. Me puse el sombrero nuevo en la cabeza.

134B. Change these sentences from the present to the preterite. Be sure to keep the same person.

Ejemplo: Pongo la mesa. Puse la mesa.

1. Tengo que estudiar la lección.
2. El Sr. Adams está en el comedor.
3. Los árboles se ponen verdes.
4. El le da las gracias al Sr. Carrillo.
5. Soy un estudiante trabajador.
6. Vamos al mercado.
7. Vienen del cine a las once.
8. No digo nada.
9. Uds. no hacen nada.
10. ¿Quieren Uds. comprarlo?

134C. Translate, using the preterite of the given verbs.

1. (tener) I had
2. (poder) you (Ud.) were able
3. (ir) they went
4. (decir) she said
5. (poner) he put
6. (querer) we wished
7. (dar) they gave
8. (ser) I was
9. (estar) you (Uds.) were
10. (encontrarse) we met

Ejercicio No. 135—Preguntas

1. ¿Cómo se titula esta lectura?
2. ¿Es ancho o estrecho el Paseo de la Reforma?
3. ¿En qué conversación tuvo que pensar el Sr. Adams?
4. ¿Qué se puede cruzar al norte del Paseo?
5. ¿Por dónde se puede caminar al sur del Paseo?
6. ¿Qué día de la semana fue ayer?
7. ¿Dónde se encontraron el Sr. Adams y el Sr. Carrillo?
8. ¿Qué quieren decir las terminaciones -ito, -cito, e -illo?
9. ¿A quién representa el «Caballito»?
10. ¿Es grande o pequeño este «Caballito»?
11. ¿Qué conoce bien el Sr. López?
12. ¿Quién leyó algo sobre Cuauhtémoc?
13. ¿Contra quiénes defendió a su nación?
14. ¿Qué edificio en el Paseo es casi enteramente de cristal?
15. ¿Dónde está este edificio?

Los verbos «ser» e «ir» tienen las mismas formas en el pasado.

Yo fui quien te lo dijo. Lo aprendí cuando fui a la clase.

CAPÍTULO 41 (CUARENTA Y UNO)

PRIMERA PARTE

El mercado de Toluca
Cuarta carta de México

Querido amigo:

1. **La semana pasada fui al mercado de Toluca.**

2. **La ciudad de Toluca está situada a unas cuarenta millas de México D.F.**

3. **Mientras nuestro camión pasaba por las montañas vi mujeres y hombres caminando a lo largo de la ruta. Algunos llevaban cestas de caña.**

4. **Era viernes y el mercado estaba lleno de gente. Probablemente la mayoría vino del campo pero había también mucha gente de la ciudad y de otras partes del mundo.**

5. **Uno puede fácilmente perderse en este mercado tan grande. Pero yo no tenía dificultad porque sabía pedir información en español.**

6. **Mientras caminaba por una calle de puestos donde se vendían ropa, zapatos y sombreros, vi a un muchacho de siete u ocho años, de aspecto muy serio, cuidando un puesto.**

7. **Se parecía mucho a un viejecito con su sombrero de ala ancha y sus pantalones muy grandes. Como los demás vendedores arreglaba su mercancía con sumo cuidado. También vi que regateaba en serio.**

8. **En el mercado se vendía toda clase de mercancía, como fruta, flores, cerámica, cestas, ropa, sarapes. Había cosas corrientes y artículos de lujo.**

9. **Por todas partes veía el sentido estético de los vendedores. Hasta entre los puestos de comidas encontré color y arte.**

Dear Friend:

1. Last week I went to the Toluca market.

2. The city of Toluca is located about forty miles from Mexico City.

3. While our bus passed through the mountains, I saw women and men walking alongside the road. Some were carrying baskets made of cane.

4. It was Friday and the market was full of people. Probably most of them came from the country but there were also many people from the town and from other parts of the world.

5. One can easily get lost in this very big market. But I did not have difficulty because I knew how to ask for directions in Spanish.

6. While I was walking through a street of stalls where clothing, shoes, and hats were being sold, I saw a boy of seven or eight years with a very serious appearance watching a stall.

7. He looked very much like a little old man with his broad-brimmed hat and his very large trousers. Like the rest of the sellers he was arranging his merchandise with extreme care. I also saw that he was bargaining seriously.

8. All kinds of merchandise were being sold in the market—such as fruit, flowers, ceramics, baskets, clothing, blankets. There were ordinary things and luxury articles.

9. Everywhere I saw the aesthetic sense of the sellers. Even among the food stalls I found color and art.

10. Por ejemplo, una mujer estaba sentada en la acera. Delante de ella había unas pocas cebollas y chiles. Los arreglaba con mucho cuidado en montones pequeños.

11. Junto a ella vi un puesto de frutas con algunas hojas verdes cerca de los mangos anaranjados y los plátanos amarillos.

12. Cerca de esos puestos escuché la charla de las mujeres y pude aprender algo sobre la vida del campo.

13. Supe que los campesinos vienen al mercado no solamente para vender y comprar sino también para divertirse, para charlar y para visitar a sus amigos.

14. La gente gritaba, charlaba, compraba, vendía, reía, todos con animación y humor.

15. De veras pasé un día muy interesante y muy divertido en el mercado de Toluca.

16. Y mientras iba a casa, es decir, a la capital, recordaba nuestras conversaciones en que hablábamos de los mercados de México y de tantas otras cosas.

Afectuosamente,

Juan Adams

10. For example, a woman was seated on the sidewalk. Before her there were a few onions and chiles. She was carefully arranging them in little piles.

11. Near her I saw a fruit stall with some green leaves near the orange-colored mangos and the yellow bananas.

12. Near those stalls I listened to the chatting of the women and I could learn something about life in the country.

13. I learned that the peasants come to the market not only to sell and to buy but also to enjoy themselves, to chat, and to visit their friends.

14. The people were shouting, chatting, buying, selling, laughing, all with liveliness and humor.

15. Indeed I spent a very interesting and very enjoyable day in the Toluca market.

16. And while I was going home, that is to say to the capital, I kept remembering our conversations in which we used to speak of the markets of Mexico and of so many other things.

Affectionately,

John Adams

Pronunciation and Spelling Aids

1. Practice:

es-**té**-ti-ca	la-**va**-ba	a-rre-**gla**-ba	char-**la**-ba	**é**-ra-mos	re-**í**-a
plá-ti-ca	cor-**ta**-ba	re-ga-te-a-ba	com-**pra**-ba	**í**-ba-mos	ven-**dí**-a
fá-cil-**men**-te	es-**ta**-ba	es-cu-**cha**-ba	ha-**blá**-ba-mos	ha-**bí**-a	
pro-ba-ble-**men**-te	ca-mi-**na**-ba	gri-**ta**-ba	com-**prá**-ba-mos	te-**ní**-a	

Building Vocabulary

A. **Palabras Relacionadas**

1. **el ánimo**   animation
   animado   animated, lively

2. **campo**   country, field
   campesino   farmer, peasant

3. **difícil**   difficult
   la dificultad   difficulty

4. **divertirse**   to enjoy oneself
   divertido   enjoyable

5. **la naranja**   orange
   anaranjado   orange-colored

6. **platicar**   to chat
   la plática   chatting, conversation

B. **La gente** people: requires a singular verb in Spanish.

La gente del campo estaba allí. The country people were there.

Ejercicio No. 136—Completion of Text

1. (Last week) **fui al mercado.**
2. (I saw) **mujeres** (who) **lavaban ropa.**
3. **El mercado estaba** (full of people).
4. **Vinieron** (from the country).
5. **Se puede fácilmente** (lose one's way).
6. **Yo caminaba** (through a street of stalls).
7. (I saw) **a un muchacho** (of seven or eight years).
8. (Like the other sellers) **arreglaba su mercancía.**
9. **Se vendían en el mercado** (flowers, baskets, and clothing).
10. (Among the stands) **encontré color y arte.**
11. **Los campesinos vienen** (to enjoy themselves).
12. **Yo escuché** (the chatting of the women).
13. **Aprendí un poco** (about country life).
14. (I remembered) **nuestras conversaciones.**
15. **Pasé** (a very pleasant day).

SEGUNDA PARTE

Grammar Notes

1. The Imperfect Tense.

You have learned two tenses which indicate past time, the present perfect and the preterite. Of the two the preterite is more commonly used.

You will now learn a third tense that refers also to past time, the imperfect. We may call the imperfect the *"was, were, or used to"* tense because it indicates actions that *were* happening or *used to* happen in past time. Thus:

a. *We were working* when he entered.   b. *He used to do* his lessons in the evening.

In sentence a., *were working* is in the imperfect; *he entered*, which interrupts the working at a definite moment, is in the preterite.

2. The Imperfect of Model Verbs—**hablar**, **aprender**, and **vivir**.

SINGULAR	SINGULAR	SINGULAR
I was speaking, etc.	I was learning, etc.	I was living, etc.
habl-aba	**aprend-ía**	**viv-ía**
habl-abas	**aprend-ías**	**viv-ías**
habl-aba	**aprend-ía**	**viv-ía**
PLURAL	PLURAL	PLURAL
habl-ábamos	**aprend-íamos**	**viv-íamos**
habl-abais	**aprend-íais**	**viv-íais**
habl-aban	**aprend-ían**	**viv-ían**

a. To form the imperfect of all **-ar** verbs, without exception:

   1. Drop **-ar** from the infinitive.
   2. Add the endings **-aba**, **-abas**, **-aba**; **-ábamos**, **-abais**, and **-aban** to the remaining stem.

b. To form the imperfect of all **-er** and **-ir** verbs with the exception of **ver**, **ser**, and **ir**:

1. Drop **-er** or **-ir** from the infinitive.
2. Add the endings **-ía**, **-ías**, **-ía**; **-íamos**, **-íais**, and **-ían**, to the remaining stem.

c. The stress is on the first syllable (**-a**) in all the **-aba** endings.
To prevent it from shifting in the **-ábamos** ending the first **-a** must have an accent mark.

The stress in the **-ía** endings is always on the **i**.

d. The endings of the **yo** and the (**Ud.**, **él**, **ella**) forms of the verb are alike in the imperfect.
The subject pronoun is used when the meaning is not clear

3. The Imperfect of **ver**, **ser**, and **ir**.

I was seeing, etc.		I was, etc.		I was going, etc.	
veía	veíamos	era	éramos	iba	íbamos
veías	veíais	eras	erais	ibas	ibais
veía	veían	era	eran	iba	iban

a. The endings of **veía** are regular. But the endings are added to **ve-** not to **v-**.

b. In all forms of **era** and **iba** the stress must be on the first syllable. To prevent it from shifting, an accent mark is added to the first syllable of **éramos** and **íbamos**.

Ejercicios No. 137A-137B-137C

137A. Translate.

1. **Llovía a cántaros cuando nos despedimos de los jóvenes.**
2. **Yo pensaba en Ud. cuando me paseaba en coche por las calles cuyos nombres son fechas.**
3. **Los turistas y los vendedores regateaban y todos parecían divertirse mucho.**
4. **Me acercaba a la puerta cuando encontré a los hijos del Sr. Carrillo.**
5. **Mientras hablábamos sobre las artes populares, la señora de Carrillo leía un periódico.**
6. **Hacía mucho calor cuando volvimos a los Estados Unidos.**
7. **Cuando el coche se ponía en marcha se acercó un policía** (policeman).
8. **Los aviones llegaban y salían a todas horas.**
9. **Estábamos cansados pero no queríamos descansar.**
10. **Ya eran las cuatro y media de la tarde y teníamos prisa.**

137B. Each of these sentences indicates an action that was going on (*imperfect*) and another action which interrupted it at a definite time (*preterite*). Translate the verbs in parentheses, using the correct tense.

1. **Mientras** (I was eating), **me llamó por teléfono.**
2. **Cuando** (we were studying), **entraron en nuestro cuarto.**
3. **Cuando** (he was) **enfermo, lo visitamos.**
4. **Mientras** (you were taking leave), **empezó a llover.**
5. **Cuando** (they were taking a walk), **se perdieron.**
6. **Los vendedores** (were shouting) **cuando llegamos al mercado.**
7. **Cayó en la acera cuando** (he was getting out) **del auto.**

8. **No nos oyeron cuando** (we were speaking).

9. **Los encontramos cuando** (they were going) **al mercado.**

10. **Cuando** (we were passing) **por una avenida grande vimos a los vendedores.**

137C. Translate the following verbs in the correct tense, preterite or imperfect, as necessary.

1. **(caminar)** I was walking

2. **(ir)** I was going

3. **(decir)** he said

4. **(jugar)** they were playing

5. **(cantar)** they sang

6. **(ver)** we were seeing

7. **(correr)** they were running

8. **(perder)** you (**Ud.**) lost

9. **(vivir)** they lived

10. **(leer)** she read

11. **(empezar)** it began

12. **(llamar)** they were calling

13. **(entrar)** you (**Uds.**) did not enter

14. **(estar)** were you (**Ud.**)? (imperfect)

15. **(ser)** we were (imperfect)

16. **(oír)** they heard

Ejercicio No. 138—Preguntas

1. ¿Por dónde pasaba el camión?

2. ¿Qué día de la semana era?

3. ¿De dónde vino la mayor parte de la gente?

4. ¿Había[1] también gente de la ciudad?

5. ¿Por qué no tenía dificultad el Sr. Adams?

6. ¿A quién vio mientras caminaba?

7. ¿A quién se parecía el muchacho?

8. ¿Qué clase de sombrero llevaba?

9. ¿Qué arreglaba el muchacho?

10. ¿Qué veía por todas partes el Sr. Adams?

11. ¿Quién estaba sentada en la acera?

12. ¿Qué había delante de ella?

13. ¿Cuándo recordaba el Sr. Adams sus conversaciones con el Sr. López?

NOTE: 1. The imperfect of **hay** (*there is* or *there are*) is **había** (*there was* or *there were*). The preterite is **hubo** (*there was* or *there were*).

CAPÍTULO 42 (CUARENTA Y DOS)

PRIMERA PARTE

Sobre el descanso
Quinta carta de México

Querido amigo:

1. **Ud. recordará, amigo mío, sus últimos consejos antes de mi salida para México. Me dijo: —No tenga prisa. Camine despacio. Descanse varias horas por la tarde. De verda, no he olvidado sus consejos acerca del descanso, pero tengo que confesar, no descanso largo rato. Hay tanto que ver, tanto que oír, tanto que descubrir, tanto que hacer.**

2. **Ayer, por ejemplo, me paseaba al mediodía en la Alameda. Siempre hay allí una brisa y cuando hay mucho sol es muy agradable debajo de los grandes árboles cerca de una fuente de agua fresca.**

3. **Pero no pude descansar por mucho tiempo. Al otro lado de la Avenida Juárez estaban las tiendas donde se venden artefactos, libros, artículos de cuero, de paja, de tela, de plata y de cristal. Muchas veces he visitado aquellas tiendas pero no pude resistir la tentación de volver a visitarlas.**

4. **También tuve que visitar otra vez el Museo de Artes e Industrias Populares. Nunca me canso de mirar las artes de los indios, ni de hacerles preguntas a los dependientes en la tienda del museo y al director.**

5. **Saliendo del museo, que está al sur del parque en la Avenida Juárez, volví a visitar el Palacio de Bellas Artes, que está al este del parque. Todavía no he asistido a ningún concierto en el palacio, pero me gusta mucho mirar los cuadros y las pinturas murales de los grandes artistas de México.**

Dear Friend:

1. You will remember, my friend, your final advice before my departure for Mexico. You told me Don't be in a hurry. Walk slowly. Rest several hours in the afternoon. Indeed I have not forgotten your advice concerning resting, but I must confess—I don't rest very much. There is so much to see, so much to hear, so much to discover, so much to do.

2. Yesterday, for example, I was strolling at noon in the Alameda. There is always a breeze there and when it's very sunny it is very pleasant under the big trees near a fountain of fresh water.

3. But I was not able to rest very long. On the other side of Juarez Avenue there were shops that sell artifacts, books, and goods made of leather, straw, cloth, silver, and glass. I have often visited those shops but I was not able to resist the temptation to visit them again.

4. I also had to visit once again the Museum of Folk Arts & Industries. I never tire of looking at the arts of the Indians, nor of asking questions of the sales people in the shop of the museum and of the director.

5. Leaving the museum, which is to the south of the park on Juarez Avenue, I again visited the Palace of Fine Arts, which is to the east of the park. I have not as yet attended any concert in the palace, but I enjoy very much looking at the pictures and murals of the great artists of Mexico.

6. Pues, Sr. López, Ud. ve que voy aprendiendo más cada día, sobre todo porque soy muy hablador. Y sus consejos me han sido muy útiles, excepto (tengo que confesarlo otra vez) los que me dio sobre el descanso.

      Reciba un apretón de manos de su amigo,

             Juan Adams

6. Well, Mr. Lopez, you see I am learning more every day, especially because I am very talkative. And your advice has been very useful to me, except (I must confess again) that which you gave me about resting.

      Receive a handshake from your friend,

             John Adams

Ejercicio No. 139—Completion of Text

1. (Before my departure) **para México, me dijo:—** (Don't be in a hurry).
2. (I have not forgotten) **sus consejos.**
3. (I do not rest) **por mucho tiempo.**
4. **Hay** (so much to discover).
5. (Yesterday) **descansaba yo** (at noon).

6. **En la avenida** (are sold) **artefactos.**
7. (I was not able) **resistir la tentación.**
8. (I visited again) **el Palacio de Bellas Artes.**
9. (Not yet) **he asistido a un concierto.**
10. (I like very much) **las pinturas de los grandes** (painters).

SEGUNDA PARTE

Grammar Notes

1. The Possessive Pronouns

In Spanish as in English there are possessive adjectives and possessive pronouns. The possessive adjectives **mi**, **tu**, **su**, etc. are important and useful words and you have learned and used them a great deal. Study the following examples:

POSSESSIVE ADJECTIVES

(a)

Mi (*my*) libro es rojo.
Mi (*my*) pluma es roja.
Mis (*my*) libros son rojos.
Mis (*my*) plumas son rojas.

(b)

Es mi (*my*) libro.
Es mi (*my*) pluma.
Son mis (*my*) libros.
Son mis (*my*) plumas.

POSSESSIVE PRONOUNS

(a)

El mío (*mine*) es rojo.
La mía (*mine*) es roja.
Los míos (*mine*) son rojos.
Las mías (*mine*) son rojas.

(b)

El libro es mío (*mine*).
La pluma es mía (*mine*).
Los libros son míos (*mine*).
Las plumas son mías (*mine*).

a. The possessive pronoun agrees in number and gender with the noun for which it stands. Each form is preceded by **el**, **la**, **los** or **las**. (Group a)

b. When the possessive pronoun comes after the verb **ser**, the definite article is omitted. (Group b)

c. The complete table of possessive pronouns:

SINGULAR			PLURAL	
el mío	la mía	los míos	las mías	mine
el tuyo	la tuya	los tuyos	las tuyas	yours (fam.)
el suyo	la suya	los suyos	las suyas	yours, his, hers, theirs
el nuestro	la nuestra	los nuestros	las nuestras	ours
el vuestro	la vuestra	los vuestros	las vuestras	yours (fam.)

d. Memorize the following common expressions in which the long form of the possessive follows the noun:

amigo mío my friend (m.)   **un amigo mío** a friend of mine

amiga mía my friend (f.)   **unos amigos míos** some friends of mine

amigos míos my friends   **unos amigos nuestros** some friends of ours

amigas mías my friends (f.)   **unos amigos suyos** some friends of yours

2. The Definite Article as a Pronoun.

a. **el libro de Pedro y el libro de Ana**   Peter's book and Anna's book

   la pluma de Pedro y la pluma de Ana   Peter's pen and Anna's pen

   los libros de Pedro y los libros de Ana   Peter's books and Anna's books

   las plumas de Pedro y las plumas de Ana   Peter's pens and Anna's pens

b. **el libro de Pedro y *el* de Ana**   Peter's book and *that* of Anna

   la pluma de Pedro y *la* de Ana   Peter's pen and *that* of Anna

   los libros de Pedro y *los* de Ana   Peter's books and *those* of Anna

   las plumas de Pedro y *las* de Ana   Peter's pens and *those* of Anna

In group a, the noun is repeated in each sentence. This, as you see, is monotonous. In group b, the noun is not repeated and the article that remains is translated *that* (in the singular) and *those* (in the plural).

TERCERA PARTE

Ejercicios No. 140A-140B

140A. Read each sentence on the left and complete the corresponding sentence on the right with the correct possessive pronoun.

Ejemplo: **¿De quién es esta revista? Es (mine) mía.**

1. **¿De quién es este traje?**   1. **Es (mine).**

2. **¿De quiénes son estos carteles?**   2. **Son (yours).**

3. **Juan y yo tenemos corbatas.**   3. **Éstas son (mine), ésa es (his).**

4. **Ana y yo hemos comprado sarapes.**   4. **Éstos son (mine), ésos son (hers).**

5. **Ud. y yo hemos recibido cartas.**   5. **Éstas son (mine), y ésas son (yours).**

6. **Pablo y yo compramos boletos ayer.** 6. **Tengo los (mine) pero él perdió los (his).**

7. **Las revistas han llegado.**   7. **Yo he leído las (mine); él ha leído las (his).**

8. Fui al cine con mi madre.

9. Fuimos al cine con nuestros amigos.

10. Ellos llevaron sus juguetes.

8. **Ella fue con la** (hers).

9. **Ellos fueron con los** (theirs).

10. **Nosotros llevamos los** (ours).

140B. Change these sentences from the present to the imperfect and preterite. Translate each sentence.

Ejemplo: Respondo a su pregunta.   I answer his question.

            Respondía a su pregunta.   I was answering his question.

            Respondí a su pregunta.   I answered his question.

1. Salgo del cuarto.

2. Entramos en el museo.

3. Vemos las tiendas.

4. Uds. no olvidan mis consejos.

5. El chófer me responde.

6. Ellos no aprenden francés.

7. Estoy en casa.

8. Los jóvenes van a la corrida.

Ejercicio No. 141—Preguntas

1. ¿Qué no ha olvidado el Sr. Adams?

2. ¿Por qué no descansa por mucho tiempo?

3. ¿Dónde se paseaba al mediodía?

4. ¿Qué había al otro lado de la avenida?

5. ¿Ha visitado el Sr. Adams aquellas tiendas muchas veces o pocas veces?

6. ¿Qué tentación no podía resistir?

7. ¿Se cansa él de mirar las artes de los indios?

8. ¿Qué palacio volvió a visitar el Sr. Adams?

9. ¿Ha asistido a algún concierto en el Palacio de Bellas Artes?

10. ¿Le gusta mucho al Sr. Adams mirar las pinturas de los grandes pintores?

Algunos de los adjectivos posesivos son «mi», «tu» y «su».

Y algunos de los pronombres posesivos son «el mío», «la mía», «los míos» y «las mías».

PRIMERA PARTE

Repaso de palabras (Word Review)

NOUNS

1. el abogado	9. el cristal	17. el médico	1. lawyer	9. glass	17. doctor
2. el ascensor	10. el chófer	18. el pase de turista	2. elevator	10. driver	18. tourist pass
3. la brisa	11. el dependiente	19. el pintor	3. breeze	11. employee	19. painter
4. el caballo	12. el descanso	20. la pintura	4. horse	12. rest	20. painting
5. el campesino	13. la dificultad	21. la sala de espera	5. farmer	13. difficulty	21. waiting room
6. la cebolla	14. el este	22. la seda	6. onion	14. east	22. silk
7. el corazón	15. la fuente	23. la tela	7. heart	15. fountain	23. cloth
8. el concierto	16. el joven	24. el viejecito	8. concert	16. youth	24. little old man

VERBS

1. acercarse a	8. descubrir	15. perder	1. to approach	8. to discover	15. to lose
2. arreglar	9. descansar	16. pintar	2. to arrange	9. to rest	16. to paint
3. asistir a	10. divertirse	17. regatear	3. to attend	10. to enjoy one self	17. to bargain
4. cansarse	11. encantar	18. señalar	4. to get tired	11. to charm	18. to point out
5. aconsejar	12. expresar	19. sonar	5. to advise	12. to express	19. to sound
6. cortar	13. gritar		6. to cut	13. to shout	
7. correr	14. hallar		7. to run	14. to find	

ADJECTIVES

1. afortunado	8. emocionante	15. salvo	1. lucky	8. exciting	15. safe
2. alegre	9. enorme	16. sano	2. happy	9. enormous	16. sound (healthy)
3. cansado	10. guapo	17. semejante	3. tired	10. handsome	17. similar
4. cuadrado	11. grueso	18. sumo	4. square	11. thick	18. greatest
5. demasiado	12. impaciente	19. vacío	5. too much	12. impatient	19. empty
6. deseoso	13. junto		6. eager	13. together	
7. divertido	14. sabroso		7. enjoyable	14. tasty	

ADVERBS

1. ayer	3. anoche	1. yesterday	3. last night
2. anteayer	4. en frente	2. day before yesterday	4. in front

PREPOSITIONS

1. dentro de	3. junto a	1. inside of	3. close to
2. excepto	4. según	2. except	4. according to

CONJUNCTIONS

1. mientras (que)	2. antes de que	3. puesto que	1. while	2. before	3. since

IMPORTANT EXPRESSIONS

1. al día síguiente	7. pensar (+ infin.)	1. on the following day	7. to intend to
2. de repente	8. por entero	2. suddenly	8. entirely
3. dar un paseo	9. sano y salvo	3. to take a walk	9. safe and sound
4. es decir	10. darse la mano	4. that is to say	10. to shake hands
5. por mucho tiempo	11. voy aprendiendo	5. for a long time	11. I am learning
6. llamar por teléfono	12. apretón de manos	6. to telephone	12. handshake

NOTE: voy aprendiendo = estoy aprendiendo. ir is often used like **estar** to form the present progressive.

SEGUNDA PARTE

Ejercicio 142. For each Spanish word give the related Spanish word suggested by the English word in parentheses.

Ejemplo: 1. comer (the meal)—la comida

1. **comer** (the meal)
2. **difícil** (the difficulty)
3. **hablar** (talkative)
4. **platicar** (the chatting)
5. **divertirse** (enjoyable)
6. **el caballo** (the little horse)
7. **el viaje** (to travel)
8. **segundo** (secondary)
9. **la ventana** (the little window)
10. **caminar** (the road)
11. **pintar** (the painting)
12. **preguntar** (the question)
13. **responder** (the answer)
14. **llegar** (the arrival)
15. **fácil** (easily)
16. **el campo** (the farmer)

Ejercicio 143. Translate each verb form and give the infinitive of the verb.

Ejemplo: dijeron, they said, decir, to say

1. pudo	4. vi	7. tuvimos	10. pidió	13. hizo
2. quise	5. leyeron	8. di	11. Uds. hicieron	14. tuviste
3. pusieron	6. Ud. dijo	9. fue	12. vine	15. supe

Ejercicio 144. Select the group of words in the right-hand column which best completes each sentence begun in the left-hand column.

1. Mientras nuestro camión pasaba por las montañas
2. Debajo de los árboles en la Alameda
3. Por todas partes había puestos
4. Vio a un muchacho
5. Cuando lo encontró,
6. Escuchando la plática de las mujeres,
7. ¿Recuerda Ud. las conversaciones
8. Yo estaba sentado al mediodía en el parque
9. Mientras el Sr. Adams se divertía en México,

a. el Sr. López sufría el calor de Nueva York.
b. donde se vendían cosas corrientes.
c. había una brisa fresca.
d. en que hablábamos de los mercados de México?
e. los hombres y las mujeres caminaban a lo largo de la ruta.
f. charlando con un estudiante.
g. que cuidaba un puesto.
h. el muchacho arreglaba su mercancía.
i. el Sr. Adams podía comprender todo lo que (all that) decían.

Ejercicio 145. Complete each sentence by selecting the tense that makes sense. Translate each sentence.

Ejemplo: 1. Ayer recibí un paquete. Yesterday I received a package.

1. Ayer _____ un paquete (recibí, recibiré, recibo).
2. Mañana _____ en casa (me quedé, me quedaré, me quedo).
3. Anoche no _____ al cine (vamos, iremos, fuimos).
4. Ahora _____ las maletas (hicieron, hacen, harán).
5. El maestro habla y los alumnos _____ (es-cuchan, escucharán, escucharon).
6. ¿ _____ Uds. de la ciudad pasado mañana? (salen, saldrán, salieron)
7. ¿Lo _____ Ud. anteayer? (vio, ve, verá)
8. El año que viene _____ en Europa (viaja, viajé, viajaré).
9. ¿Qué está diciendo él? No _____ oirlo (pu-dimos, podemos, podremos)
10. Yo _____ la semana pasada (llegué, llego, llegaré).

NOTE: The present tense also can be used to express future. Example: **Mañana me quedo / me quedaré en casa.**

TERCERA PARTE

Diálogo

En la gasolinera

Practice the Spanish aloud.

El Sr. Adams necesita gasolina y ha entrado en una de las gasolineras de la Pemex.

Mr. Adams needs gasoline and has gone into one of the Pemex gasoline stations.

En seguida se acerca al coche un joven para servirlo.

Immediately a young man approaches the car to serve him.

—Buenas tardes,—lo saluda el joven.

"Good afternoon," the young man greets him.

—Muy buenas,—le contesta Adams.—¿Me llena el tanque, por favor?

"Good afternoon to you," Adams answers. "Will you please fill the tank?"

—¿Regular o super?

"Regular or super?"

—Regular.¿Y quiere chequear el aceite, el agua y el aire?

"Regular. And do you want to check the oil, the water, and the air?"

—Con todo gusto, señor,—le contesta el empleado.

"With pleasure, sir," the employee replies.

El joven llena el tanque, revisa el aceite, el agua y la presión de aire en las llantas. Entonces vuelve al Sr. Adams.

The young man fills the tank, checks the oil, the water, and the air pressure in the tires. Then he returns to Mr. Adams.

—Todo está bien,—le dice a nuestro turista.

"Everything is all right," he says to our tourist.

—Muchas gracias, ¿y cuánto le debo?

"Many thanks, and how much do I owe you?"

—Son ciento treinta y cinco pesos cuarenta centavos.

"It is one hundred thirty-five pesos forty centavos."

El Sr. Adams le da dos billetes de cien pesos. El joven se lo cambia, entregándole sesenta y

Mr. Adams gives him two bills of one hundred pesos. The young man changes it for him, returning

cuatro pesos sesenta centavos. Adams cuenta el cambio y ve que todo está en orden.

to him sixty-four pesos and sixty centavos. Adams counts the change and sees that everything is in order.

—Está bien,—le[1] dice al empleado.

"All right," he says to the employee.

—Muchas gracias y muy buenas tardes.

"Many thanks and very good afternoon."

—Muy buenas y feliz viaje,—le contesta el joven.

"Very good afternoon and happy voyage," the young man answers.

NOTE: 1. The indirect objects **le** (*to or for him, her, you*) and **les** (*to or for them, you*) become **se** before any other object pronoun that begins with the letter **l** (as in **lo**). Complete treatment of two object pronouns will be found in **Capítulo 47**.

LECTURA 1

Ejercicio No. 146—Una visita a Xochimilco (Soh-chee-*meel*-koh)

En una ocasión el Sr. Adams llevó a los hijos del Sr. Carrillo en una excursión al pueblo de Xochimilco con sus canales interesantes, sus barquitos decorados y la música de los famosos mariachis.

El pueblo no está muy lejos de la capital y nuestro amigo llegó sin dificultad. Al llegar (On arriving) al pueblo, tuvo una idea muy luminosa. Propuso (He proposed) una merienda al aire libre, al lado de uno de los canales. Los muchachos aceptaron el proyecto con entusiasmo.

Adams entró en una tienda de abarrotes (grocery store), compró unas tortillas y queso. Luego compró unas tortas y unos panes dulces en una panadería. Por último, compró unas naranjas y varios tomates en un puesto de verduras.

Quedó (There remained) el problema de los refrescos. Ahora uno de los chamacos (boys) tuvo una idea luminosa.—¿Por qué no comprar unas botellas de agua mineral? Por (Along) los canales siempre hay muchos vendedores de refrescos fríos.

—Estupenda idea,—comentó Adams.

Alquilaron (They rented) una canoa adornada de miles de claveles (carnations). Después de pasear (riding) dos horas explorando los canales, salieron de la canoa en un lugar muy tranquilo. El Sr. Adams repartió las tortillas y el queso, que comieron con los tomates. Por fin, de postre se comieron las sabrosas naranjas. Fue una merienda estupenda y los chicos quedaron (were) encantados. No olvidarán esta experiencia en muchos años.

LECTURA 2

Ejercicio No. 147—En la Avenida Juárez

Al fin caminamos por la Avenida Juárez. Es una avenida ancha en el centro del Distrito Federal. Está a un lado de la Alameda, un parque muy bonito con árboles altos, fuentes y monumentos.

Hay mucha gente en la Avenida Juárez. Ahí vienen todos los turistas. En las tiendas se venden toda clase de artículos típicos de México—joyería, tejidos, artículos de cuero, alfarería (pottery) y ropa hecha a mano.

Naturalmente, vamos a visitar el Museo Nacional de Artes e Industrias Populares. Allí se pueden ver varios artículos de todas las regiones del país.

Caminamos por esta avenida hasta llegar al «Caballito», la estatua del rey Carlos IV en la Plaza de la Reforma. Allí termina la avenida.

CAPÍTULO 44 (CUARENTA Y CUATRO)

PRIMERA PARTE
Forward

In Chapters 44–49 there will be no parallel translation of the texts. However, all new words and expressions that appear in the selections are given in the vocabulary sections which follow each text. There is also a Spanish-English dictionary in the Appendix to which you can refer for any words you may have forgotten.

You should therefore have no difficulty in reading and understanding the texts. As a means of testing your understanding, a series of English questions to be answered in English are given under the heading "Test of Reading Comprehension," instead of the usual Spanish Preguntas. You can check your answers in the Answer Section of the Appendix.

La Plaza
Sexta carta de México

Querido amigo:

En nuestras conversaciones hemos hablado de muchas cosas pero no me acuerdo de ninguna conversación sobre las plazas mexicanas. Tengo ganas de escribirle mis impresiones de ellas.

He notado que cada pueblo en México tiene su «corazón». Es la plaza. Todo el mundo va a la plaza para el descanso, para los negocios, para el recreo, para todo.

En esto pensaba mientras estaba sentado en la plaza de Oaxaca.

Cada plaza es distinta. Algunas son circulares, otras son cuadradas. En algunas se ven árboles grandes, en otras no se ve nada más que algunas pocas hojas secas de quién sabe qué pobre arbolito.

En el centro de cada plaza hay un kiosco que puede ser cuadrado o redondo, elegante o sencillo, bien cuidado o mal cuidado.

Los músicos del pueblo tocan en el kiosco el domingo por la tarde, el jueves por la noche y a veces tocan otros días también.

Muchas veces hay arcadas a un lado o a dos lados de la plaza. En las arcadas se encuentran (are found) toda clase de tiendas, como papelerías, farmacias, mercerías, joyerías, librerías. Casi siempre hay un café. Allí se reúnen los hombres (the men get together) por la tarde para charlar o para leer el periódico mientras toman una taza de chocolate o café, una cerveza, o un refresco.

El hotel del pueblo puede estar en la plaza principal. También se ve allí una iglesia antigua.

El aspecto de la plaza cambia a cada hora. Por la mañana temprano se ve (one sees) solamente la gente que va al mercado. Más tarde vienen las madres con sus bebés y niños pequeños. Las madres se sientan en los bancos para charlar.

Durante las horas de la siesta, desde la una hasta las tres y media de la tarde, hay pocas personas en la plaza. Algunos descansan, otros hasta duermen en los bancos. Hace calor. A eso de las cuatro comienza otra vez la vida de la plaza.

El domingo por la tarde se reúne todo el mundo en la plaza para «el paseo». Los muchachos caminan de un rumbo (in one direction), **las muchachas del contrario** (in the other). **Mientras tanto los músicos en el kiosco tocan una pieza alegre.**

Al fin llega la noche. La plaza se pone tranquila. Se ven solamente algunos viajeros que vienen del mercado. La plaza duerme.

Reciba un cordial saludo de su amigo,

Juan Adams

Vocabulario

el aspecto	appearance		**el paseo**	promenade
la cerveza	beer		**la pieza**	piece (music)
el contrario	opposite		**la arcada**	arcade
el corazón	heart		**el rumbo**	direction
la farmacia	pharmacy		**crecer**	to grow
la hoja	leaf		**reunirse**	to get together
la joyería	jewelry shop		**alegre**	merry, lively
la iglesia	church		**cansado**	tired
el kiosco	bandstand		**cuadrado**	square-shaped
la librería	book shop		**cuidado**	kept, cared for
la mercería	notion shop		**circular**	round, circular
el músico	musician		**seco**	dry
la papelería	stationery shop		**mientras tanto**	in the meantime
la plaza	square			

Ejercicio No. 148—Test of Reading Comprehension

Answer these questions in English. They will test your comprehension of the text.

1. What does every town have?
2. Why does everybody go to the square?
3. What grows in some squares?
4. What does one see in other squares?
5. Where is the bandstand located?
6. When do the musicians play?
7. Name six kinds of shops which are found in the arcades.
8. For what purpose do the men get together in the cafe in the afternoons?
9. What do they drink?
10. What does one see in the main square?
11. What do some people do on the square during the siesta hour?
12. At what time does the life of the square begin again?
13. What happens on Sunday afternoons?
14. How do the boys and girls promenade?
15. Whom does one see in the plaza at night?

Ejercicio No. 149—Completion of Text

1. (The heart of each town) **es la plaza.**
2. **En esto pensaba** (while I was seated) **en la plaza.**
3. (One sees nothing more) **que algunas pocas hojas secas.**
4. **El kiosco** (may be) **cuadrado o circular.**
5. **Los músicos tocan** (on Sunday afternoon).
6. **Hay arcadas** (where one finds) **todas clases de tiendas.**
7. **Los hombres** (get together) **en el café** (in the afternoon).
8. **También se ve allí** (an old church).
9. (Later) **vienen las madres** (with their small children).

SEGUNDA PARTE
Grammar Notes

1. The Present and Preterite of **dormir (ue)** to sleep

PRESENT		PRETERITE	
I sleep, etc.		I slept, etc.	
duerme	dormimos	dormí	dormimos
duermes	dormís	dormiste	dormisteis
duerme	duermen	durmió	durmieron

PRESENT PARTICIPLE : **durmiendo**

2. Relative Pronouns

   a. **que**, who, whom, which, that

     que is the most commonly used relative pronoun. Like the English *that*, it can refer to persons or things, except with prepositions, when it may refer only to things.

El sombrero que compré me sienta mal.	The hat which I bought fits me poorly.
¿Dónde está el muchacho que perdió su libro?	Where is the boy who lost his book?
¿Dónde está la cesta de que Ud. habló?	Where is the basket of which you spoke?

   b. **quien, quienes** (plural), who, whom

     quien and **quienes** refer only to persons. When they are used as a direct object the personal **a** is required

Los hombres de quienes hablé son abogados.	The men of whom I spoke are lawyers.
El niño a quien buscábamos está en casa.	The child whom we were looking for is at home.

   c. **lo que** what, that which; **todo lo que** all that

Sé lo que dijo.	I know what he said.
Le diré a Ud. todo lo que he aprendido.	I will tell you all that I have learned.

   d. **cuyo (o, os, as)** whose, must immediately precede the noun it modifies, and must agree with it in number and gender

Buscan las calles *cuyos* nombres son fechas.	They are looking for the streets whose names are dates.
¿Dónde está el hombre *cuya* casa hemos comprado?	Where is the man whose house we have bought?

   e. **donde, *en donde*, a donde, de donde** may often take the place of a relative pronoun.

La casa *en donde* vive es antigua.	The house in which (where) he lives is old.
No conozco la escuela *a donde* van los niños.	I do not know the school to which (where) the children go.

   f. **el cual (la cual, los cuales, las cuales)** that, which, who, whom

     These longer forms of the relative pronouns are used to make clear to which of two possible antecedents the relative clause refers.

Visité a la esposa del Sr. Adams, la cual toca bien el piano.	I visited the wife of Mr. Adams, who plays the piano well.

TERCERA PARTE

Ejercicios No. 150A-150B

150A. Use the correct verb forms with these subjects:

1. **(Yo)** sleep
2. **(Yo)** am not sleeping
3. ¿**(Quién)** sleeps?
4. **(Nosotros)** sleep
5. Do you sleep **(Ud.)**?
6. Sleep **(Ud.)** (Imperative)

7. Do not sleep **(Uds.)**
8. **(El niño)** sleeps
9. **(La niña)** is not sleeping
10. ¿**(Quiénes)** sleep?
11. **(Ellos)** sleep
12. **(Nadie)** is sleeping

150B. Complete these sentences by using the correct relative pronoun.

Ejemplo: Déme el lápiz que compré.

1. **Déme el lápiz** (that) **compré.**
2. **¿Dónde está el alumno** (whose) **libro tengo?**
3. **Los muchachos** (who) **eran diligentes aprendieron mucho.**
4. **Aquí está la pintura** (of which) **hablábamos.**
5. **Las palabras** (that) **aprendemos son difíciles.**
6. (What, that which) **le dije a Ud. es verdad.**
7. **Me dio** (all that) **quise.**
8. **La casa** (that) **compré es de piedra.**
9. **Allí están las señoritas** (of whom) **hablábamos.**
10. **El Sr. Adams,** (who) **estaba sentado detrás de su escritorio, se levantó.**

NOTE: Use **que** for *who* (sentence 3). If the relative clause can be omitted without changing the sense or clarity of the sentence, you can use both **que** and **quien** (sentence 10).

CAPÍTULO 45 (CUARENTA Y CINCO)

PRIMERA PARTE

Un paseo a Teotihuacán
Séptima carta de México

Querido amigo:

Ayer llamé por teléfono a los hijos del Sr. Carrillo y les pregunté:—¿Quieren Uds. pasear en coche conmigo a Teotihuacán? Aceptaron con alegría.

Quería (I wanted) volver a tiempo para ir a un concierto por la noche. Así es que tempranito nos encontramos (we met) los tres delante de mi hotel. Saqué (I took out) el coche del garage donde lo había alquilado (I had rented) para el día. Charlando y riendo con animación nos pusimos en marcha (we set out).

Después de pasar los suburbios de la ciudad, atravesamos primero tierras laboradas y después tierras desiertas. Vimos de vez en cuando unas casas pequeñas de adobe o un indio con su burro. Más allá (further on) no vimos más que la llanura de la Mesa Central y las montañas a lo lejos.

Yo manejaba el coche y de repente oí un sonido que inmediatamente reconocí.—¿Qué pasó?—preguntaron los jóvenes.

Paré (I stopped) el auto y bajamos.—Tenemos un pinchazo—contesté yo.

Yo quería cambiar la llanta y los jóvenes tenían muchas ganas de ayudarme. Los dos, muy contentos, comenzaron a buscar el gato. ¡Ay! No había ningún gato (there was no jack) en la cajuela. ¿Qué hacer?

De vez en cuando pasaba un auto a toda velocidad. A pesar de nuestras señales nadie paró. Era casi mediodía y había mucho sol. Nos sentamos debajo de un pequeño árbol al lado del camino para esperar.

Pronto Carlos vio en el horizonte un camión grande. Se acercó (It approached) rápidamente y paró delante de nuestro árbol. El chófer bajó.

—¿Tienen un pinchazo?—dijo sonriendo. —¿Me permiten ayudarles?

—¡Muchas gracias!—le respondí. —Tenemos un pinchazo y nos hace falta un gato.

El chófer nos prestó su gato y nos ayudó a cambiar la llanta. Afortunadamente teníamos una llanta de repuesto (a spare tire).

Le di mil gracias al hombre y le ofrecí cien pesos, pero no quiso aceptarlos. Entonces nos dimos la mano y nos despedimos.

Seguimos nuestro camino hasta que llegamos a las Pirámides de Teotihuacán. De veras son muy imponentes. Subimos por aquella escalera ancha hasta la cima de la Pirámide del Sol, que tiene 216 pies de altura. Es más grande que cualquier pirámide de Egipto. Los jóvenes subieron corriendo. Yo subí muy despacio pero sin embargo llegué a la cima, algo jadeante (somewhat out of breath). Desde allí, como sabe, hay una vista maravillosa del valle entero. No es necesario describirle las otras ruinas imponentes de Teotihuacán, la Pirámide de la Luna y el Templo de Quetzalcóatl, dios de los aztecas. Ud. los conoce mejor que yo.

Después de tomar la comida que me habían preparado (they had prepared for me) en el hotel, subimos otra vez al auto y regresamos, cansados pero muy contentos.

Reciba un apretón de manos de su amigo,

Juan Adams

Vocabulario

el camión	truck, bus	regresar	to return
el gato	car-jack, cat	reír	to laugh
el dios	god	riendo	laughing
la cajuela	trunk (of car)	sonreír	to smile
la escalera	stairs	ancho	wide
la llanta (de repuesto)	tire (spare)	deseoso	eager
la llanura	plain	jadeante	out of breath
el paseo	walk, stroll, ride	desierto	deserted
el pinchazo	puncture, flat	imponente	imposing
la señal	signal	entero	entire
el sonido	sound	laborado	cultivated
la tierra	land	tempranito	very early
correr	to run	a pesar de	in spite of
ofrecer	to offer	algo	somewhat, something
manejar	to drive	¡ay!	oh!
Teotihuacán		pirámide	pyramid
(tay-oh-tee-wah-kahn)		(pee-rah-mee-day)	

Expresiones Importantes

a lo lejos	in the distance	hacer falta	to be missing
a tiempo	on time	Nos hace falta un gato.	We lack a jack.
a toda velocidad	at full speed	pasear en coche	to go on an auto ride
dar mil gracias	to thank a thousand times	ponerse en marcha	to set out
nada más que	nothing but, only	sin embargo	nevertheless
de vez en cuando	from time to time		

Ejercicio No. 151—Test of Reading Comprehension

Answer these questions in English.

1. Where did Mr. Adams want to go?
2. Whom did he invite to go with him?
3. Where did they meet at an early hour?
4. How had Mr. Adams obtained a car?
5. What did they see on the road from time to time?
6. What did they see in the distance?
7. What happened when Mr. Adams was driving?
8. Why weren't they able to change the tire?
9. What time of day was it?
10. How did they finally manage to put on the spare tire?
11. How did Mr. Adams try to show his appreciation of the truck driver's help?
12. How did Mr. Adams climb the Pyramid of the Sun, and how did he feel on reaching the top?
13. How did the boys go up?
14. Why isn't it necessary for Mr. Adams to describe the other ruins to Mr. Lopez?
15. How did they feel when they returned?

Ejercicio No. 152—Completion of Text

1. **¿Irá Ud.** (with me by car) **a Teotihuacán?**
2. (The young men accepted) **la invitación** (with joy).
3. (We met) **delante de mi hotel.**
4. (I took the car) **del garage.**
5. (I have rented it) **para el día.**
6. (Chatting and laughing) **subimos en el coche.**
7. (From time to time) **vimos a un indio.**
8. (We saw nothing but) **la llanura.**
9. (Suddenly) **oí un sonido.**
10. **¿**(What happened?)—**preguntaron.**
11. **Yo quería** (to change the tire) **pero** (there was no jack).
12. (In spite of) **nuestras señales nadie** (stopped).
13. **Dijimos al chófer:—**(We lack a jack).
14. **Nos prestó un gato** (and helped us change the tire).
15. **Entonces** (we shook hands) **y** (took leave of one another).

SEGUNDA PARTE

Grammar Notes

1 The Past Perfect Tense. Model Verbs, **hablar, aprender,** and **vivir**

SINGULAR

había hablado (aprendido, vivido)	I had spoken (learned, lived)
habías hablado (aprendido, vivido)	you had spoken (learned, lived)
Ud. había hablado (aprendido, vivido)	you had spoken (learned, lived)
él había hablado (aprendido, vivido)	he, it had spoken (learned, lived)
ella había hablado (aprendido, vivido)	she, it had spoken (learned, lived)

PLURAL

habíamos hablado (aprendido, vivido)	we had spoken (learned, lived)
habías hablado (aprendido vivido)	you had spoken (learned, lived)
Uds. habían hablado (aprendido, vivido)	you had spoken (learned, lived)
ellos habían hablado (aprendido, vivido)	they had spoken (learned, lived)
ellas habían hablado (aprendido, vivido)	they had spoken (learned, lived)

a. As in English, the past perfect tense in Spanish is formed by the auxiliary verb **había** (*had*), plus the past participle of the verb. **Había** is the imperfect of **haber** *to have*.

2. Verbs with Spelling Changes.

Note the Spelling Changes in these verbs.

sacar to take out

PRESENT		PRETERITE	
saco	sacamos	saqué	sacamos
sacas	sacáis	sacaste	sacasteis
saca	sacan	sacó	sacaron

IMPERATIVE

saque Ud.   *saquen Uds.*

llegar to arrive

PRESENT		PRETERITE	
llego	llegamos	llegué	llegamos
llegas	llegáis	llegaste	llegasteis
llega	llegan	llegó	llegaron

IMPERATIVE

llegue Ud.   *lleguen Uds.*

a. In verbs whose infinitives end in **-car** or **-gar**, **c** must become **qu** and **g** must become **gu** before the endings **e** and **en**, in order to keep the pronunciation of **c** and **g**, as found in the infinitive.

b. Other verbs ending in **-car** or **-gar** are: **buscar** to look for; **acercarse (a)** to approach; **pagar** to pay.

TERCERA PARTE

Ejercicios No. 153A-153B

153A. In the following sentences fill in the correct auxiliary verb in the past perfect tense. Translate the sentence.

Ejemplo: 1. (Nosotros) **habíamos aprendido español en México.**

We had learned Spanish in Mexico.

1. (Nosotros) _____ visto la película.
2. ¿ _____ leído Ud. muchos libros?
3. ¿Quién _____ abierto la ventana?
4. Los hijos no_____dormido durante la noche.
5. Yo no _____ creído el cuento.

6. (Nosotros) _____ volado sobre las montañas.
7. Ellos _____ ido al teatro.
8. ¿ _____ tenido Ud. un buen viaje?
9. Uds. no _____ dicho nada.
10. ¿ _____ comido (tú) los dulces, Juanito?

153B. Complete in Spanish.

1. (He had bought) **los boletos.**
2. (I had seen) **la película.**
3. (We had eaten) **la comida.**
4. ¿(Had they received) **la carta?**
5. ¿(Had you set) **la mesa?**
6. (You [**Uds.**] had not heard) **el cuento.**
7. (You [**tú**] had not slept) **bien.**
8. **El hombre** (had seated himself) **en el banco.**
9. (They had had) **un pinchazo.**
10. (We had said) **nada.**
11. ¿**Qué** (had happened)?
12. (They had not found) **el gato.**
13. ¿**Por qué** (had they not changed) **la llanta?**
14. **El chófer** (had approached) **a nosotros.**

CAPÍTULO 46 (CUARENTA Y SEIS)

PRIMERA PARTE

El Sr. Adams compra un billete de lotería
Octava carta de México

Querido amigo:

Yo no soy jugador, Sr. López. Es decir, hasta la semana pasada nunca había sido (I had never been) jugador.

¿Qué pasó? Le diré todo.

Como Ud. sabe mejor que yo, en todas las esquinas en el centro de la capital hay un vendedor, y muchas veces dos vendedores de billetes de lotería. Cuando llegué a México noté inmediatamente que todo el mundo compraba billetes de lotería. ¿Quién no quiere hacerse rico (to get rich)? Yo pensaba en la posibilidad de ganar uno de los muchos premios menores o tal vez, sacar el gordo. El año que viene, haría (I would take) viajes por todos los países de Sudamérica. Llevaría (I would take) conmigo a toda la familia. Los niños aprenderían (would learn) a hablar español. Podría (I would be able) volver a visitar a mis amigos en México. Pasaría (I would spend) mucho tiempo en las ciudades y pueblos de México que todavía no conozco.

Caminaría (I would walk) por todos los mercados para hablar con la gente del campo y para aprender más de la vida y de las costumbres de México. Compraría (I would buy) objetos de arte, pero no para venderlos, sino para mi casa.

Así soñaba yo.

El miércoles de la semana pasada paseaba por la Avenida Madero. Vi en la esquina, como siempre, a una señora que vendía billetes de lotería. Como siempre me dijo la señora — Compre Ud. este billete afortunado.

—Pero, señora,—le respondí—todos estos billetes son afortunados, ¿verdad?

—No, señor,—me dijo.—Le he guardado (I have kept for you) éste. Mire Ud. Tiene tres ceros.

Yo no sabía qué quería decir «tres ceros». Pero una voz dentro (within) de mí me dijo:— ¡Compra!

Y me hice jugador.

Al día siguiente yo leía en el periódico los números que ganaron. Naturalmente no esperaba nada. De repente vi un número con tres ceros, el número 26,000. ¡Yo había ganado un premio de dos millones (2,000,000) de pesos!

Busqué (I looked for) mi billete. Y mientras buscaba, hacía (I was making) viajes por todos los países de Sudamérica con toda la familia...

Al fin encontré el billete en un bolsillo. Muy impaciente lo miré. Había tres ceros. Había un dos. Pero ¿qué lástima? Había también un «5». Yo tenía el número veinticinco mil (25,000).

¿Pero qué importa? Desde aquel momento, me hice jugador.

Lo saluda cordialmente su amigo,

Juan Adams

Vocabulario

el billete de lotería	lottery ticket	ganar	to win
el bolsillo	pocket	guardar	to keep
la esquina	corner	hacerse	to become
el cero	zero	pasar	to happen, to pass
el jugador	player, gambler	pasear	to stroll
el premio	prize	soñar (ue)	to dream
el premio gordo	first (grand) prize	afortunado	lucky
la voz	voice	gordo	fat
buscar	to look for	impaciente	impatiently
busqué	I looked for	siguiente	following
Me hice jugador.	I became a gambler.	sacar el gordo	to win the lottery

NOTE: the difference between **sonar (ue)** *to sound, ring*; and **soñar (ue)** *to dream*. **Tengo sueño**: *I am sleepy.*

Ejercicio No. 154—Test of Reading Comprehension

Answer these questions in English.

1. What kind of man had Mr. Adams never been?
2. What had he noted when he came to Mexico?
3. What possibility was he thinking of?
4. After winning the first prize, to what countries would he take trips?
5. Whom would he visit again?
6. What would he buy for his house?
7. From whom did Mr. Adams buy a ticket with three zeros?
8. What was he reading in the newspaper next day?
9. What did he suddenly see?
10. What did he think when he saw the number with three zeros?
11. What was he dreaming of doing while he looked for his ticket?
12. What number did Mr. Adams have?
13. What number won the prize?
14. What expression does Mr. Adams use to show that he doesn't take the matter seriously?
15. Translate: **Desde aqel momento, fuí jugador.**

Ejercicio No. 155—Completion of Text

1. **Cuando** (I arrived) **en México** (everybody) **compraba boletos de lotería.**
2. **Había vendedores** (on all corners).
3. **Tal vez sacaré** (the first prize).
4. **Podría** (to visit again) **a mis amigos.**
5. **Llevaría conmigo** (the whole family).
6. **Así** (I was dreaming).
7. **Compré el boleto** (with three zeros).
8. **No sabía** (what the three zeros meant).
9. (The numbers which won) **estaban en el periódico.**
10. (I looked for) **mi boleto.**
11. (At last) **lo encontré** (in a pocket).
12. **Sí** (there were) **tres ceros, pero** (there was not) **un seis.**

SEGUNDA PARTE

Grammar Notes

1. The Present Conditional. Model Verbs—**hablar**, **aprender**, and **vivir**

   The conditional may be called the would form of the verb. Its use in Spanish is much the same as in English.

hablar-ía	I would speak	**hablar íamos**	we would speak
hablar-ías	you would speak	**hablar-íais**	you would speak
Ud. hablar-ía	you would speak	**Uds. hablar-ían**	you would speak
el hablar-ía	he, it would speak	**ellos hablar-ían**	they would speak
ella hablar-ía	she, it would speak	**ellas hablar-ían**	they would speak

   a. The conditional endings of all verbs are:

   SINGULAR: **-ía -ías -ía**   PLURAL: **-íamos -íais -ían**

   b. To form the regular conditional add these endings to the whole infinitive just as you do with the endings of the future. Thus: **hablar-ía, aprender-ía, vivir-ía, ser-ía, estar-ía.**

   c. The endings of the conditional are the same as those of **-er** and **-ir** verbs in the imperfect. But remember: The endings of the conditional are added to the *whole infinitive*. The endings of the imperfect are added to the *stem of the verb* after the infinitive ending has been removed.

IMPERFECT		CONDITIONAL	
aprendía	I was learning	**aprendería**	I would learn
vivía	I was living	**viviría**	I would live

2. The Irregular Conditional

   Those verbs that have a change in the infinitive base for the future have the same changes in the conditional.

INFINITIVE	FUTURE *I shall, etc.*	CONDITIONAL *I would, etc.*	INFINITIVE	FUTURE *I shall, etc.*	CONDITIONAL *I would, etc.*
saber	(yo) sabré	(yo) sabría	venir	(yo) vendré	(yo) vendría
poder	podré	podría	tener	tendré	tendría
querer	querré	querría	salir	saldré	saldría
decir	diré	diría	poner	pondré	pondría
hacer	haré	haría	valer	valdré	valdría
haber	habré	habría			

Ejercicios No. 156A-156B

156A. Change the following sentences from the future to the present conditional.
Translate each sentence in the conditional.

Ejemplo: Future: **Haremos viajes.** We shall take trips.
Conditional: **Haríamos viajes.** We would take trips.

1. Iremos a la plaza de Oaxaca.
2. Juan venderá sus boletos de sombra.
3. No sacarán el gordo.
4. Ud. encontrará a sus amigos.
5. Leeré muchas guías turísticas.
6. ¿Llevará Ud. a su familia a México?
7. ¿Les gustarán a Uds. los mercados?
8. Saldré de mi casa a las siete.
9. No podremos hacer los ejercicios.
10. No dirán nada.

156B. Translate:

1. I would learn
2. he would write
3. they would go
4. we would eat
5. she would speak
6. would you (**Ud.**) work?
7. would John see?
8. who would visit?
9. I would not travel
10. would they study?
11. I would make
12. he would come
13. they would not want
14. would you (**Ud.**) go out?
15. you (**Uds.**) would put

CAPÍTULO 47 (CUARENTA Y SIETE)

PRIMERA PARTE

El Sr. Adams no es aficionado a los toros
Novena carta de México

Querido amigo:

Era sábado. Yo había visitado al Sr. Carrillo en su oficina y estábamos para salir (we were about to leave). Me preguntó:—¿Quiere Ud. ir a una corrida de toros? Mañana sería (would be) el mejor día.

Al principio respondí sí. Pensé un rato y dije no. Pues, quizás.

Sonrió y dijo que tendría mucho gusto (he would be very pleased) en comprar los boletos. Por supuesto acepté.

A las tres de la tarde, el Sr. Carrillo y yo llegamos a la plaza de toros. Faltaba una hora para el comienzo de la corrida. Ya había (There were already) mucha gente allí. Todo el mundo estaba de muy buen humor.

El Sr. Carrillo había comprado boletos a la sombra. Me explicó que los verdaderos aficionados a los toros no tienen que estar cómodos. Ellos se sientan en los asientos al sol.

Al principio teníamos dificultad en hallar nuestros asientos. Todo el mundo ayudaba, señalando (pointing out) diferentes partes de la plaza. Al fin nos sentamos y esperamos el comienzo de la corrida.

La plaza de toros me hizo pensar en el estadio de fútbol o béisbol en los EE.UU. Oí los gritos de los vendedores de refrescos, los gritos y las risas de los espectadores. Todos esperaban impacientes las cuatro de la tarde.

De repente oí la música muy animada que anunció el comienzo de la corrida. Pasó por el redondel un desfile (a procession) de hombres en trajes relucientes, matadores, banderilleros, picadores a caballo y monosabios. Se fueron (they went away) y salió el toro.

Hasta este momento yo estaba muy contento. Me gustaban la música, los trajes relucientes, los gritos y las risas, y el sol que brillaba tan alegremente.

Pero, allí estaba el toro.

No voy a tratar de describir la corrida. Ud. conoce bien este deporte y sé que le gusta mucho. Solamente quiero darle algunas de mis impresiones.

En breve, no me gusta la corrida. Sí, entiendo que la corrida de toros es un deporte muy emocionante. Pero, ¡los pobres caballos, el pobre toro, y muchas veces, el pobre matador!

He visto una corrida pero no pienso (I do not intend) asistir a otra. Tengo que confesarle, no soy aficionado a los toros y nunca lo seré.

El Sr. Carrillo me dijo:—En el fútbol, no se puede decir (one may not say) «¡Pobres jugadores!» Sí, estoy de acuerdo (I agree), pero, por mi parte, prefiero un deporte más pacífico. Por ejemplo, el ajedrez.

Vocabulario

el aficionado	amateur, fan	la plaza de toros	bullring
el aficionado a los toros	bullfight fan	el redondel	arena
el ajedrez	chess	la sombra	shade
el asiento al sol	seat in the sun	refrescos	refreshments
el asiento a la sombra	seat in the shade	las risas	laughter
el banderillero	thrower of darts (into bull)	brillar	shine
la banderilla	dart	entender (ie)	to understand
la corrida de toros	bullfight	señalar	to point out
el deporte	sport	aficionado (adj.)	fond of
el desfile	procession	emocionante	exciting
el espectador	spectator	pacífico	peaceful
el matador	bullfighter who kills bull	reluciente	brilliant
el monosabio	a general helper at bullfight	alegremente	joyously
el picador	man on horseback who jabs bull with a pike	anunciar	to announce
		quizás	maybe

Expresiones Importantes

a caballo	on horseback	estar para (+ *infin.*)	to be about to
en breve	in short	de buen humor	in good humor
estar de acuerdo	to agree	falta una hora para	it is one hour before

Ejercicio No. 157—Test of Reading Comprehension

Answer these questions in English

1. What did Mr. Carrillo ask Mr. Adams when they were about to leave the office?
2. How much time before the beginning of the bullfight did they arrive?
3. What kind of tickets had Mr. Carrillo bought?
4. In what seats do the bullfight fans sit?
5. Of what did the bullring remind Mr. Adams?
6. What did Mr. Adams hear?
7. What sort of procession passed through the arena?
8. What happened when the men left?
9. What did Mr. Adams like about the bullfight?
10. Why does he not try to describe the bullfight?
11. In short, what does Mr. Adams think of the bullfight?
12. Whom does he pity?
13. What must he confess to Mr. Lopez?
14. In what does he agree with Mr. Carrillo?
15. What sport does Mr. Adams prefer?

Ejercicio No. 158—Completion of Text

1. (We were about to go).
2. **Pensé** (a while) **y dije** (well, maybe).
3. **Por supuesto** (I accepted).
4. (It was one hour) **para el comienzo de la corrida.**
5. **El Sr. Carrillo** (had bought) **boletos de sombra.**
6. (Finally) **hallamos nuestros asientos y** (sat down).
7. **La plaza de toros se parece a nuestro** (football or baseball stadium).
8. **Oímos** (the shouts and laughter) **de los espectadores.**

9. **Me gustó el desfile de** (men in brilliant costumes).

10. (They went away) **y el toro** (came out).

11. **Sí, entiendo que la corrida de toros es** (a very exciting sport).

12. **Sin embargo** (I must confess to you) **la verdad.**

13. (I do not intend) **asistir a otra corrida.**

14. (I agree) **si Ud. dice del fútbol:—**
   ¡(the poor players)!

15. (I prefer) **el ajedrez.**

SEGUNDA PARTE

Grammar Notes

1. Two-Object Pronouns.

Note in the following Spanish and English sentences the position of the indirect object (a person or persons) and the direct object (a thing or things).

1. **Carlos** *me lo* **da.**	1. **Charles gives** *it* (m.) *to me.*
2. **Ana** *me los* **trae.**	2. **Anna brings** *them* (m.) *to me.*
3. **Juan** *nos la* **manda.**	3. **John sends** *it* (f.) *to us.*
4. **María no** *nos las* **presta.**	4. **Mary does not lend** *them* (f.) *to us.*
5. *Te lo* **damos, hijito.**	5. **We give** *it to you*, **sonny.**

a. In Spanish, when there are two pronoun objects, the indirect object precedes the direct object.

b. In English, the opposite is true.

2. Two-Object Pronouns (continued)
Study the following examples and note what happens to the indirect object pronouns le (to you, to him, to her) and les (to you, pl., to them).

1. **Se lo digo (a Ud.)**	1. I tell *it to you*.
2. **Se la traigo (a él).**	2. I bring *it* (f.) *to him*.
3. **Se las prestamos (a ella).**	3. We lend *them to her*.
4. **Se lo mando (a ellos).**	4. I send *it* (m.) *to them*.
5. **Se los doy (a Uds).**	5. I give *them* (m.) *to you* (pl.).

a. **Le** (*to you, to him, to her*) and **les** (*to you, pl., to them*) may not be used before another object pronoun that begins with the letter **l**. In such cases **le** and **les** must become **se**.

b. Thus **se** may mean *to you* (sing. and plural), *to him, to her, to them* (masc. and fem.).
   a Ud., **a él**, **a ella**, etc., after the verb, make the meaning clear.

3. Two-Object Pronouns After the Verb.

Like single-object pronouns, two-object pronouns follow the verb with the affirmative imperative, with the infinitive and with the present participle. Study the two-object pronouns in the following examples.

1. **Dígamelo.**	1. Tell *it to me*.
2. **Díganselo a él.**	2. Tell *it to him*. (you pl.)
3. **Désela a ella.**	3. Give *it* (f.) *to her*.
4. **Dénoslos.**	4. Give *them to us*.

5. **Mándeselos a ellos.**	5. Send *them to them*.
6. **Mándenselos a ellos.**	6. Send *them to them* (you pl.)

a. When two-object pronouns follow the verb they are attached to it and to each other.

b. An accent mark is added to the stressed syllable of the verb to keep the stress from shifting.

Ejercicios No. 159A-159B-159C-159D

159A. Practice the Spanish questions and answers aloud many times. They will give you a "feeling" for the two-object pronouns construction.

1. **¿Le ha escrito el Sr. Adams la carta a su agente?**	1. Has Mr. Adams written the letter to his agent?
Sí, se la ha escrito.	Yes, he has written it to him.
2. **¿Le ha dado (Ud.) el regalo a su madre?**	2. Have you given the gift to your mother?
Sí, se lo he dado.	Yes, I have given it to her.
3. **¿Me prestará (Ud.) su pluma?**	3. Will you lend me your pen?
Sí, se la prestaré.	Yes, I will lend it to you.
4. **¿Nos mandarán (Uds.) las flores?**	4. Will you send us the flowers?
Sí, se las mandaremos.	Yes, we will send them to you.
5. **¿Les prestaron el dinero a Uds.?**	5. Did they lend you the money?
Sí, nos lo prestaron.	Yes, they lent it to us.
6. **¿Les contó (Ud.) los cuentos a los niños?**	6. Did you tell the stories to the children?
Sí, se los conté.	Yes, I told them to them.

159B. Before doing this exercise review Grammar Notes 1.

I. Translate into English:

1. **Los niños me los traen.**
2. **Los alumnos nos las mandan.**
3. **Ellos no nos los venden.**
4. **Te lo doy, hijito.**

II. Translate into Spanish:

1. Charles gives it (*m.*) to me.
2. Anna lends them (*m.*) to us.
3. The teacher says it (*m.*) to us.
4. We give it (*f.*) to you, child.

159C. Before doing this exercise review Grammar Notes 2.

I. Translate into English:

1. **Se lo decimos a Ud.**
2. **Se lo traemos a Uds.**
3. **Se los damos a él.**
4. **Se las mandamos a ellos.**

II. Translate into Spanish:

1. John tells it (*m.*) to you (*sing.*).
2. Mary writes it (*f.*) to him.
3. The teacher gives them (*m.*) to you (*pl.*).
4. We send them (*f.*) to her.

159D. Before doing this exercise review Grammar Notes 3.

I. Translate into English:

1. **Dígamelo.**
2. **Dénoslo.**
3. **Préstemelos.**
4. **Mándeselos a él.**

II. Translate into Spanish:

1. Lend them (*m.*) to me.
2. Send it (*m.*) to us.
3. Tell it (*f.*) to him.
4. Give them (*m.*) to her.

CAPÍTULO 48 (CUARENTA Y OCHO)

PRIMERA PARTE

El señor Adams sale de México
Décima carta de México

Muy amigo mío:

Cuando me fui (I went away) de Nueva York, como Ud. ya sabe, había aprendido algo acerca de México. Había leído varios libros muy intersantes sobre su (its) historia y sus costumbres. Ya sabía hablar español bastante bien.

Aquí en México he visitado muchos lugares. En nuestras conversaciones, que recuerdo bien, hemos hablado de algunos de ellos. En mis cartas le describí un poco de lo mucho que he visto. Lo demás (the rest) espero decírselo personalmente.

Como Ud. puede imaginar, me gustan mucho los lugares de interés histórico, el paisaje, el arte y las artes populares. Pero más me interesa el pueblo de México, con su cariño y su hospitalidad generosa. Me gustan su humor y su filosofía frente a las dificultades.

Me gusta mucho la vida de México. De veras es más tranquila que la de Nueva York a pesar de (in spite of) mis primeras impresiones en

el libre (the taxi) que me llevó con velocidad espantosa desde el aeropuerto hasta mi hotel.

Ud. sabe que vine a México en viaje de recreo y también de negocios. Afortunadamente pronto

terminé los negocios y pude dedicarme enteramente al recreo.

Lamentablemente, no puedo ir ni a Colombia ni a Guatemala. ¡Qué lástima! Pero preferí llegar a conocer (to get to know) mejor México. Hay tanto que ver, tanto que hacer, tanto que aprender. Me encantó todo.

Tendré mucho que decirle de las personas muy simpáticas que he conocido, los lugares que he visitado y todo lo que he aprendido de las costumbres, de la vida, del idioma y de las artes de México.

Sin duda, pronto volveré a México. Quiero volver el año que viene. Pero entonces llevaré conmigo a la familia entera. Estoy seguro de que (I am sure that) no tendré ninguna dificultad. No he sacado el gordo en la lotería; pero, de todos modos, volveré.

Ésta es la última carta que le escribo antes de salir para Nueva York el primero de agosto. Tendré mucho gusto en telefonearle después de mi llegada, invitándolo a cenar con nosotros cuanto antes. Sin duda pasaremos gran parte de la noche hablando de nuestro querido México.

Hasta entonces y afectuosamente,

Juan Adams

Vocabulario

el cariño	affection	dedicar	to dedicate
el paisaje	landscape	encantar	to charm
la filosofía	philosophy	enteramente	entirely
la hospitalidad	hospitality	frente a	in the face of

Expresiones Importantes

de todos modos	anyway	lamentablemente	unfortunately
llegar a conocer	to get to know	sin duda	no doubt
cuanto antes	as soon as possible		

Ejercicio No. 160—Test of Reading Comprehension

Answer these questions in English

1. Before leaving for Mexico, how had Mr. Adams obtained some knowledge of the country?
2. How much was he able to describe in his letters?
3. What interests Mr. Adams most in Mexico?
4. Mention four qualities of the people that he likes.
5. How does Mr. Adams compare life in New York with that in Mexico?
6. When had he gotten a different impression?
7. Why didn't he go to Colombia or Guatemala?
8. Whom will he take with him on his next trip to Mexico?
9. What is he sure of?
10. When is he leaving for New York?
11. What will he be glad to do after his return to New York?
12. How does he think he and Mr. Lopez will spend much of the night?

SEGUNDA PARTE

Grammar Notes

1. **saber** and **poder**

   a. **saber** plus an infinitive means *to know how to do something*.

   Sabe escribir español.   He can (knows how to) write Spanish.

   b. **poder** plus an infinitive means *to have the physical ability or the opportunity to do something*.
   Hoy no puede escribir, porque está enfermo.   Today he cannot (is not able to) write, because he is ill.

2. Untranslated **que**.

   a. You have learned that **tener que** means to have to. Thus:

   Tengo que estudiar la lección.   I must (have to) study the lesson.

   b. **que** appears in a number of other expressions where it is not translated:

   Tendré mucho que decirle.   I will have much to tell you.
   Tengo una carta que escribir.   I have a letter to write.
   Hay tanto que ver.   There is so much to see.

TERCERA PARTE

Ejercicios No. 161A-161B-161C

161A. Translate the following sentences accurately. Be sure the tense is correct.

Ejemplo: Me fui de Nueva York. I left New York.

Me iré de Nueva York. I shall leave New York.

1. Leeré varios libros.
2. Había leído varios libros.
3. He leído varios libros.
4. Hemos visitado México.
5. Habíamos visitado México.
6. Visitaremos México.
7. Puedo describirlo.
8. Podía describirlo.
9. Podré describirlo.
10. Me gusta su carta.
11. Me gustó su carta.
12. Me gustará su carta.
13. Terminan los negocios.
14. Terminaron los negocios.
15. Han terminado los negocios.
16. Tienen mucho que decirme.
17. Tendrán mucho que decirme.
18. Tuvieron mucho que decirme.
19. Volveremos a casa.
20. Volvimos a casa.

161B. Complete with the correct form of **saber**, **conocer**, or **poder** as needed:

1. **¿Quién** (knows) **todas las respuestas?**
2. (We know) **a ese hombre, pero** (we do not know) **dónde vive.**
3. (I cannot) **hacer el viaje con Ud.**
4. **El Sr. Adams quiere** (to know) **mejor a su agente.**
5. **Ahora** (they know each other) **mejor.**
6. (I know how) **jugar al fútbol.**
7. **Si** (you know) **el sistema monetario,** (you can) **regatear en el mercado.**
8. (You know) **aquellas ruinas mejor que yo.**
9. **Mucho gusto en** (know you).
10. (They are not able) **cambiar la llanta.**

161C. Translate.

1. Have you learned much about Mexico?
2. Yes, I have been **(estado)** there, and I have read many books.
3. Can you speak Spanish?
4. Yes, I speak it quite well.
5. Do you remember the places of which **(de que)** we have spoken?
6. I remember them well.
7. Are you able to describe them in Spanish?
8. Yes, I can describe them.
9. What did you like most in Mexico?
10. I liked the people most.
11. Is the life of Mexico more tranquil than that of New York?
12. Indeed it is more tranquil.
13. Is there much to see in Mexico?
14. There is much to see, much to hear, much to do, much to learn.
15. My trip is finished.

PRIMERA PARTE

Repaso de palabras (Word Review)

NOUNS

1. la alegría	15. la posibilidad	1. joy	15. possibility
2. el aficionado	16. el gordo	2. amateur, fan	16. first prize
3. el banco	17. el paisaje	3. bench, bank	17. landscape
4. la biblioteca	18. el recreo	4. library	18. recreation
5. el bolsillo	19. el refresco	5. pocket	19. refreshment
6. la carretera	20. la risa	6. road, highway	20. laughter
7. los dulces	21. la señal	7. sweets	21. signal
8. la esquina	22. el sonido	8. corner	22. sound
9. el garage	23. la sombra	9. garage	23. shade
10. la joya	24. el sueño	10. jewel	24. sleep, dream
11. la estación de gasolina	25. la tela	11. gas station	25. cloth
12. la librería	26. el tabaco	12. bookstore	26. tobacco
13. la lotería	27. el valle	13. lottery	27. valley
14. la pieza		14. piece	

VERBS

1. alquilar	7. manejar	13. regresar	1. to rent	7. to drive	13. to return (go back)
2. anunciar	8. matar	14. reunirse	2. to announce	8. to kill	14. to meet together
3. crecer	9. nombrar	15. sacar	3. to grow	9. to name	15. to take out
4. dormir (ue)	10. ofrecer	16. señalar	4. to sleep	10. to offer	16. to point to
5. dormirse	11. parar	17. soñar (ue)	5. to fall asleep	11. to stop	17. to dream
6. ganar	12. prestar		6. to win	12. to lend	

PREPOSITIONS

1. durante	2. a pesar de	3. hacia	1. during	2. in spite of	3. toward

IMPORTANT EXPRESSIONS

1. a lo lejos	7. No me falta nada.	1. in the distance	7. I lack nothing.
2. de todos modos	8. más allá	2. anyway	8. further on
3. estar de acuerdo con	9. no (verb) más que	3. to be agreement with	9. (verb) nothing but, only
4. estar para (+ *infin.*)	10. ¿Qué importa?	4. to be about to	10. What does it matter?
5. en seguida	11. sin embargo	5. immediately	11. nevertheless
6. faltaba una hora para	12. tener sueño	6. it was one hour before	12. to be sleepy

SEGUNDA PARTE

Ejercicio 162. Translate the following sentences accurately.
All the tenses you have learned and the imperative are practiced here.

1. ¿Quién pedirá información en la estación de ferrocarril?
2. Pablo ya había almorzado cuando lo vi.
3. ¿Querrían Uds. hacer un viaje a todos los países de Europa?
4. Conozco a ese hombre pero no sé dónde vive.
5. Escribíamos nuestras cartas cuando el maestro entró en la sala.
6. Tomen (Uds.) estos papeles y pónganlos en mi escritorio.
7. Hemos comprado los diarios y los hemos leído.
8. Cuando llegué a México noté que todo el mundo compraba billetes de lotería.
9. Compre (Ud.) este billete y tendrá suerte.
10. No podía describirles todo lo que había visto.
11. Vine a México y me recibieron con cariño.
12. Guillermo hablaba toda la tarde mientras yo no decía nada.
13. No me gustó la corrida y por eso no asistiré a otra.
14. La tortilla se parece a nuestros panqueques.
15. Los padres trabajaban mientras los niños dormían.
16. Estábamos en el mercado cuando comenzó a llover.
17. Eran las ocho y media de la mañana y todavía dormían los niños.
18. No vendrán aquí porque no tendrán tiempo.
19. Niños, ¿no jugarán en el patio?
20. Mi tío viajó por todos los países de Sudamérica.
21. Al Sr. Adams le gustaba la comida picante, pero recordaba los consejos de su maestro y no la comía.
22. Yo quería los juguetes pero Carlos no me los daba.
23. Si encuentro platos con dibujos de animalitos, se los mandaré.
24. Él pidió cambio por un billete de mil pesos y el cajero (cashier) se lo dio.
25. Ud. tiene el sombrero de María. Devuélvaselo.

Ejercicio 163. Complete these sentences in Spanish.

1. **El Sr. Adams** (is a businessman of New York).
2. **Hizo** (a trip to Mexico in order to visit) **a su agente.**
3. **Quería** (to know him better).
4. **Antes de salir para México** (he learned to speak Spanish).
5. **También** (he had read many books) **sobre México.**
6. **Desde México escribió cartas** (to his friend and teacher, Mr. Lopez).
7. **Le gustaron mucho** (the places of historic interest).
8. **A pesar de sus primeras impresiones** (Mr. Adams found the life in Mexico more tranquil than that of New York).

9. **Pensó** (of the taxi which took him to his hotel).

10. **No le gustó** (the fearful speed of that taxi).

11. **Afortunadamente** (he finished his business matters quickly).

12. **Sin embargo** (he was not able to visit either Colombia or Guatemala).

13. **Había** (so much to see, so much to hear, so much to do, so much to learn).

14. **Pero el Sr. Adams** (will return to Mexico).

15. **Llevará consigo** (the whole family).

16. (He has not won the first prize) **en la lotería, pero tendrá** (enough money).

17. **Ésta es** (Mr. Adams's last letter) **desde México.**

18. (No doubt), **invitará al Sr. López** (to have dinner with his family) **después de su llegada a Nueva York.**

LECTURA 1

Ejercicio No. 164—Las Pirámides de Teotihuacán

Se ven en los alrededores de México D.F. los restos (remains) de varias culturas muy desarrolladas (developed) y algo misteriosas: las culturas de las razas de indios que vivían en México hace diez siglos (ten centuries ago).

En el valle de Teotihuacán se encuentran unas pirámides enormes, monumentos de una cultura apenas (scarcely) conocida, la cultura de los toltecas. Vivían en el valle antes de los aztecas. Lo que (what) sabemos de ellos no existe ni en los libros de historia ni en las leyendas (legends) sino en pura piedra.

La Pirámide del Sol domina el valle. Tiene 216 pies de altura, y es más grande que cualquier pirámide de Egipto. Se puede subir hasta la cima por una escalera ancha y muy escarpada (steep).

Más al norte, por la avenida de los Muertos (dead), está la Pirámide de la Luna y al sur se ve el templo de Quetzalcóatl, la Serpiente Plumada (plumed), dios de los aztecas. Esta pirámide está decorada con esculturas (sculptures) muy interesantes.

La gente que vive hoy día en el valle de Teotihuacán es descendiente de los aztecas. Los toltecas, arquitectos de las pirámides, desaparecieron hace mucho tiempo. Sabemos solamente que era gente imaginativa con un sentido (sense) estético muy avanzado.

LECTURA 2

Ejercicio No. 165—En el Zócalo

Estamos en el Zócalo. Es la plaza principal de México, D.F. Caminamos al norte hacia (toward) la Catedral, que es del siglo dieciséis. A la derecha está el Palacio Nacional; también es antiguo, del siglo diecisiete. A la izquierda está el Portal de Mercaderes (Merchants). Allí vemos una cuadra de puestos y vendedores de mercancía barata. Más allá (Beyond) del Portal está el Monte de Piedad, y detrás de nosotros, al sur, están el Palacio Municipal y el Palacio de Justicia. Éste es un edificio nuevo. Aquél es del siglo dieciocho. Por todos lados, vemos edificios grandes y mucha gente.

DICTIONARY
DICCIONÁRIO

Spanish – English

A

a	to, at
abajo	under, below
abierto, -a	open, opened
el abogado	lawyer
el abrigo	coat
abril (m.)	April
abrir	to open
acá	here (usually with a verb of motion)
acabar	to finish
acabar de (+infin.)	to have just
aceptar	to accept
la acera	the sidewalk
acerca de	about, concerning
acercarse (a)	to approach
acompañar	to accompany
aconsejar	to advise
acordarse (ue) (de)	to remember
acostarse (ue)	to go to bed
acostumbrar	to accustom
el acuerdo	agreement
adelantar	to progress
adelante	straight ahead, forward
además	moreover, also
adiós	good-bye
admirar	to admire
el adobe	adobe, sun-dried brick
aéreo: por correo aéreo	by air mail
el aeropuerto	airport
el aficionado	sport fan
afortunado, -a	lucky
afuera	outside
agarrar	to pick up, to catch
el agente	agent
agosto (m.)	August
agradable	agreeable, pleasant

agradecido, -a	thankful, grateful
el agua (f.)	water
ahí	there
ahora	now
ahorita	just now, in just a minute
el aire	air
al aire libre	in the open air
alegrar	to make happy
alegrarse	to rejoice, to be glad
alegre	lively, merry
la alfarerbía	pottery
algo	something; somewhat
el algodón	cotton
alguien	someone, anyone
alguno (algún), -a	some, any
el alimento	food
el alma (f.)	soul
el almacén	department store
almorzar	to have lunch
el almuerzo	lunch
alquilar	to rent
alrededor de	around
los alrededores	surrounding areas
alto, -a	tall, high
la altura	altitude
alumno, -a	student
allá	there (usually with a verb of motion)
allí	there
amable	kind
amar	to love
amarillo, -a	yellow
el amigo, la amiga	friend
el amor	love
anaranjado, -a	orange-colored
ancho, -a	wide
andar	to go, to walk

animado, -a	lively, animated
el ánimo	soul, spirit; courage
anoche	last night
de antaño	ancient, of long ago
ante	before, in face of
anteayer	day before yesterday
antes de	before (refers to time)
cuanto antes	as soon as possible
antiguo, -a	old
anunciar	to announce
el año	year
el año que viene	next year
el aparador	sideboard
aparecer	to appear
apenas	scarcely
el apetito	appetite
apreciar	to appreciate
aprender (a)	to learn (to)
apresurarse	to hurry
aprisa	swiftly, quickly
apropiado	appropriate
aprovechar	make good use of someone
aprovecharse de	to take advantage of
aquel, aquella	that
aquél, aquélla	that (one); the former
aquí	here
aquí lo tiene Ud.	here you have it
el árbol	tree
arreglar	to arrange
arriba	above, upstairs
la arroba	@
el arroz	rice
el arte (m. and f.)	art
el artesano	craftsman
el artículo	article
el (la) artista	artist

artístico	artistic
el ascensor	elevator
así	thus, so
el asiento	seat
asistir (a)	to assist
el aspecto	appearance
atento	attentive
atrás	backwards, behind
atravesar (ie)	to cross
aún	yet, still
aunque	although
el autobús	bus
el automóvil	automobile
la avenida	avenue
averiguar	to find out
el avión	airplane
avisar	to inform
¡ay!	alas!
ayer	yesterday
la ayuda	aid
ayudar (a)	aid, help (to)
el azúcar	sugar
el azucarero	sugar bowl
azul	blue
el azulejo	tile

B

bailar	to dance
el bailarín	dancer
el baile	the dance
bajar (de)	to get out (of); to climb (go) down
bajo, -a	low, short (person)
el balcón	balcony
el banco	bench
la bandeja	tray
bañar	to bathe
el baño	bath; bathtub; bathroom
barato, -a	cheap
¡basta!	enough!
bastante	quite, enough
la batalla	battle
el baúl	trunk
beber	to drink
la bebida	drink
el béisbol	baseball
bello, -a	beautiful
el beso	kiss
la biblioteca	library

bien	well
bienvenido, -a	welcome
el billete	ticket
blanco, -a	white
la blusa	blouse
la boca	mouth
la boletería	ticket-window
el boletero	ticket-seller
el boleto de ida y vuelta	round-trip ticket
el bolígrafo	pen
la bolsa	purse
el bolsillo	pocket
la bondad	kindness
bonito, -a	pretty, nice
la botella	bottle
el brazo	arm
brillar	to shine
la brisa	breeze
bueno (buen), -a	good
¡bueno!	hello! (on the telephone)
el bulto	bundle
el burro	donkey
buscar	to look for
el buzón	mailbox
echar en el buzón	to mail

C

el caballo	horse
la cabeza	head
cada	each, every
caer	to fall
el café	coffee, café
la caja	box
la cajuela (Mex.)	trunk (of car)
el calcetín	sock
caliente	warm, hot
el calor	heat
Hace calor.	It's hot (weather).
tener calor	to be hot (for persons)
la calle	street
la cama	bed
cambiar	to change, exchange
el cambio	change
de cambio	in change
caminar	to go, to travel, to walk

el camino	road
el camión	truck; bus (Mex.)
la camisa	shirt
el campesino	peasant
el campo	country
la canasta	basket
la canción	song
cansado, -a	tired
cansarse	to grow weary, tired
cantar	to sing
la cantidad	quantity
la caña de azúcar	sugar cane
la cara	face
la carga	load
el cariño	affection
la carne	meat
la carnicería	butcher shop
caro, -a	expensive, dear
la carta	letter
el cartel	poster
el cartero	postman
la casa	house
en casa	at home
volver a casa	to return home
casarse con	to marry
casi	almost
la causa	cause
a causa de	because of
la cebolla	onion
celebrar	to celebrate
la cena	dinner, supper
cenar	to have supper, dinner
el centavo	cent
el centro	center
la cerámica	pottery
cerca de (prep.)	near
cercano	nearby
el cerillo	wax match
el cero	zero
cerrado, -a	closed, shut
cerrar (ie)	to close, shut
el certificado	certificate
la cerveza	beer
la cesta	basket
chequear	to check
el cielo	sky
el científico	scientist
ciento (cien)	one hundred

por ciento	percent
cierto	certain, true
por cierto	certainly
el cigarro	cigar
el cine	movie theatre
la cinta	film
el cinturón	belt
la cita	appointment
citar	to make an appointment with
la ciudad	city
claro, -a	clear, light
¡Claro que sí!	Of course!
¡Claro que no!	Of course not!
la clase	class, kind
el clavel	carnation
el cliente	client
el clima	climate
el cobre	copper
cocido, -a	cooked, boiled
el coche	car, automobile
la cocina	kitchen
el color	color
¿de qué color es...?	what color is...?
el comedor	dining room
comentar	to comment
comenzar (ie)	to begin
comer	to eat
comerse	to "eat up"
el comerciante	businessman
la comida	meal, food, dinner
como	like, as, how
¿cómo?	how?
¿cómo no?	why not?
¿cómo se dice...?	how do you say...?
cómodo, -a	comfortable
el compañero	companion
el compatriota	countryman
completo, -a	complete
la compra	purchase
ir de compras	to go shopping
el comprador	purchaser, buyer
comprar	to buy
comprender	to understand
el compromiso	engagement
la computadora	computer
común	common
con	with
conmigo	with me

con tal que	provided that
el concierto	concert
condecorado, -a	decorated
conducir	to lead, to conduct
confesar(ie)	to confess
conocer	to know, meet, be acquainted with
conocido, -a	well-known
conseguir(i)	to get, obtain
los consejos	advice
consentir (ie)	to consent
consiguiente, por	consequently
consistir en	to consist of
contar (ue)	to count; to relate
contener	to contain
contento, -a	contented, happy
el contestador automático	answering machine
contestar(a)	to answer
continuar	to continue
contra	against
conveniente	convenient
conversar	to converse, chat
la copia	copy
el corazón	heart
la corbata	necktie
coronado	crowned
correcto, -a	correct
corregir (i)	to correct
el correo	the post office, mail
correo electrónico	e-mail
por correo aéreo	by air mail
correr	to run
la corrida de toros	bullfight
corriente	current, popular
cortar	to cut
la cortesía	courtesy
corto, -a	short
la cosa	thing
¡qué cosa!	the idea!
la costa	coast
costar (ue)	to cost
la costumbre	custom
es costumbre	it's customary
crecer	to grow
creer	to believe, "think"
Creo que no.	I think not.
Creo que sí.	I think so.
¡Ya lo creo!	Yes indeed; I should say so!

la criada	maid
el cristal	glass
cruzar	to cross
cuadrado, -a	square-shaped
el cuadro	block, square
¿cuál? ¿cuáles?	which (one, ones)? what?
cualquier	any
cuando	when
¿cuándo?	when?
¿cuánto, -a?	how much?
¿cuántos?, -as?	how many?
el cuarto	room, quarter, fourth
cubierto de	covered (with)
cubrir	to cover
la cuchara	spoon
la cucharita	teaspoon
el cuchillo	knife
la cuenta	bill
el cuento	story
el cuero	leather
el cuerpo	body
cuidar	to look after
cuidar de	to take care of
¡cuidado!	caution!
la culpa	guilt, fault, blame
la cultura	culture
el cumpleaños	birthday
cumplir	to fulfill
el cura	priest
cuyo, -a	whose

CH

la chal	shawl
el chamaco (Mex.)	boy
charlar	to chat
chequear	to check
chico (a)	small
el chico, la chica	small boy (girl)
la chuleta	chop

D

el bailarín	dancer
el daño	harm
dar	to give
dar a (una calle)	to face (a street)
dar las gracias a	to give thanks to
dar un paseo	to take a walk or drive
darse la mano	to shake hands

de	of, from, about
debajo de	under, beneath
deber	to ought to, to be obliged to, must
débil	weak
decidir	to decide
décimo, -a	tenth
decir	to tell, say
es decir	that is to say
defender	to defend
dejar	to let, to leave, allow
dejar de	to fail to (do something)
delante de	in front of
demandar	to demand
los demás	the rest
demasiado, -a	too much (sing.), too many (pl.)
dentro (de)	inside (of)
el dependiente	clerk
el deporte	sport
derecho,-a	right
a la derecha	to the right
derecho	straight ahead
desaparecer	to disappear
desayunarse	to breakfast
el desayuno	breakfast
descansar	to rest
el descanso	rest, leisure
el descendiente	descendant
describir	to describe
descubrir	to discover
desde	from, since
desde luego	of course
desear	to wish, want
desear un buen viaje	to wish a pleasant journey
deseoso	desirous
el desfile	parade, procession
desgraciadamente	unfortunately
el desierto	desert
desocupado	unoccupied
despacio	slowly
despedirse	to say good-bye
despertar (ie)	to wake (someone)
despertarse	to wake (oneself)
despierto, -a	awake
después	afterwards
después de	after

detrás de	behind
devolver (ue)	to give back, return
el día	day
al día siguiente	next day
hoy día	nowadays
diario, -a	daily
el dibujo	drawing
diciembre (m.)	December
el diente	tooth
diferente	different
difícil	difficult
el difunto	deceased
digno	worthy
diligente	diligent
el dinero	money
el dios	god
la dirección	address
la dirección electrónica	e-mail address
dirigirse a	to go to, to address (a person)
disculpar	to excuse
discúlpeme	excuse me
distinto, -a	different
la diversión	amusement
diverso, -a	varied
divertido, -a	amusing
divertirse (ie)	to have a good time, amuse oneself
dividir	to divide
el dólar	dollar
el dolor	pain
dolor (de cabeza), (de muelas), (de estómago)	(headache), (toothache), (stomachache)
dominar	to dominate
el domingo	Sunday
don (m.), doña (f.)	title used with first name
donde	where
¿dónde?	where?
¿por dónde se va a...?	how does one get to...?
dormir (ue)	to sleep
dormirse (ue)	to fall asleep
el dormitorio	bedroom
el drama	play
la duda	doubt
sin duda alguna	without a doubt

dulce	sweet
los dulces	candy
durante	during
durar	to last

E

echar	to pour, to throw out
echar de menos	to miss
echarse	to stretch out
la edad	age
efecto; en efecto	in fact
elevar	to raise
elevarse	to rise
la embajada	embassy
embargo; sin embargo	nevertheless
la emoción	emotion
emocionante	touching, thrilling
empezar (ie) (a)	to begin (to)
el empleado	employee
emplear	to use
en	in, on, at
en seguida	at once
en vez de	instead of
encantar	to enchant, charm
la enchilada	a kind of pancake with chile and meat stuffing
encima (de)	on top (of)
encontrar (ue)	to find; meet
enero (m.)	January
enfermarse	to get sick
enfermo, -a	sick, ill
enfrente de	opposite, facing, in front of
enorme	enormous
enseñar	to teach
entenderse	to understand each other
entero	whole
entonces	then
la entrada	entrance
entrar (en)	to enter
entre	between
entretanto	meanwhile
enviar	to send
el envío	shipment
el equipaje	baggage
equivocado, -a	mistaken

la escalera	stairway
escoger	to choose
el escolar	student, scholar
escribir	to write
el escritor	writer
el escritorio	desk
escuchar	to listen (to)
la escuela	school
ese, -a	that
ése, -a	that (one)
eso	that (as an idea or statement)
a eso de	at about (time)
por eso	therefore
espacioso	spacious
español	Spanish (lang.)
el español	Spaniard
la española	Spanish woman
el espectador	spectator
esperar	to wait (for), hope, expect
Espero que no.	I hope not.
Espero que sí.	I hope so.
el esposo	husband
la esposa	wife
la esquina	corner
la estación de ferrocarril	railroad station
el estado	state
Estados Unidos (abbr. EE.UU.)	the United States
el estante	shelf, bookcase
estar	to be (location)
estar de prisa	to be in a hurry
estar en camino	to be on the way
estar para	to be about to
la estatua	statue
el este	east
este, -a	this
éste, -a	this (one)
el estilo	style
esto	this (as an idea or statement)
estrecho, -a	narrow
la estrella	star
el estudiante	student
el estudio	study
estudiar	to study
el examen	examination
examinar	to examine

excelente	excellent
excepto	except
exigir	to demand
explicar	to explain
expresar	to express
la expresión	expression
extender (ie)	to extend

F

fácil	easy
facilitar	to facilitate
fácilmente	easily
facturar	to check (baggage)
la faja	sash
la falda	skirt
falso, -a	false
la falta	mistake, lack
faltar	to lack, to need
me falta	I need
la familia	family
famoso, -a	famous
la farmacia	pharmacy
favor	favor
el favor de	the favor of
Es favor que Ud. me hace.	You flatter me.
por favor	please
febrero (m.)	February
la fecha	date
¿Cuál es la fecha?	What is the date?
felicitar	to congratulate
feliz	happy
la fiesta	holiday
la fila	row
el fin	the end
al final	at the end
fino, -a	fine
firmar	to sign
el flan	custard
la flor	flower
la formalidad	formality
la fortuna	fortune
el fósforo	match
el francés	French (lang.), Frenchman
la francesa	Frenchwoman
la frase	sentence
la frente	front
en frente de	in front of
frente a	opposite, facing

fresco	cool
los frijoles	beans
frío	cold
hacer frío	to be cold (weather)
tener frío	to be cold (persons)
la fruta	fruit
la fuente	fountain
el fuego	fire
fuera de	outside of
fuerte	strong
la función	performance

G

la gana	desire
de buena gana	willingly
ganar	to earn, to win
(tener) ganas de	to really like to, to feel like
el garaje	garage
gastar	to spend
generalmente	generally, usually
generoso, -a	generous
la gente	people
gordo, -a	fat
gozar (de)	to enjoy
gracias	thanks
gracioso, -a	graceful, amusing
grande	large, great
gris	gray
gritar	to shout
el grito	shout, cry
grueso, -a	thick
el grupo	group
el guajalote	turkey (Mex.)
el guante	glove
guapo, -a	neat, elegant, handsome
guardar	to keep, guard
la guía	guidebook
gustar	to be pleasing to
me gusta	I like
el gusto	pleasure
con mucho gusto	with much pleasure
El gusto es mío.	The pleasure is mine.
tanto gusto en conocerle	very pleased to meet you

H

haber	to have (+*infin.*)
el habitante	inhabitant
hablador, -a	talkative
hablar	to speak, to talk
hacer	to do, make
hace algún tiempo	some time ago
Hace calor, frío.	It is hot, cold (weather).
hacer daño a	to hurt (some one)
hacerse bien	to get along well
me hace falta	I need
Hace sol.	It is sunny.
hacer preguntas	to ask questions
hallar	to find
el hambre	hunger
tener hambre	to be hungry
hasta	until, to, as far as, even
hasta la vista	until I see you
hasta luego	until later
hasta mañana	until tomorrow
hay	there is, there are
hay que	it is necessary to, one must
Hay (viento), (polvo).	It is (windy), (dusty).
No hay de que.	You're wecome.
hecho	made
hecho a mano	handmade
el helado	ice cream
el hermano	brother
la hermana	sister
hermoso, -a	beautiful
el héroe	hero
el hierro	iron
el hijo	son
la hija	daughter
los hijos	children
la hoja	leaf, sheet (of paper)
la hojalata	tin plate
el hombre	man
la hora	hour, time
¿a qué hora?	at what time?
el horario	timetable
la hospitalidad	hospitality
hoy	today
hoy día	nowadays
el huevo	egg
huir	to flee
húmedo, -a	wet, humid

I

el idioma	language
la iglesia	church
igual	equal
igualmente	equally; the same to you
imaginar	to imagine
imitar	to imitate
impaciente	impatient
el impermeable	raincoat
imponente	imposing
el importador	importer
importante	important
importar	to matter, to be important; to import
No importa.	It doesn't matter.
la impresión	impression
la impresora	printer
indicar	to point out, indicate
indígena	indigenous, native
el indio, -a	Indian
la industria	industry
la información	imformation
pedir información	to ask for information
informar	to inform
el inglés	English (lang.); Englishman
la inglesa	Englishwoman
el iniciador	founder
inmediatamente	immediately
inmenso, -a	immense
inteligente	intelligent
el interés	interest
interesar	to interest
interpretar	to act a role, translate, interpret
el invierno	winter
invitar	to invite
ir	to go
irse	to go away, leave
ir de compras	to go shopping
ir de paseo	to go for a walk or ride
izquierdo, -a	left
a la izquierda	to the left

J

¡ja! ¡ja!	ha! ha!
el jabón	soap
jamás	never
el jamón	ham
el jardín	garden
el jarro, la jarra	jar
el jefe	chief
la joya	jewel
la joyería	jewelry shop, jewelry
joven	young
el joven	young man
el juego	game, set
el jueves	Thursday
el jugador	player, gambler
jugar	to play (a game)
el jugo	juice
el juguete	toy
julio (m.)	July
junio (m.)	June
juntar	to join, unite
junto a	near, close to
junto con	together with

K

el kilo	kilogram
el kilómetro	kilometer

L

el labio	lip
laborado	worked, tilled
la laca	lacquer
el lado	side
al lado de	beside
la lámpara	lamp
lamentablemente	unfortunately
la lana	wool
el lápiz	pencil
largo, -a	long
la lástima	shame, pity
¡Qué lástima!	What a pity!
la lata	can
lavar	to wash
lavarse	to wash oneself
la lección	lesson
la leche	milk
la lechuga	lettuce

leer	to read	la lluvia	rain
la legumbre	vegetable	lluvioso, -a	rainy
lejano, -a	far off		
lejos de	far from	**M**	
a lo lejos	in the distance	la madera	wood
lentamente	slowly	la madre	mother
levantar	to raise, lift	el madrugador	early riser
levantarse	to rise, get up	el maestro	teacher
la libra	pound	magnífico	magnificent
libre	free	el maíz	corn
el libre	taxi (Mex.)	el malestar	indisposition
la librería	bookstore	la maleta	suitcase
el libro	book	hacer una maleta	to pack a suitcase
el líder	leader	malo, -a	bad, sick
ligero, -a	light (not heavy)	la mamá	mommy
la lima	lime	el mandadero	office boy
el limón	lemon	mandar	to order, to send
limpiar	to clean	manejar	to drive
la lista	menu	la manera	manner
listo, -a	ready	de manera que	so that
lograr	to succeed	de (otra) (la	in (another) (the
la lotería	lottery	misma) manera	same) way
la lucha	struggle	la mano	hand
luego	then	darse la(s)	to shake hands
desde luego	since then	mano(s)	
hasta luego	until then	a la mano	on the right
el lugar	place	derecha	
el lujo	luxury	a la mano	on the left
luminoso, -a	bright	izquierda	
la luna	moon	la manta	blanket
el lunes	Monday	mantener	to maintain
la luz	light	la manzana	apple
		mañana	tomorrow
LL		hasta mañana	until tomorrow
llamar	to call	la mañana	morning
llamar por	to call on the	por la mañana	in the morning
teléfono	phone	la máquina de	typewriter
llamarse	to be called	escribir	
Me llamo Pablo.	My name is Paul.	el mar	sea
la llanura	plain	el martes	Tuesday
la llegada	arrival	marzo (m.)	March
llegar	to arrive	más	more, most, plus
llenar	to fill	más o menos	more or less
lleno, -a	full	la máscara	mask
llevar	to carry; to take,	matar	to kill
	to wear;	las matemáticas	mathematics
llevarse	to carry (take)	mayo (m.)	May
	away	mayor	older
llevarse bien	to get along well	la mayoría	majority
llover (ue)	to rain	la media	stocking

el medico	doctor (physician)
la medida	measurement
medio, -a	half
medir (i)	to measure
mejor	better
el (la) mejor	best
el melocotón	peach
el melón	melon
la memoria	memory
de memoria	by heart
menor	younger
el (la) menor	youngest
menos	less, minus, except
por lo menos	at least
echar de menos	to miss
el mensaje	message
la mentira	lie
a menudo	often
el mercado	market
la mercancía	merchandise
la merienda	light supper, tea
la mesa	table
el mesero	waiter
el mexicanismo	Mexicanism
mexicano	Mexican
México	Mexico
mientras	while
mientras tanto	meanwhile
el miércoles	Wednesday
mil	thousand
la milla	mile
el millón	million
mirar	to look at, watch
mismo, -a	same
él mismo	he himself
lo mismo	the same thing
la mitad	half
moderno, -a	modern
el modismo	idiom
el modo	way
de este modo	in this way
de todos modos	anyway
mojado, -a	soaked, wet
la moneda	currency, money
la montaña	mountain
el montón	heap, pile
mostrar (ue)	to show
el movimiento	movement
el mozo	waiter
el muchacho	boy

la muchacha	girl
mucho, -a	much
muchos, -as	many
mudarse	to move (change house)
la muerte	death
el muerto	corpse, dead man
la mujer	woman
el mundo	world
todo el mundo	everybody
el museo	museum
muy	very

N

nada	nothing
De nada.	You're welcome.
nadie	no one, nobody
la naranja	orange
la nariz	nose
la naturaleza	nature
la Navidad	Christmas
necesario, -a	necessary
la necesidad	necessity
necesitar	to need
el negociante	businessman
el negocio	business
negro, -a	black
nervioso	nervous
nevar	to snow
la nieve	snow
ninguno, -a	no one, nobody
el niño, la niña	child
no	no, not
la noche	night
por la noche	in the evening
esta noche	tonight
nombrar	to name
el nombre	name
el norte	north
el norteamericano	North American (usually means a person from the U.S.)
notable	worthy of note
las noticias	news
noviembre (m.)	November
nuevo, -a	new
el número	number
nunca	never

O

o	or
obedecer	to obey
el objeto	object
observar	to observe
obtener	to obtain
occidental	western
octubre (m.)	October
ocupado, -a	busy
el oeste	west
la oficina	office
ofrecer	to offer
el oído	ear (hearing)
oír	to hear
el ojo	eye
la olla	pot
olvidar	to forget
omitir	to omit
la oportunidad	opportunity
la orden	order
a sus órdenes	at your service
ordinario, -a	ordinary
el orgullo	pride
orgulloso, -a	proud
el oro	gold
oscuro, -a	dark
el otoño	autumn
otro, -a	other, another

P

pacífico	peaceful
el padre	father
pagar	to pay
el país	country
la paja	straw
el pájaro	bird
la palabra	word
el palo	stick
el pan	bread
el panadero	baker
el panecillo	roll
el panqueque	pancake
la pantalla	screen
el papá	papa
la papa	potato
el papel	paper, role
el paquete	package
paquete postal	parcel post
el par	pair
para	in order to, for

para que	in order that
el paraguas	umbrella
parar	to stop
parecer	to seem
Le parece bien.	It seems all right to him.
parecerse a	to resemble
la pared	wall
el pariente	relative
la parte	part
por todas partes	everywhere
la partida	departure
el partidario	partisan, supporter
partir	to leave
el pasaje	fare, passage
el pasaporte	passport
pasar	to pass, spend (time), happen
pasar sin	to get along without
pasarla bien/mal	to have a good/ bad time
¿Qué pasa?	What's going on?
pase Ud.	come in; go ahead
el pasado	past
pasear	to take a walk, to walk about
pasearse (en coche), (en barco), (a caballo)	to go for a walk or a ride (in a car), (in a boat), (on horseback)
el paseo	promenade
el paso	step
el patio	courtyard
el pato	duck
el pavo	turkey
el pedazo	a piece
pedir (i)	to ask for
pedir informacíon	to ask for information
la película	motion picture
la película de acción	action movie
peligroso, -a	dangerous
el pelo	hair
pensar (ie)	to think, to intend
pensar en	to think about
peor	worse
pequeño, -a	small

la pera	pear
perder (ie)	to lose
perdonar	to pardon
perezoso, -a	lazy
perfectamente	perfectly
el periódico	newspaper
el permiso	permission
con su permiso	with your permission
permitir	to permit, to allow
pero	but
la persona	person
pesado, -a	heavy
pesar	to weigh
a pesar de	in spite of
el pescado	fish
pescar	to fish
pescarse un catarro, un resfriado	to catch a cold
el peso	weight; monetary unit of several Latin American countries
picante	spicy, hot (food)
el pico	peak
el pie	foot
estar de pie	to stand
la piedra	stone
la pierna	leg
la pieza	piece
pintar	to paint
el pintor	painter
pintoresco, -a	picturesque
la pintura	painting
la piña	pineapple
la piñata	pot full of candy and toys, broken by children at Christmas and birthday parties
la pirámide	pyramid
el piso	floor, story
el placer	pleasure
la plata	silver
el plátano	banana, plantain
el platero	silversmith
platicar	to chat
el platillo	saucer
el plato	dish
la plaza	square, park

la pluma	pen
pobre	poor
poco, -a	little
dentro de poco	in a short time
pocos, -as	few
poder (ue)	to be able, can, may
se puede	one can
el policía	policeman
el pollo	chicken
poner	to put, to place
poner la mesa	to set the table
ponerse	to put on, to become
la naturaleza se pone verde	spring (Lit. nature turns green)
ponerse en marcha	to put in motion
por	for, in exchange for, by, through, along
por cierto	certainly
por eso	therefore
por lo tanto	therefore
por supuesto	of course
por todas partes	everywhere
¿por qué?	why?
porque	because
el portal	arcade
el porvenir	future
posible	possible
postal	post, mail
el paquete postal	parcel post
el postre	dessert
practicar	to practice
el precio	price
precioso, -a	exquisite, precious
precisamente	exactly
preferir (i)	to prefer
la pregunta	question
hacer una pregunta	to ask a question
el premio	prize
preocuparse (de)	to worry (about)
presentar	to introduce
prestar	to lend
la primavera	spring
primer, -o, -a	first
el principio	beginning
al principio	at first
prisa; de prisa	fast, quickly
tener prisa	to be in a hurry

probablemente	probably
probar (ue)	to prove; to explore; to taste
el problema	problem
producir	to produce
profesor, -a	professor, teacher
profundo, -a	profound
el programa	program
prometer	to promise
pronto	soon
la propina	tip
propio, -a	own
proponer	to propose
propósito; a propósito	by the way
proteger	to protect
próximo, -a	next (in time)
el pueblo	town; people
puertorriqueño, -a	Puerto Rican
la puerta	door
pues	well, then
el puesto	stand, booth
puesto que	since
el punto	point, period, dot
en punto	on the dot (time)

Q

el queso	cheese
que	who, that, which, than
lo que	that which, what
¿qué?	what?, which?
¿Qué tal?	What's up?
quedar (se)	to remain, stay
querer (ie)	to wish, want
querer a	to love, to want
¿Qué quiere decir?	What does it mean?
querido, -a	dear, beloved
quien, -es	who
¿quién, -es?	who?
¿a quién -es	to whom?
¿de quién, -es?	whose?
¿Quién sabe?	Who knows?
quitar	to remove
quitarse	to take off (clothing)
quizás	maybe

R

el radio	radio (set)
la radio	radio (broadcast)
la rapidez	speed
rápidamente	rapidly
rápido, -a	rapid, swift
raro, -a	strange, rare
el rascacielos	skyscraper
el rato, un rato	the while (a while)
largo rato	a long time
el ratón	mouse
razón; tener razón	to be right
no tener razón	to be wrong
el rebozo	shawl
la recámara	bedroom (Mex.)
recibir	to get, recieve
recibir a alguien	to greet someone; to have office hours
reconocer	to recognize
recordar (ue)	to remember
el recuerdo	souvenir, memento
el recreo	recreation
redondo	round
el refresco	soft drink
el regalo	gift
regatear	to bargain
regresar	to return
la reina	queen
reír (i)	to laugh
reírse de (i)	to laugh at
la reja	grate; grille
el reloj	watch, clock
reluciendo	shining, glittering
repente; de repente	suddenly
repetir (i)	to repeat
el representante	representative
requisito	necessary, requisite
el resfriado	cold (illness)
resistir	to resist
respecto a	in regard to
el respeto	respect
responder	to answer
la respuesta	answer
el restaurante	restaurant
los restos	remains
el retrato	portrait, photo
revisar	to examine
la revista	magazine

el rey	king
rico, -a	rich
el rincón	corner
el río	river
la risa	laugh
rodeado, -a	surrounded
rojo, -a	red
romper	to break
la ropa	clothing
rosado, -a	pink
el ruido	noise

S

el sábado	Saturday
saber	to know, to know how
sabroso, -a	tasty, delicious
sacar	to elicit, to fetch
sacar el gordo	to win the lottery
la sala	living room, hall
la sala de espera	waiting room
salir (de)	to leave, to exit
salir para	to leave for
la salsa	sauce
la salud	health
saludar	to greet
el saludo	greeting
el santo	saint
santo	holy
el sarape	blanket
satisfecho, -a	satisfied
seco, -a	dry
sed	thirst
tener sed	to be thirsty
la seda	silk
seguida; en seguida	at once
seguir (i)	to continue, to follow
según	according to
segundo, -a	second
el boleto de segunda clase	second-class ticket
seguramente	surely
la seguridad	security
las medidas de seguridad	security measures
seguro	sure
de seguro	surely
la semana	week

semejante	similar
sencillo, -a	simple
sentado, -a	seated, sitting down
sentarse (ie)	to sit down
el sentido	meaning, sense, feeling
sentir (ie)	to feel, to regret
Lo siento mucho.	I'm very sorry.
sentirse (ie)	to feel (emotions)
le señal	signal
señalar	to point out
el señor	gentleman; Mr.
la señora	lady; Mrs.; Ms.
la señorita	young lady; Miss
septiembre (m.)	September
ser	to be
el servicio	service
el servidor	servant
servir (i)	to serve
servir para	to serve as
¿En qué puedo servirle?	How may I help you?
si	if; whether
sí	yes; certainly
siempre	always
la sierra	mountain range
la siesta	afternoon nap, rest
el siglo	century
significar	to mean
siguiente	following
al día siguiente	the following day
la silla	chair
el sillón	armchair
simpático, -a	pleasant, nice
sin	without (prep.)
sin que	without (conj.)
sino	but (on the contrary)
el sistema	system
el sitio	place
situado, -a	situated
sobre	upon, over
el sol	sun
solamente	only
no solamente...	not only...
sino también	but also
solo, -a	alone, only
sólo	only (adv.)
la sombra	shade
el sombrero	hat

sonar (ue)	to sound, ring
el sonido	sound
sonreír (i)	to smile
soñar (ue)	to dream
la sopa	soup
sorprendido	surprised
subir	to go up; to climb; to get into (bus, car, taxi, etc.)
el suburbio	suburb
sucio, -a	dirty
el suelo	floor, ground
el sueño	dream
tener sueño	to be sleepy
la suerte	fate, luck
buena suerte	good luck
el suéter	sweater
sumamente	extremely
supuesto; por supuesto	of course
el sur	south
el surtido	assortment

T

el tabaco	tobacco
el taco	a tortilla sandwich
tal	such
tal vez	maybe
¿Qué tal?	What's up?
el tamaño	size
también	also
tampoco	neither, either
ni yo tampoco	nor I either
tan	as, so
tan...como	as...as
el tanque	tank
tanto, -a	so much (sing.), so many (pl.)
tanto...como	as much as (sing.), as many as (pl.)
el taquígrafo	stenographer
la taquilla	ticket window
la tarde	afternoon
tarde	late (adj.)
la tarjeta de turista (turismo)	tourist card
la taza	cup
el té	tea
el teatro	theater

el tejado	roof
el tejido	textile
la tela	cloth
el teléfono	telephone
llamar por teléfono	to call on the telephone
la televisión	television
el tema	theme, subject
temer	to fear
la temperatura	temperature
templado	temperate
temprano	early
el tenedor	fork
tener	to have
tener calor, frío	to be warm, cold (person)
tener cuidado	to be careful
tener dolor de (cabeza), (muelas)	to have a (head), (tooth) ache
tener ganas de	to have desire to
tener hambre	to be hungry
tener sed	to be thirsty
tener prisa	to be in a hurry
tener que	to have to
tener razón	to be right
tener sueño	to be sleepy
¿Qué tiene Ud.?	What's the matter with you
teñido, -a	dyed
tercero, -a	third
terminar	to end
la ternera	veal
el tiempo	weather; time
a tiempo	on time
la tienda	store
la tierra	land
el timbre	stamp, bell
la tinta	ink
el tío	uncle
la tía	aunt
típico, -a	typical
el título	title
titularse	to be called
tocar	to play (an instrument); to ring (a bell)
el tocino	bacon
todavía	still, yet
todavía no	not yet
todo, -a	all, every, whole, everything

ante todo	first of all
todo el mundo	everybody
todo el año	all year
todo lo posible	everything possible
sobre todo	especially, above all
tomar	to take, to eat, to drink
el tomate	tomato
el tópico	topic
el torero	bullfighter
el toro	bull
la toronja	grapefruit
la torta	cake
la tortilla	Mexican "pancake" of corn
trabajador, -a	hardworking
trabajar	to work
el trabajo	work
traducir	to translate
traer	to bring
el traje	suit
el tranvía	streetcar
tratar (de)	to try (to)
el trigo	wheat
triste	sad
truena	it is thundering
el trueno	thunder
el (la) turista	tourist

U

u	or (before words beginning with o or ho)
último, -a	last
unir (se)	to unite, to join
la universidad	university
usar	to use
el uso	use
útil	useful
la uva	grape

V

la vaca	cow
las vacaciones	vacation
vacío, -a	empty
la vacuna	vaccination
valer	to be worth
No vale nada.	It is not worth anything.

valer la pena	worthwhile
Más vale tarde que nunca.	Better late than never.
la valija	suitecase
el valle	valley
la variedad	variety
varios, -a	several
el vaso	glass (for drinking)
la velocidad	speed
a toda velocidad	at full speed
vendado, -a	bandaged
el vendedor	seller
vender	to sell
venir	to come
la ventana	window
ver	to see
¡a ver!	let's see
el verano	summer
veras: ¿de veras?	really
la verdad	truth
¿Verdad?	Is that true?
¿No es la verdad?	Isn't that true?
verdaderamente	truly

verde	green
el vestido	dress
vestir (i)	to dress
vestirse (de)	to dress in
la vez, veces (pl.)	time
a la vez	at the time
a veces	sometimes
de vez en cuando	once in a while
en vez de	instead of
otra vez	again
tal vez	perhaps
el viaje	trip
desear buen viaje	to wish one a pleasant trip
la vida	life
el viejito	little old man
viejo, -a	old
el viento	wind
hace viento	it is windy
el viernes	Friday
la visita	visit, visitor
la vista	view
hasta la vista	so long

vivir	to live
vivo, -a	lively
volver (ue)	to return
volver a casa	to return home
volver a (+*infin.*)	to do something again
la voz	voice
el vuelo	flight
la vuelta	turn, return; change (money)
a la vuelta	around the corner

Y

y	and
ya	already, now, yet
¡Ya lo creo!	I should say so!

Z

el zapato	shoe
el zapatero	shoemaker
la zapatería	shoe shop

English - Spanish

A

@	arroba
able, to be	poder (ue)
about	de, acerca de
about 2 o'clock	a eso de las dos
accept, to	aceptar
accompany, to	acompañar
according to	según
accustom, to	acostumbrar
ache	el dolor
headache	dolor de cabeza
stomachache	dolor de estómago
toothache	dolor de muelas
act (a role)	interpretar
address	la dirección
admire, to	admirar
advice	los consejos
advise, to	aconsejar
affection	el cariño
after	después, de (prep.) después que (conj.)
afternoon	la tarde
in the afternoon, P.M.	por la tarde; de la tarde
again	otra vez;
to do again	volver a (+infin.)
against	contra
agent	el agente
ago; two years ago	hace dos años
agreeable	agradable
aid	la ayuda
aid, help, to	ayudar
air	el aire
in the open air	al aire libre
airmail: by airmail	por correo aéreo
airplane	el avión
airport	el aeropuerto
almost	casi
alone	solo
along	por
already	ya
also	también
although	aunque

always	siempre
amusement	a diversión
and	y, e (before i or hi)
announce	anunciar
another	otro, -a
answer	la respuesta
answer, to	contestar; responder
answering machine	el contestador automática
any	cualquier
anyone	alguien, alguno, -a
apple	la manzana
approach, to	acercarse a
arm	el brazo
around	alrededor de
arrange, to	arreglar
arrival	llegada
arrive, to	llegar
art	el arte
article	el artículo
artist	el (la) artista
as. . .as	tan. . .como
ask, to	preguntar
to ask for	pedir (i)
to ask questions	hacer preguntas
assortment	el surtido
at	a, en
attend, to	asistir a
attention	la atención
aunt	la tía
automobile	el automóvil
avenue	la avenida
awake, to be	estar despierto, -a
awaken, to (arouse)	despertar (ie)

B

bacon	el tocino
bad	malo, -a
badly	mal
baggage	el equipaje
baker	el panadero
banana	el plátano
bargain, to	regatear
basket	la cesta, la canasta
bath	el baño
bathe, to	bañar, bañarse

bathroom	el baño
be, to	ser, estar
to be in a hurry	estar de prisa, tener prisa
to be on the way	estar en camino
to be about to	estar para
beans	los frijoles
beautiful	bello, -a; hermoso, -a
because	porque
become, to	ponerse, hacerse
becomes sick	se enferma
becomes rich	se hace rico
bed	la cama
bedroom	la alcoba: el dormitorio, la recámara (Mex.)
before (place)	delante de
before (time)	antes de
begin, to	comenzar (ie), empezar (ie)
beginning	el principio
at the beginning	al principio
behind	detrás de
believe, to	creer
belt	el cinturón
bench	el banco
better	mejor
between	entre
big	grande
bill	la cuenta
bird	el pájaro
birthday	el cumpleaños
black	negro, -a
blanket	la manta, el sarape
block	la cuadra
blouse	la blusa
blue	azul
boat	el barco
body	el cuerpo
boiled	cocido, -a
book	el libro
bookshelf	el estante
bookstore	la librería
bottle	la botella
box	la caja

boy	el muchacho
bread	el pan
break, to	romper
breakfast	el desayuno
breakfast, to have	desayunarse; tomar el desayuno
bring, to	traer, llevar
brother	el hermano
building	el edificio
bundle	el bulto
bus	el camión (Mex.), autobús
business	el negocio
businessman	el comerciante, el negociante
busy	ocupado, -a
but	pero
on the contrary	sino
buy, to	comprar
buyer	el comprador

C

cake	la torta, el pastel
call, to	llamar
can (be able to)	poder (ue)
car	el coche, el automóvil
by car	en coche
care, be careful	cuidado
carry, to	llevar
carry away, to	llevarse
catch, to	agarrar
catch cold, to	pescarse un catarro, un resfriado
celebrate, to	celebrar
century	el siglo
certain	cierto, -a
certainly	por cierto
certificate	el certificado
chair	la silla
change	el cambio
in change	de cambio
change, to	cambiar
change clothes, to	cambiar de ropa
chat, to	platicar, charlar, conversar
cheap	barato, -a
check, to (baggage)	facturar
check, to	chequear

cheese	el queso
chicken	el pollo
child	el niño, la niña
choose, to	escoger
chop	la chuleta
church	la iglesia
cigar	el cigarro, el puro (Mex.),
city	la ciudad
class	la clase
clean	limpio, -a
clean, to	limpiar
clear	claro, -a
clerk	el dependiente
climate	el clima
close, to	cerrar (ie)
closed	cerrado, -a
cloth	la tela
clothing	la ropa
coat	el abrigo
coffee	el café
cold	frío, -a
It is cold (weather).	Hace frío.
I am cold.	Tengo frío.
color	el color
what color is...	¿de qué color es...?
come, to	venir
comfortable	cómodo, -a
comment, to	comentar
complete, to	completar
comprehend, to	comprender, entender (ie)
concert	el concierto
confess, to	confesar (ie)
congratulate, to	felicitar
consequently	por consiguiente
contain, to	contener
continue, to	continuar, seguir (i)
conversation	la conversación
converse, to	conversar
cooked	cocido, -a
cool	fresco, -a
It is cool (weather).	Hace fresco.
copper	el cobre
corn	el maíz
corner	el rincón, la esquina
correct	correcto, -a
cost, to	costar (ue)
costume	el traje
cotton	el algodón

count, to	contar (ue)
country	el campo, el país (nation)
course: of course	por supuesto; desde luego; creo que sí
of course not	creo que no
cousin	el primo, la prima
cover, to	cubrir
craftsman	el artesano
cream	la crema
cross, to	cruzar
cry	el grito
cry, to (shout)	gritar
culture	la cultura
current (adj.)	corriente
custard	el flan
custom	la costumbre
cut, to	cortar

D

daily	diario, -a
dance, to	bailar
dangerous	peligroso, -a
dark	oscuro, -a
date	la fecha
what is the date	¿cuál es la fecha?
daughter	la hija
day	el día
nowadays	hoy día
the following day	al día siguiente
dear	caro, -a (expensive); querido, -a (loved)
death	la muerte
decide, to	decidir
decoration	el adorno
defend, to	defender
demand, to	exigir
depart, to	partir
descend, to	bajar
describe, to	describir
desire, to	desear, tener ganas
desk	el escritorio
dessert	el postre
die, to	morir (ue)
different	diferente, distinto, -a
difficult	difícil
diligent	diligente
dine, to	cenar, comer
dining room	el comedor

dinner	la comida, la cena	Englishman	el inglés
dirty	sucio, -a	Englishwoman	la inglesa
discover, to	descubrir	enjoy, to	gozar de
dish	el plato	enough	basta, bastante
distant	lejano, -a	enter, to	entrar en
divide, to	dividir	enthusiasm	el entusiasmo
do, to	hacer	entire	entero, -a
doctor	el médico, el doctor	entrance	la entrada
dollar	el dólar	equal	igual
door	la puerta	especially	sobre todo
dot	punto	even	aun
doubt	la duda	everybody	todo el mundo
without a doubt	sin duda alguna	everywhere	por (en) todas
doubt, to	dudar		partes
drawing	el dibujo	examination	el examen
dress	el vestido	examine, to	examinar, revisar
dress, to	vestir (i)		(baggage)
dress in, to	vestirse de	excellent	excelente
drink	la bebida	except	excepto, menos
drink, to	beber, tomar	excuse, to	disculpar, perdonar,
drive	manejar		excusar
dry	seco, -a	excuse me	discúlpeme
dry clean	limpiar en seco	expect, to	esperar
during	durante	explain, to	explicar
		exporter	el exportador
E		express, to	expresar
each	cada	eye	el ojo
each one	cada uno		
ear	la oreja	**F**	
early	temprano	fable	la fábula
earn, to	ganar	face	la cara
east	el este	fall, to	caer
eat, to	comer	fall asleep, to	dormirse (ue)
educate, to	educar	false	falso, -a
egg	el huevo	family	la familia
elevator	el ascensor,	famous	famoso, -a
	el elevador	far from	lejos de
e-mail	el correo	fare	el pasaje
	electrónico	fast	rápido, -a
e-mail address	la dirección	fat	gordo, -a
	electrónica	father	el padre
emotion	la emoción	favor	el favor
employ, to	emplear	fear, to	temer, tener miedo
employee	el empleado	feel like, to	tener ganas
empty	vacío	feel, to (well, ill)	sentirse (ie)
end	el fin	few	pocos (as)
finally	al fin	finally	al fin, al final
end, to	terminar, acabar	find, to	hallar, encontrar
engagement	el compromiso	find out, to	averiguar
English	inglés	fine	fino, -a

finish, to	terminar, acabar	game	el juego
first	primero, -a	garage	el garaje
fish	el pescado	garden	el jardín
flight	el vuelo	generally	generalmente,
floor	el suelo; el piso		regularmente
	(story)	gentleman (Mr.)	el señor
flower	la flor	get along (well)	hacerse (bien)
follow, to	seguir (i)	get, to	obtener, conseguir
following; on the	al día siguiente	get (become), to	ponerse
following day		get on, to	subir a
food	la comida,	get off, to	bajar de
	los alimentos	get up, to	levantarse
foot	el pie	gift	el regalo
on foot	a pie	give, to	dar
for	por, para	give back, to	devolver (ue)
forget, to	olvidar	glad	alegre
fork	el tenedor	glass	el vaso (to drink
form, to	formar		from), el vidrio,
fountain	la fuente		el cristal
French (lang.)	francés	glove	el guante
Frenchman	el francés	go, to	ir
Frenchwoman	la francesa		
friend	el amigo, la amiga		
from	de		
from. . .to	desde. . .hasta		
fruit	la fruta		
full	lleno, -a		
G			

go away, to	irse
go shopping, to	ir de compras
gold	el oro
good	bueno, -a
grandfather	el abuelo
grandmother	la abuela
grape	la uva
grapefruit	la toronja
gray	gris
green	verde
greet, to	saludar
greeting	el saludo
grille	la reja
group	el grupo
guess, to	adivinar

H

hair	el pelo
half	la mitad: medio, -a
ham	el jamón
hand	la mano
handmade	hecho a mano
to shake hands	darse la mano
happen, to	pasar
happy	contento, -a; feliz
hard	difícil (difficult), duro
hat	el sombrero
have, to	haber (auxiliary); tener que (+*infin.*)
have a good time, to	pasarla bien
head	la cabeza
headache	dolor de cabeza
healthy	sano, -a
healthy, to be	tener salud
hear, to	oír
heart	el corazón
heavy	pesado, -a
help	la ayuda
help, to	ayudar
here	aquí, acá (usually after a verb of motion)
here you have it	aquí lo tiene Ud.
high	alto, -a
holiday	la fiesta
home	en casa
to go home	ir a casa
hope, to	esperar
I hope so.	Espero que si.
I hope not.	Espero que no.
horse	el caballo
hot	caliente
It is hot (weather).	Hace calor.
I am hot.	Tengo calor.
hour	la hora
house	la casa
how	como, ¿cómo?
how much	¿cuánto, -a?
how many	¿cuántos, -as?
hungry, to be hungry	tener hambre
hurry, to be in a hurry	tener prisa
hurry, to	apresurarse
hurt, to	hacer daño a
husband	el esposo

I

ice cream	el helado
if	si
ill	enfermo, -a: malo, -a
imagine	imaginar
immediately	inmediatamente, en seguida
in	en
Indian	el indio
industry	la industria
inform, to	informar, avisar
information,	la información
to ask for information	pedir información
inhabitant	el habitante
ink	la tinta
inside of	dentro de
instead of	en vez de
intelligent	inteligente
intend to, to	pensar (+*infin.*)
interest	el interés
interest, to	interesar
introduce, to	presentar
invitation	la invitación
invite, to	invitar
iron	el hierro

J

jar	el jarro, la jarra
jewel	la joya
jewelry shop	la joyería
juice	el jugo

K

keep, to	guardar, quedar
kill, to	matar
kind	amable
king	el rey
kiss, to	besar
kitchen	la cocina
knife	el cuchillo
know (facts), to	saber
know (how), to	saber
know (persons), to	conocer

L

lady (Mrs.)	la señora
lamp	la lámpara
land	la tierra
language	la lengua, el idioma
last	último, -a
last year	el año pasado
laugh	la risa
laugh, to	reír (i)
to laugh at	reírse de
lawyer	el abogado
lazy	perezoso, -a
leaf	la hoja
learn, to	aprender
least	el menos
at least	por lo menos
leather	el cuero
leave, to (go out of)	salir de
left	izquierdo, -a
on the left	por la izquierda
to the left	a la izquierda
lemon	el limón
lend, to	prestar
less	menos
let, to (permit)	permitir, dejar
letter	la carta
library	la biblioteca
lie, to (tell a)	mentir
lie down, to	acostarse (ue)
life	la vida
light	la luz
like, to	gustar
I like the game.	Me gusta el juego.
listen, to	escuchar
little	pequeño,-a;
a little	un poco
live, to	vivir
lively	vivo, -a

living room	la sala
load	la carga
long	largo, -a
look at, to	mirar
look for, to	buscar
lose, to	perder (ie)
loud	alto, -a
love	el amor
love, to	querer (ie) a, amar a
low	bajo, -a
luck	la suerte
lucky	afortunado, -a
lunch	el almuerzo
lunch, to have	almorzar

M

magazine	la revista
magnificent	magnífico, -a
maid	la criada
mail, to	echar en el buzón, echar al correo
maintain, to	mantener
majority	la mayor parte, la mayoría
make, to	hacer
to make a trip	hacer un viaje
made by hand	hecho por mano
man	el hombre
manner	la manera
in the same manner	de la misma manera
many	muchos, -as
market	el mercado
marry, to	casarse con
match	el cerillo, el fósforo
matter, to	importar
it doesn't matter	no importa
What's the matter?	¿Qué hay?
What's the matter with you	¿Qué tiene Ud.?
maybe	quizás
meal	la comida
mean, to	significar; querer (ie) decir
meanwhile	entretanto
measure	la medida
measure, to	medir (i)
meat	la carne
meet, to (make	conocer a

the acquaintance of)	
glad to meet you	mucho gusto en conocerlo
meet, to (gather)	encontrar (ue)
meet someone, to (as at the aiport)	recibir a alguien
melon	el melón
memory	la memoria
menu	la lista, el menú
merchandise	la mercancía
merry	alegre, feliz
message	el mensaje
Mexican	mexicano, -a
Mexico	México
mile	la milla
milk	la leche
million	el millón
Miss (young lady)	la señorita
miss, to	echar de menos
mistake	la falta
mistaken (to be)	estar equivocado, -a
modern	moderno, -a
money (currency)	el dinero, la moneda
month	el mes
moon	la luna
more	más
morning	la mañana
in the morning, A.M.	por la mañana, de la mañana
most	el (la) más
mother	la madre
motion picture	la película
mountain	la montaña
mouse	el ratón
mouth	la boca
move, to	mover (ue)
to move (home)	mudarse
movie	la película
movie, action	película de acción
movie theater	el cine
much	mucho, -a
music	la música
must (ought to), (to have to), (probably)	deber, tener que, deber de

N

name	el nombre
name, to	nombrar
nature	la naturaleza

near	cerca de (prep.)
necessary	necesario, -a
it is necessary	es necesario, hay que (+infin.)
necessity	la necesidad
need, to	necesitar
neither	tampoco
neither. . .nor	ni. . .ni
never	nunca, jamás
nevertheless	sin embargo
new	nuevo, -a
news	las noticias
newspaper	el periódico, el diario
next	próximo, -a
nice	bonito, -a, simpático, -a
night	la noche
at night	por la noche
P.M. (after 8 P.M.)	de la noche
nobody	nadie
noise	el ruido
none, no	ninguno, -a
north	el norte
North American	norteamericano, -a
nose	la nariz
nothing	nada
now	ahora, ahorita
number	el número

O

obey, to	obedecer
object	el objeto
observe, to	observar
obtain, to	obtener, conseguir (i)
occasion	la ocasión
of	de
offer, to	ofrecer
office	la oficina
office boy	el mandadero
often	a menudo, muchas veces
old	viejo, -a, antiguo, -a
older	mayor
oldest	el (la) mayor
on (top of)	encima de
only	sólo, solamente
not only. . .but also	no solamente. . . sino también

open	abierto, -a
open, to	abrir
opportunity	la oportunidad
opposite	frente a
or	u (before o or ho), o (all other instances)
orange	la naranja
orange-colored	anaranjado, -a
order, to	mandar, pedir (i)
in order to	para
other	otro, -a
ought to	deber
outside of	fuera de
over	sobre
owe, to	deber
own	propio, -a

P

pack; to pack a suitcase	hacer una maleta
package	el paquete
paint, to	pintar
painter	el pintor
painting	la pintura
pancakes	los panqueques
paper	el papel
parcel post	el paquete postal
parents	los padres
park	el parque
pass (by), to	pasar
passport	el pasaporte
pay, to	pagar
peach	el melocotón
pear	la pera
pen	el bolígrafo
pencil	el lápiz
people	la gente, las personas
perfectly	perfectamente
permission	el permiso
permit, to	permitir, dejar
person	la persona
pharmacy	la farmacia
picture	pintura, dibujo, fóto
piece	la pieza, el pedazo
pineapple	la piña
pink	rosado, -a
pity	la lástima
What a pity!	¡qué lástima!
place	el sitio, el lugar

place, to	poner
plane	el avión
play	el drama, la comedia
play, to	tocar (instrument); jugar (ue) (game)
pleasant	agradable
please	por favor; hágame el favor de; tenga la bondad de
pleasure	el placer, el gusto
with pleasure	con mucho gusto
pocket	el bolsillo
point out, to	señalar, indicar, mostrar (ue)
policeman	el policía
poor	pobre
portrait	el retrato
possible	posible
post office	el correo
poster	el cartel
pot	la olla
potato	la papa
pottery	la cerámica, la alfarería
pound	la libra
pour (a liquid), to	echar
practice, to	practicar
prefer, to	preferir (ie)
prepare, to	preparar
present, to	presentar
pretty	bonito, -a; lindo, -a
price	el precio
priest	el cura
printer	la impresora
prize	el premio
produce, to	producir
production	la producción
professor	el profesor, la profesora
program	el programa
progress, to	adelantar
promenade	el paseo
promise, to	prometer
proud	orgulloso, -a
purchase	la compra
purse	la bolsa
put, to	poner
put on (clothing), to	ponerse

Q

quantity	la cantidad
queen	reina
question	la pregunta
quickly	de prisa, aprisa

R

radio	el radio (set), la radio (broadcast)
rain	la lluvia
rain, to	llover (ue)
raincoat	el impermeable
rainy	lluvioso, -a
raise, to	levantar
rapid	rápido, -a
rapidly	rápidamente
rare	raro, -a
read, to	leer
ready	listo, -a
really	¡de veras!
receive, to	recibir
recognize, to	reconocer
recreation	el recreo
red	rojo, -a
regret, to	sentir (ie)
relate, to	contar (ue)
relative	el pariente
remain, to	quedar, quedarse
remember, to	recordar (ue), acordarse (ue) de
rent, to	alquilar
repeat, to	repetir (i)
reply, to	responder, contestar
representative	el representante
request, to	pedir (i)
resemble, to	parecerse a
resist, to	resistir
respect	el respeto
rest, leisure	el descanso
restaurant	el restaurante
return, to	volver (ue)
(to go back, physically)	volver (ue)
(to go back in time)	regresar
(to give someting back)	devolver
rice	el arroz
rich	rico, -a

ride (in a car.), to	ir (en coche)
to go for a ride	pasearse, dar un paseo
right; to be right	tener razón
right	derecho, -a
river	el río
road	el camino
roll	el panecillo
roof	el tejado
room	el cuarto
round	redondo, -a
round-trip ticket	boleto de ida y vuelta
row	la fila
run, to	correr

S

salt	la sal
same	mismo, -a
the same thing	lo mismo
sash	la faja
sauce	la salsa
say	decir
how do you say	¿cómo se dice?
say good-bye	despedirse
scarcely	apenas
school	la escuela
screen	la pantalla
season	la estación
seat	el asiento
seated	sentado, -a
security measures	las medidas de seguridad
see, to	ver
let's see	a ver
seek, to	buscar
seem, to	parecer
sell, to	vender
seller	el vendedor
send, to	mandar, enviar
sense	el sentido
sentence	la frase
serve, to	servir (i)
set, to	poner
shade	la sombra
shawl	el rebozo, la chal
shine, to	brillar
shipment	el envío
shirt	la camisa
shoe	el zapato

short	corto, -a, breve, bajo (height)
shout, to	gritar
show, (point out), to	mostrar (ue), enseñar
show a film, to	poner una película
sick	enfermo, -a; malo, -a
to get sick	enfermarse
side	el lado
beside	al lado de
sidewalk	la acera
sight	la vista
silk	la seda
silver	la plata
silversmith	el platero
similar	semejante
simple	sencillo, -a
since	puesto que
sing, to	cantar
sister	la hermana
sit down, to	sentarse (ie)
seated, to be	estar sentado
size	el tamaño
skirt	la falda
sky	el cielo
skyscraper	el rascacielos
sleep, to	dormir (ue)
sleepy, to be	tener sueño
slowly	despacio, lentamente
small	pequeño, -a
smile, to	sonreír (i)
snow	la nieve
snow, to	nevar
it is snowing	nieva
so	así
so much	tanto, -a
so that	para que, de modo que
some	alguno, -a
someone	alguien
something	algo
somewhat	algo
son	el hijo
song	la canción
soon	pronto
sorry; to be sorry	sentir (ie);
I am very sorry.	Lo siento mucho.
soup	la sopa
south	el sur

souvenir	el recuerdo
Spain	España
Spaniard	el español, la española
Spanish (lang.)	español
speak, to	hablar
spend, to (money)	gastar
spend, to (time)	pasar
spicy	picante
spite; in spite of	a pesar de
spoon	la cuchara
(teaspoon)	(la cucharita)
spring	la primavera
square	cuadrado, -a
stairway	la escalera
stamp	la estampilla, el timbre (Mex.)
stand	el puesto
stand up, to	ponerse de pie
standing, to be	estar de pie
star	la estrella
state	el estado
station (railroad)	la estación de ferrocarril
statue	la estatua
steak (beef)	el bistec, el filete (Mex.)
stenographer	el taquígrafo, la taquígrafa
step	el paso
still	todavía
stop, to	parar
store	la tienda
story	el cuento
story (of building)	el piso
straw	la paja
street	la calle
streetcar	el tranvía
strong	fuerte
student	el (la) estudiante
study, to	estudiar
style	el estilo
subject	el tema
suburb	el suburbia
succeed in, to	lograr
suit	el traje
suitcase	a maleta, la valija
pack a suitcase, to	hacer una maleta, una valija
summer	el verano

sun	el sol
It is sunny.	Hace sol.
supper	la cena
surely	de seguro, seguramente
surprised	sorprendido
surrounded	rodeado, -a
sweater	el suéter
sweet	dulce
sweets (candy)	los dulces

T

table	la mesa
set the table, to	poner la mesa
tailor	el sastre
take, to	tomar
take away, to	llevarse
take out, to	sacar
tall	grande, alto, -a
tank	el tanque
taste, to	robar (ue), saber
tasty	sabroso, -a
tea	el té
teach, to	enseñar
teacher	el maestro, la maestra, el profesor, la profesora
telephone	el teléfono
telephone, to	llamar por teléfono, telefonear
tell, to	decir
temperate	templado
temperature	la temperatura
textile	el tejido
thankful	agradecido, -a
thanks	gracias
to give thanks	dar las gracias
that	ese, -a; aquel, aquella; que (conj.)
theater	el teatro
then	entonces
there	allí, ahí, allá (usually with a verb of motion)
there is (are)	hay
therefore	por eso, por lo tanto
these (adj.)	estos, -as

thick	grueso, -a
thing	la cosa
think, to (believe)	creer
think of, to	pensar en
thirsty; to be thirsty	tener sed
this (adj.)	este, -a
those (adj.)	aquellos,- as; esos, -as
through	por
thunder	el trueno
thundering, it is	truena
thus	así
ticket	el boleto (Mex.); el billete
round-trip ticket	el boleto de ida y vuelta
ticket window	la boletería
tile	el azulejo
time	tiempo
What time is it	¿Qué hora es?
one time	una vez
two times	dos veces
on time	a tiempo
have a good time, to	pasarla bien, divertirse (ie)
timetable	el horario
tin plate	la hojalata
tip	la propina
tire, to	cansarse
tired	cansado, -a
title	el título
tobacco	el tabaco
today	hoy
tomato	el tomate
tomorrow	mañana
tomorrow morning	mañana por la mañana
too (also)	también
too many	emasiados, -as
too much	demasiado, -a
tooth	el diente
toothache	dolor de muela
topic	el tema
tourist	el (la) turista
tourist card	la tarjeta de turista
toward	hacia
town	el pueblo, la población
toy	el juguete
train	el tren

travel, to	viajar
traveler	el viajero
tray	la bandeja
tree	el árbol
trip	el viaje
take a trip, to	hacer un viaje
trousers	los pantalones
trunk	el baúl
trunk (of car)	la cajuela (Mex.)
truth	la verdad
try, to	tratar de
try on, to	probar (ue)
turkey	el guajolote (Mex.); el pavo
typewriter	la máquina de escribir
typical	típico, -a

U

umbrella	el paraguas
uncle	el tío
under	debajo de
understand	comprender, entender (ie)
unfortunately	lamentablemente
United States	Los Estados Unidos abbr:: EE.UU.
university	la universidad
upon	sobre, encima de
upset	nervioso
use, to	usar, emplear
useful	útil

V

vacation	las vacaciones
valise	la valija
valley	el valle
very	muy
view	la vista
visit	la visita
visit, to	visitar
voice	la voz
voyage	el viaje

W

wait for; to	esperar
waiter	el mozo, el mesero
waiting room	la sala de espera
wake up, to (someone), (oneself)	despertar (ie) despertarse

walk, to	andar, ir a pie, caminar	which	que, ¿qué?	work, to	trabajar
take a walk, to	dar un paseo, pasearse	which one (ones)	¿cuál (cuáles)?	world	el mundo
		while	mientras	worry, to	preocuparse
wall	la pared	white	blanco, -a	worse	peor
want	desear, querer (ie)	who	que, quien, ¿quién?	worth, to be	valer
wash, to	lavar	whom	que, ¿a quién?	It's worthwhile.	Vale la pena.
watch	el reloj	whose	cuyo, -a, ¿de quién?	worthy	digno, -a
watch, to	mirar	why	¿por qué? ¿para qué?	write, to	escribir
water	el agua (f)	wide	ancho, -a	writer	el escritor
way, by the	a propósito	wife	la esposa	wrong, to be	no tener razón
weak	débil	win, to	ganar		
wear	llevar, vestir (i) de	win, to (the lottery)	sacar (el gordo)	**Y**	
weather	tiempo	wind	el viento		
How's the weather?	¿Qué tiempo hace?	It is windy.	Hace viento.	year	el año
		window	la ventana	last year	el año pasado
week	la semana	winter	el invierno	next year	el año que viene
weekend	el fin de semana	wise	sabio, -a	yellow	amarillo, -a
weigh, to	pesar	wish	el deseo	yesterday	ayer
well	pues, bien	wish, to	querer (ie), desear	day before yesterday	anteayer
All is well	Todo está bien.	with	con	yet	todavía
well-known	conocido, -a	without	sin	not yet	todavía no
when	cuando, ¿cuándo?	woman	la mujer	young	joven
where	donde, ¿dónde?	wood	la madera	younger	menor
where (to where)	¿adónde?	wool	la lana	youngest	el menor
whether	si	word	la palabra	youth	el joven
		work	el trabajo		

CAPÍTULO 3

Ejercicio No. 1

1. comerciante	6. hay	11. piso
2. quién	7. su	12. calle
3. con	8. se llaman	13. grande
4. padre	9. particular	14. allí, todo el día
5. madre	10. todos los cuartos	15. ciudad

Ejercicio No. 2A

1. la	5. una, un	9. los, la
2. una	6. el	10. los, las, la
3. la, los	7. los, un	
4. el, la	8. unos, la, unas, la	

Ejercicio No. 2B

1. las calles	6. las cocinas	11. las ciudades
2. los comedores	7. las madres	12. los años
3. los cuartos	8. los padres	13. las mujeres
4. los señores	9. las salas	14. los hombres
5. las recámaras	10. las hijas	15. los tíos

Ejercicio No. 2C

1. El señor Adams es norteamericano.
2. Vive en Nueva York.
3. Hay seis personas en la familia.
4. La casa tiene seis cuartos.
5. Es una casa particular.
6. La señora Adams es la madre.
7. El señor Adams es el padre.
8. La oficina está en la calle Whitehall.
9. Va en tren a la ciudad.
10. Allí trabaja todo el día.

CAPÍTULO 4

Ejercicio No. 4

1. Quién	7. además (también)
2. un comerciante de Nueva York	8. pero
3. su oficina	9. Estudia
4. otros	10. martes, jueves
5. va	11. rápidamente
6. desea	12. muy inteligente

13. mexicano	15. en la primera conversación
14. un maestro bueno	

Ejercicio No. 5A

1. es	3. es	5. es	7. está	9. es
2. está	4. está	6. es	8. está	10. hay

Ejercicio No. 5B

1. (d)	3. (a)	5. (c)
2. (f)	4. (b)	6. (e)

Ejercicio No. 5C

1. y	8. por eso	15. gracias
2. en	9. alli	16. grande
3. con	10. aquí	17. pequeño
4. también	11. casi	18. bueno
5. a	12. siempre	19. malo
6. tal vez	13. ¿Cómo está Ud.?	20. rápidamente
7. pero	14. muy bien	

CAPÍTULO 5

Ejercicio No. 7

1. está sentado	7. un lápiz, un bolígrafo
2. hay	y algunos papeles
3. saber	8. Hay, en la mesita
4. Dígame	9. basta
5. mi esposa	10. Hasta el jueves
6. sobre el estante	

Ejercicio No. 8A

1. la calle, las calles, *street*
2. la oficina, las oficinas, *office*
3. la pared, las paredes, *wall*
4. la silla, las sillas, *chair*
5. el señor, los señores, *gentleman*
6. la mesa, las mesas, *table*
7. el papel, los papeles, *paper*
8. la puerta, las puertas, *door*
9. el estante, los estantes, *bookcase*
10. la ventana, las ventanas, *window*

Ejercicio No. 8B

1. debajo de	5. entre	9. debajo de
2. cerca de	6. delante del	10. cerca del
3. encima del	7. alrededor de	
4. sobre	8. detrás de	

Ejercicio No. 8C

1. de la	5. a la	9. al
2. al	6. de los	10. a las
3. de las	7. a los	
4. del	8. a la	

Ejercicio No. 9

1. Está sentado en la sala de su casa.
2. El Sr. López está sentado cerca de él.
3. Sí, hay muchas cosas alrededor de nosotros.
4. Sí, hay muchas cosas en la calle.
5. La esposa del Sr. Adams escucha mucha música.
6. Está encima del piano.
7. Está sobre el piano.
8. El estante está delante de una ventana.
9. Está cerca de la puerta.
10. Cerca del escritorio hay una silla.
11. Están encima del escritorio.
12. Están en la mesita.

CAPÍTULO 6

REPASO 1 CAPÍTULOS 1–5

Ejercicio No. 10

1. (g)	3. (i)	5. (j)	7. (k)	9. (d)	11. (b)
2. (e)	4. (h)	6. (l)	8. (a)	10. (c)	12. (f)

Ejercicio No. 11

1. todo el día	5. con mucho gusto	9. Qué
2. por favor	6. Por eso	10. Quién
3. tal vez	7. Cómo	
4. Buenas tardes	8. Dónde	

Ejercicio No. 12

1. (d)	3. (i)	5. (h)	7. (c)	9. (a)	11. (e)
2. (f)	4. (k)	6. (g)	8. (j)	10. (b)	

Ejercicio No. 13

1. delante de la casa	6. Los libros del muchacho
2. cerca de la puerta	7. La madre de las muchachas
3. alrededor de la ciudad	8. El hermano de Felipe
4. detrás del escritorio	9. El padre de María
5. encima del piano	10. El maestro de los niños

Ejercicio No. 14A–Reading Selection

Mr. Adams, New York Merchant

Mr. Adams is a North American businessman who imports art objects from Mexico. Therefore he wants to take a trip to Mexico in the spring. He wants to talk with his agent and to visit some places of interest in Mexico. But he does not know how to speak Spanish.

Mr. Adams has a good teacher. He is a Mexican who lives in New York, and his name is Mr. Lopez. Tuesdays and Thursdays the teacher goes by train to the house of his student. There the two gentlemen speak a little in Spanish. Mr. Adams is very intelligent and learns rapidly.

For example, in the first conversation he learns by heart the salutations and farewells. He already knows how to say "Good day," "How are you?," "So long," "See you tomorrow." He already knows how to say in Spanish the names of many things that are in his living room and he knows how to answer well the questions: "What is this?" and "Where is...?"

Mr. Lopez is very pleased with the progress of his student and says: "Good. Enough for today. So long."

CAPÍTULO 7

Ejercicio No. 15

1. son importantes	6. a otros países
2. unos verbos corrientes	7. en tren o en avión
3. ¿Por qué...?	8. Cuanto
4. Porque, mi	9. muy rápidamente
5. con él en español	10. Basta por hoy

Ejercicio No. 16A

1. to listen	6. to converse	11. to chat
2. to want	7. to practice	12. to study
3. to visit	8. to travel	13. to import
4. to form, make	9. to ask	14. to play
5. to expect	10. to answer	15. to enter

Ejercicio No. 16B

1. Do you speak Spanish?
   Yes, I speak Spanish.
   What languages does your teacher speak?
   He speaks English, Spanish, and French.
2. Who plays the piano?
   Mary plays the piano.
   Don't you play the piano, Rosie?
   No, I do not play the piano.
3. Are the students studying the lesson?
   No, they are not studying the lesson.
   Are they chatting in Spanish?
   Yes, they are chatting in Spanish.
4. Do you listen attentively when the teacher is speaking?
   Yes, we listen attentively when the teacher is speaking.

Ejercicio No. 16C

1. no habla	5. espero	9. esperamos
2. estudiamos	6. platican	10. escuchan
3. importa	7. practican	
4. desea	8. viaja	

Ejercicio No. 16D

1. miro	5. practican	9. desean
2. escucha	6. ¿pregunta Ud.?	10. visito
3. formas	7. contestan	11. viajo
4. conversa	8. ¿estudiamos?	12. ¿espera Ud.?

Ejercicio No. 17

1. Están sentados en la sala del Sr. Adams.
2. El Sr. López explica.
3. El Sr. Adams escucha con atención.
4. El Sr. López pregunta.
5. El Sr. Adams contesta.
6. Sí, son importantes.
7. Sí, es comerciante.
8. No, no habla español.
9. Porque desea hacer un viaje a México.
   or Porque desea hablar con su agente.
10. Espera visitar México, Guatemala y tal vez Colombia.
11. Viaja por avión.
12. Aprende rápidamente.

CAPÍTULO 8

Ejercicio No. 18

1. abre	5. otros	9. la menor
2. Pase Ud.	6. Tengo	10. el mayor
3. Buenas noches, su	7. somos	11. un rato más
4. un resfriado	8. años	12. al Sr. López

Ejercicio No. 19A

1. es, Es	5. Está, está	9. están, están
2. está, Estoy	6. están, estamos	10. Son, somos
3. están, Estamos	7. están, Están	
4. Es, soy	8. Son, somos	

Ejercicio No. 19B

1. al señor	5. a la señora	9. el parque
2. la escuela	6. el tren	10. a José
3. a su amigo	7. a Isabel	
4. la lección	8. a su agente	

Ejercicio No. 19C

1. ¿Cómo está Ud.?
2. Regular, gracias. *or* Así-así, gracias.
3. Mi hija está enferma.
4. Lo siento mucho.
5. Uds. son una familia de seis personas.
6. Van sus niños a la escuela?
7. ¿Habla Ud. español?
8. No, no hablo español.
9. Invito a Carlos a visitar mi casa.
10. Vamos a platicar un rato.
11. Vamos a comenzar (empezar).
12. Deseo (quiero) estudiar el español.

Ejercicio No. 20

1. La esposa abre la puerta.
2. El Sr. López toca el timbre.
3. Espera al Sr. López en la sala.
4. Anita, la hija del Sr. Adams, está enferma.
5. Tiene un resfriado.
6. Tiene cuatro hijos.
7. Hay seis personas en su familia.
8. Sus hijos se llaman Felipe, Guillermo, Rosita y Anita.
9. Tiene diez años.
10. Sí, platican un rato más.
11. El Sr. Adams invita al Sr. López a visitar su oficina.
12. Sí, acepta la invitación.

CAPÍTULO 9

Ejercicio No. 21

1. dan a la calle	9. Veo
2. periódicos	10. De qué color
3. detrás de su escritorio	11. De qué colores son
4. entra en la oficina	12. ¡Dios mío!
5. Mucho gusto en verlo.	13. Tengo hambre.
6. El gusto es mío.	14. No lejos de aquí
7. Me gusta ese mapa.	15. ¡Vámonos!
8. A propósito	

Ejercicio No. 22A

1. vivos	5. altos	9. azul
2. cómoda	6. muchos	10. simpática
3. rojos	7. blancas	
4. verdes	8. Muchas	

Ejercicio No. 22B

1. son	3. es	5. estoy	7. estamos	9. son
2. está	4. está	6. están	8. somos	10. son

Ejercicio No. 22C

1. La oficina del Sr. Adams es muy bonita.
2. Las ventanas de la oficina son grandes.
3. Hay muchos papeles en la impresora.
4. Las paredes de la oficina son grises.
5. La mesa es verde.
6. El contestador es amarillo.
7. El edificio es muy alto.
8. ¿Cómo está Ud., Sr. Adams?
9. Estoy muy bien, gracias.
10. Los carteles son hermosos.

Ejercicio No. 23

1. Está en el décimo piso de un edificio alto.
2. No, no es grande.
3. Sí, es cómoda.
4. En las paredes grises hay algunos carteles.

5. En la impresora hay muchos papeles.

6. Está al lado de la computadora.

7. Hay una mesa larga y verde entre las dos ventanas.

8. El Sr. Adams está sentado.

9. Es rojo.

10. Es amarillo.

11. Son blancos.

12. No, es negro.

13. Son grises.

14. Sí, es verde.

15. Es la oficina del Sr. Adams.

CAPÍTULO 10

Ejercicio No. 24

1. Sus padres

2. adelanta

3. ¿Qué tal, amigo?

4. A propósito, ¿verdad?

5. ¿Cómo no?

6. Aprendo

7. fácil, difícil

8. Estudio, deseo

9. comprendo

10. palabras, diaria

11. expresiones

12. Me gusta

Ejercicio No. 25B

1. aprendo

2. toca

3. estudiamos

4. comprenden

5. Leen

6. beben

7. escribe

8. vive

9. bebes

10. deseas

11. viajan

12. abre

Ejercicio No. 26

1. El Sr. Gómez es un habitante de Nueva York.

2. Sí, habla español bien.

3. No, son puertorriqueños.

4. Sabe que su amigo Adams aprende el español.

5. Entra en la oficina del Sr. Adams.

6. Saluda al Sr. Adams en español.

7. El Sr. Adams aprende a hablar, a leer y a escribir el español.

8. Estudia diligentemente.

9. El Sr. López es su maestro de español.

10. Sí, es un maestro bueno.

11. Sí, comprende.

12. Aprende las palabras de la vida diaria.

13. El Sr. Adams va a hacer un viaje a México.

14. Espera ir a México el verano que viene.

15. El Sr. Gómez dice—Buen viaje y buena suerte, *or* Lo dice. (He says it.)

CAPÍTULO 11

REPASO 2 CAPÍTULOS 7–10

Ejercicio No. 27

1. civilización

2. reservación

3. instrucción

4. excepción

5. revolución

6. observación

7. aplicación

8. elección

9. invención

10. solución

Ejercicio No. 28

1. Es azul.

2. Hablan español.

3. El Sr. Adams tiene hambre.

4. Es blanca y negra.

5. Vivo en los E.E.U.U.

6. Son blancos.

7. Beben leche.

8. Saluda a su amigo.

9. Tengo treinta años.

10. Me llamo...

Ejercicio No. 29

1. (e)   3. (a)   5. (b)   7. (c)   9. (j)

2. (g)   4. (i)   6. (h)   8. (d)   10. (f)

Ejercicio No. 30

1. vivimos

2. aprenden

3. trabaja

4. sabe

5. escriben

6. abres

7. permito

8. bebe

9. adelantamos

10. veo

Ejercicio No. 31

1. Sí, aprendo...

2. Sí, estudio...

3. Sí, trabajo...

4. Sí, espero...

5. Sí, veo...

6. Sí, leo...

7. Sí, comprendo...

8. Sí, acepto...

9. Sí, visito...

Ejercicio No. 32

1. es

2. está

3. Estoy

4. Estamos

5. es

6. Está

7. son

8. es

9. son

10. está

11. Son

12. eres

13. es

14. son

15. Estoy

Ejercicio No. 33–Reading Selections 1

Two Friends of Mr. Adams

Mr. Adams already knows the names of all the objects in his house. Now he is beginning to study the verbs because he wants to learn to read, to write, and to converse in Spanish. He also wants to know the numbers in Spanish. Being a merchant who expects to visit his agent in Mexico he needs practice chatting with Spaniards or Spanish-Americans. Fortunately he has two friends who are from Mexico and who work near his office on Whitehall Street.

One day Mr. Adams goes to visit these Mexicans. The two gentlemen listen attentively to Mr. Adams while he speaks with them in Spanish. After ten minutes of conversation the Mexicans ask their friend many questions and are very pleased with his answers.

Ejercicio No. 33–Reading Selections 2

Mr. Adams Gets Sick

On Thursday, April 22, at nine o'clock in the evening, Mr. Lopez arrives at the house of his student, Mr. Adams. The oldest child, a boy of ten, opens the door and greets Mr. Lopez. They enter the living room where Mr. Adams usually awaits his teacher.

But this evening he is not in the living room. Neither is Mrs. Adams there. Mr. Lopez is very surprised and asks the boy: "Where is your papa?" The boy answers sadly: "My papa is sick and cannot leave his bedroom. He is in bed because he has a severe cold. He also has a headache."

The teacher becomes very sad and says: "What a pity! We cannot have class today, but next week we are going to study two hours. Until next Tuesday."

CAPÍTULO 12

Ejercicio No. 35
1. Toman
2. dibujos
3. por todas partes
4. Cada, propio
5. para crema
6. para agua
7. despacio
8. Tiene que
9. de todos modos
10. Tengo
11. muy sencillo
12. Muchas veces
13. para el uso
14. Quiere Ud.
15. No quiere Ud.

Ejercicio No. 36A
1. aquellas
2. Esta
3. Estos
4. Estas
5. Esas
6. Esos
7. Aquella
8. Este
9. aquellas
10. Esta
11. Eesa
12. estos

Ejercicio No. 36C
1. Estos señores están sentados en el comedor.
2. Estas tazas son de Puebla.
3. Me gustan estos dibujos.
4. Esos platos son de Oaxaca.
5. ¿Trabajan despacio aquellos artistas?
6. ¿Tiene esta familia cinco niños?
7. ¿Tienes hambre, hijito?
8. No, no tengo hambre.
9. ¿Tiene Ud. que escribir una carta, Sr. Adams?
10. Sí, tengo que escribir una carta.

Ejercicio No. 37
1. Están sentados en el comedor.
2. Toman café y pan dulce.
3. Dice—¿Le gustan estas tazas y estos platillos?
4. Es de Puebla.
5. Sí, cada distrito tiene su propio estilo.
6. Es de Oaxaca.
7. Es de Michoacán.
8. Sí, son verdaderos artistas.
9. Trabajan despacio.
10. No tienen prisa.
11. Es difícil obtener un surtido adecuado para el mercado norteamericano.
12. El Sr. Adams ve mucha cerámica de interés artístico.

13. Están en el aparador.
14. Son amarillos y azules.
15. Sí, tiene ejemplares de cerámica corriente, *or* Sí. *los* tiene. (He has *them*.)

CAPÍTULO 13

Ejercicio No. 38
1. Sabe Ud.
2. tan importantes como
3. Nuestra civilización
4. Ud. tiene razón
5. Puede Ud.
6. no valen
7. Necesitamos, la fecha
8. pasar
9. Entretanto, que
10. ¿Qué quiere decir...?

Ejercicio No. 39A
1. treinta
2. diez
3. cincuenta
4. cuarenta y nueve
5. dieciséis
6. setenta y ocho
7. diecisiete
8. quince
9. sesenta y dos
10. noventa y siete
11. ochenta y cuatro
12. trece

Ejercicio No. 39B
5. cuatro más nueve son trece
6. siete por ocho son cincuenta y seis
7. ocho por tres son veinticuatro
8. ochenta dividido por veinte son cuatro
9. Diecinueve menos ocho son once
10. dieciséis menos tres son trece
11. ocho más siete son quince
12. cincuenta dividido por diez son cinco

Ejercicio No. 39C
1. treinta
2. doce
3. siete
4. veinticuatro
5. sesenta
6. sesenta
7. setenta y cinco
8. treinta y seis
9. treinta y cinco
10. dieciséis

Ejercicio No. 39D
1. quiero
2. puedo
3. pensamos
4. piensa Ud.
5. quiere
6. quiere
7. Quieren Uds.
8. pueden
9. Puedes tú
10. piensan
11. vale
12. cuento
13. tú cuentas
14. cuenta

Ejercicio No. 40
1. Sí, son importantes.
2. Sí, son tan importantes como los nombres.
3. Necesitamos números.
4. Piensa en comprar y vender.
5. No valen mucho sin dinero.
6. No es posible comprar y vender sin dinero.
7. Sí, vende y compra.
8. Sí, es comprador y vendedor.
9. El Sr. Adams adelanta día por día.
10. diez, veinte, treinta, cuarenta, cincuenta, ciento

CAPÍTULO 14

Ejercicio No. 41

1. es decir
2. ¿Cuántas veces...?
3. boletos y comidas
4. maletas, tamaños, distancias
5. El sistema monetario
6. Digamos que cada
7. centavos
8. Por supuesto, de cambio
9. noventa
10. próxima, este

Ejercicio No. 41A

1. cuatrocientos
2. trescientos cincuenta
3. quinientos veinticinco
4. ochocientos sesenta
5. seiscientos veintisiete
6. cuatrocientos noventa
7. quinientos sesenta
8. setecientos ochenta
9. doscientos
10. novecientos setenta

Ejercicio No. 41C

1. Sé los números.
2. ¿Sabe Ud. dónde vive?
3. Sabemos qué desea.
4. No damos el dinero.
5. ¿Dan los boletos?
6. ¿Qué da Juan?
7. Ella no sabe la respuesta.
8. No damos nuestros libros.
9. ¿Sabes las preguntas?
10. No saben quién vive aquí.

Ejercicio No. 42

1. (40) cuarenta pesos
2. (750) setecientos cincuenta pesos
3. (50) cincuenta pesos
4. (40) cuarenta pesos
5. (270) doscientos setenta pesos
6. Sí, es millonario.
7. $2800 (dos mil ochocientos pesos)
8. No sé.
9. Sí, lo sé.
10. Vamos a continuar este tema en nuestra próxima conversación.

CAPÍTULO 15

Ejercicio No. 43A

1. nuestros
2. su
3. sus
4. mis
5. su
6. su
7. Nuestro
8. tu
9. Mis
10. Nuestra

Ejercicio No. 43B

1. diez, veintidós
2. veinte, cuarenta y cuatro
3. treinta, sesenta y seis
4. cuarenta, ochenta y ocho
5. cincuenta, ciento diez
6. dieciséis, diez
7. treinta y dos, veinte
8. cuarenta y ocho, treinta
9. sesenta y cuatro, cuarenta
10. ochenta, cincuenta

Ejercicio No. 43C

1. digo
2. hago
3. salgo
4. tengo
5. decimos
6. no ponemos
7. hacen
8. ponen
9. ¿hace Ud.?
10. ¿salen Uds.?
11. ¿dicen Uds.?
12. haces
13. ¿pone Ud.?
14. pongo
15. vale

Ejercicio No. 43D

1. sino
2. sino
3. pero
4. sino
5. pero

Ejercicio No. 44

1. Cenamos en el restaurante.
2. Damos al mesero diez por ciento.
3. La propina es un peso sesenta y cinco centavos.
4. Hago pesar mi maleta en la estación del ferrocarril.
5. Pesa treinta kilos. Sesenta y seis libras.
6. Se usan kilómetros.
7. El Sr. Adams sabe cambiar kilómetros en millas.
8. Compra un sarape, dos chales, tres cestas y cuatro cinturones.
9. El tema es "la hora".
10. Usa el refrán "Más vale tarde que nunca".

CAPÍTULO 16

Ejercicio No. 45

1. la película
2. la función
3. otras preguntas
4. la taquilla (boletería, Mex.)
5. la estación de ferrocarril
6. pide información
7. un boleto de ida y vuelta
8. sale el tren
9. a las nueve de la noche
10. Muchas gracias
11. De nada
12. hago el papel

Ejercicio No. 46A

1. a las cinco y media de la tarde
2. a las ocho y cuarto de la noche
3. a las diez menos cinco de la mañana
4. a las once menos diez de la mañana
5. a las dos y veinte de la tarde
6. a las cinco menos veinte de la tarde
7. a las siete y diez de la tarde
8. a las siete menos diez de la tarde
9. a las ocho menos cuarto de la tarde
10. al mediodía

Ejercicio No. 46B

1. pido
2. comenzamos
3. repiten
4. pide
5. comienzo
6. ¿Empieza Ud.?
7. pides
8. piden Uds.
9. repite
10. comienza

Ejercicio No. 46C

1. Quiero un boleto de ida y vuelta.
2. Pide información.
3. ¿Cuándo sale el tren para Oaxaca?
4. ¿Sabe Ud. cuándo llega el tren de Puebla?
5. Llega a las cinco y media de la tarde.
6. ¿A qué hora comienza la primera función?
7. Comienza a las tres y veinte de la tarde.
8. ¿Repiten la función?
9. Sí, repiten la función dos veces.
10. Aquí tiene Ud. los boletos.

Ejercicio No. 47

1. Todo el mundo quiere saber— ¿Qué hora es?
2. El Sr. Adams hace el papel de viajero.
3. El Sr. López hace el papel de boletero.
4. Quiere comprar un boleto de ida y vuelta.
5. Cuesta noventa y cinco pesos.
6. El Sr. López hace el papel de boletero de un cine.
7. El Sr. Adams pide información.
8. Tiene tres funciones.
9. Compra dos boletos para la tercera función.
10. Paga seis pesos.

CAPÍTULO 17

REPASO 3 CAPÍTULOS 12-16

Ejercicio No. 48

1. Sí, pienso...	5. Sí, salgo...	9. Sí, le doy...
2. Sí, quiero...	6. Sí, cuento...	10. Sí, sé contar...
3. Sí, puedo...	7. Sí, digo...	
4. Sí, pongo...	8. Sí, continúo...	

Ejercicio No. 49

1. No, no repetimos...	6. No, no creemos...
2. No, no hacemos...	7. No, no traemos...
3. No, no pedimos...	8. No, no tomamos...
4. No, no tenemos...	9. No, no necesitamos...
5. No, no venimos...	10. No, no tenemos...

Ejercicio No. 50

1. (b)	3. (h)	5. (i)	7. (e)	9. (f)
2. (d)	4. (a)	6. (c)	8. (j)	10. (g)

Ejercicio No. 51

1. ¿Cuánto cuesta?, tiene que saber.
2. pide información. ¿A qué hora?, a las siete y media.
3. tiene hambre, una bebida, paga la cuenta, de cambio, una propina, es decir

Ejercicio No. 52

1. esta	4. esos	7. aquella	10. esas
2. estos	5. este	8. esos	11. aquel
3. ese	6. esa	9. estas	12. aquellas

Ejercicio No. 53

1. (e)	3. (a)	5. (b)	7. (d)	9. (c)
2. (f)	4. (g)	6. (h)	8. (j)	10. (i)

Ejercicio No. 54–Reading Selection 1

The Family of Mr. Adams Comes to Visit His Office

It is the first time that the Adams family comes to visit Mr. Adams's office. Mrs. Adams and her four children enter a very large building and go up to the tenth floor on the elevator. Annie, the younger daughter who is only five years old, is very curious and asks her mother many questions about the office.

When they arrive in the office the father gets up and says: "I am very happy to see you all here. What a pleasant surprise!"

The children admire the objects that they see in the office—the computer, the FAX machine, the Mexican magazines, the many colored posters. All are very happy.

Philip, the older boy, looks out of the high window. Below he sees the automobiles that pass through the street. From the tenth floor they seem very small.

After the visit the whole family goes to a restaurant that is not far from the office. They eat with gusto, especially the boys, because they are very hungry.

Ejercicio No. 55–Reading Selection 2

A Modern Fable

Annie, the youngest of Mr. Adams's children, likes jokes very much. Mr. Lopez has written one for her. Its title is "The Fable of the Automobile and the Donkey":

An automobile is passing along the road and sees a donkey. The poor donkey is carrying a big, heavy load of wood.

The automobile stops and says to the donkey: "Good morning. You are walking very slowly. Do you not want to run fast like me?"

"Yes, yes sir! But tell me how is it possible?"

"It is not difficult," says the automobile. "In my tank there is much gasoline. You have to drink a little."

Then the donkey drinks the gasoline. Now he does not walk slowly. He does not run fast. He does not go to the market. He stretches out in the road. He has a stomachache.

Poor donkey! He is not very intelligent, is he? He does not know that gasoline is good for an automobile, but is not at all good for a donkey.

Annie doesn't like the modern fable and comments at the end: "What a silly joke, Mr. Lopez!"

CAPÍTULO 18

Ejercicio No. 56A
1. los	3. lo	5. le	7. la	9. las
2. lo	4. la	6. las	8. los	10. le

Ejercicio No. 56B
1. El camarero la trae.
2. Los niños lo comen.
3. Los pongo en la mesa.
4. Las digo al estudiante.
5. ¿Por qué no lo saluda Ud.?
6. ¿La visitas?

Ejercicio No. 56C
1. Lo veo a Ud., Sr. Adams
2. ¿Me ve Ud.?
3. ¿Quién nos ve?
4. El maestro los ve a Uds., muchachos.
5. Vemos la casa. La vemos.
6. Tomo el plato. Lo tomo.
7. Ella escribe los verbos. Los escribe.
8. Tenemos las sillas. Las tenemos.
9. Las espero a Uds., señoras.
10. Los esperamos a Uds., señores.

Ejercicio No. 57
1. El Sr. Adams sabe pedir información.
2. Prefieren el teatro.
3. Prefieren las farsas detectivescas.
4. Claro está, las conocen.
5. Vive en los suburbios.
6. Está a unas ocho cuadras de su casa.
7. Prefieren las filas catorce o quince.
8. Sí, es posible ver y oír bien.
9. Piden ayuda al acomodador.
10. Vienen temprano.

CAPÍTULO 19

Ejercicio No. 58
1. No saben nada
2. pueden
3. en memoria de, patria
4. más importantes
5. desde, hasta
6. nombres, fechas
7. desde el punto de vista
8. significan
9. cura, iniciador
10. Estos sucesos
11. caminar, cuyos
12. recordar

Ejercicio No. 59A
1. de Ud.	4. mi	7. ellos, ellos	10. él
2. nosotros	5. conmigo	8. usted	
3. ellas	6. contigo	9. ella	

Ejercicio No. 59B
1. ¿Dónde está su libro (el libro de ella)?
2. ¿Dónde está su libro (el libro de él)?
3. ¿Dónde están sus libros (los libros de ella)?
4. ¿Dónde están sus libros (los libros de él)?
5. ¿Dónde están sus padres, muchachos (los padres de Uds.)?
6. ¿Dónde está su casa (la casa de Ud.), Sr. Adams?
7. ¿Dónde están sus sillas (las sillas de ellos, or ellas)?
8. ¿Dónde está su cuarto (el cuarto de ellos, or ellas)?

Ejercicio No. 60
1. El 16 de septiembre es la fecha del Día de la Independencia de México.
2. El cura Hidalgo fue el inciador de la revolución de 1810.
3. El cura Hidalgo es el George Washington de México.
4. El cinco de mayo es el aniversario de la victoria contra los franceses.
5. Benito Juárez es el Abraham Lincoln de México.
6. Fue presidente de México desde 1857 hasta 1872.
7. El 20 de noviembre se celebra el comienzo de la revolución contra Díaz.
8. Francisco I. Madero fue uno de los líderes.
9. Las avenidas Juárez y Francisco I. Madero están nombradas en memoria de dos grandes héroes.
10. El 5 de febrero es la fecha del Día de la Constitución.
11. Sí, le interesan mucho.
12. Va a caminar por las calles cuyos nombres son fechas.
13. Va a recordar las palabras de su maestro y amigo.
14. El 4 de julio es la fecha del aniversario del Día de la Independencia de los Estados Unidos.

CAPÍTULO 20

Ejercicio No. 61
1. cuyos, recuerdan
2. los acontecimientos más notables
3. más conocidos
4. más famosos
5. más importantes del mundo
6. De veras, puede educarse bien y barato
7. A propósito, acerca de, Occidental
8. recibir
9. más grande
10. más pequeño
11. el más grande y el más largo
12. más alto
13. más altos
14. altos, no lejos de
15. Ud. tiene razón

Ejercicio No. 62
1. tan alto como	7. más, que	13. peor
2. mejor	8. más, que	14. tan, como
3. más, que	9. más alta	15. de
4. mejor	10. peor	16. menor
5. tan, como	11. mayor	
6. más	12. más modernos	

Ejercicio No. 63

1. El Amazonas es el río más largo de Sudamérica.
2. Londres es una de las ciudades más grandes del mundo.
3. El Aconcagua es el pico más alto de Sudamérica.
4. México, D.F. es más grande que Nueva York.
5. Madrid no es tan grande como Nueva York.
6. Nueva York no es tan antigua como Madrid.
7. San Agustín es más antigua.
8. Chicago tiene uno de los edificios más altos del mundo.
9. El Salvador es el país más pequeño de Centroamérica.
10. a. El Sr. García es el menor.
    b. El Sr. Torres es el mayor.
    c. Sí, el Sr. Rivera es mayor que el Sr. García.
    d. El Sr. García es el más rico.
    e. El Sr. Torres es el menos rico.
    f. El Sr. Torres no es tan rico como el Sr. García.

CAPÍTULO 21

Ejercicio No. 64

1. preguntarle a qué hora
2. a las seis y media
3. madrugador, madrugadora
4. temprano
5. estoy listo para salir
6. Leo, lo respondo
7. un sandwich con café y algún postre
8. Muchas veces, a visitarme
9. a las cinco en punto
10. Las costumbres

Ejercicio No. 65A

1. At what time do you go to bed? I go to bed at 11 P.M.
2. At what time do you get up? I get up at 7 A.M.
3. Do you wash (yourself) before dressing (yourself)?
   Yes, I wash (myself) before dressing (myself).
4. Where can you be found at noon?
   I can be found in my office.
5. When do you go from here? I go from here tomorrow.
6. Do you get sick when you eat too many sweets?
   Yes, I get sick.
7. In what row do you sit in the movies?
   We sit in the fourteenth or fifteenth row.
8. Do you remember our conversations?
   Yes, we remember them.

Ejercicio No. 65B

1. se	3. se, se	5. me	7. se	9. nos
2. se	4. se	6. se	8. se	10. me

Ejercicio No. 66

1. Se levanta a las seis y media.
2. Se lava y se viste.
3. Se viste en treinta minutos.
4. A eso de las siete se sienta a la mesa.
5. Se levanta temprano.
6. Se desayunan juntos.
7. Toma jugo de naranja, café, panecillos y huevos.
8. Toma panqueques en vez de huevos.
9. A las siete y media está listo para salir.
10. Va en coche a la estación.
11. A eso de las nueve llega a su oficina.
12. Lo toma casi siempre a la una.
13. Toma un sandwich con café y algún postre.
14. Muchas veces vienen clientes a visitarle.
15. Termina el trabajo a las cinco en punto.

CAPÍTULO 22

REPASO 4 CAPÍTULOS 18–21

Ejercicio No. 67

1. (i)	3. (j)	5. (b)	7. (h)	9. (g)
2. (e)	4. (d)	6. (c)	8. (a)	10. (f)

Ejercicio No. 68

1. Sí, los invito de vez en cuando.
2. No, no lo prefiero.
3. Sí, las conocen bien.
4. Sí, los esperamos a Uds.
5. Las pone en la mesa.
6. No, no lo busca a Ud. señor.
7. Me levanto a las ocho.
8. Sí, nos lavamos antes de comer.
9. Se sientan en la fila quince.
10. Mi padre se llama...

Ejercicio No. 69

1. más grande del mundo	6. el primer día
2. más grande que	7. el 30 de enero de 2003
3. mayor que	8. conmigo
4. tan alto como	9. sin mí
5. la menor de	10. oigo, la recuerdo

Ejercicio No. 70

1. se dan la mano	6. de vez en cuando
2. Tenemos que estudiar	7. dar un paseo
3. Me acuesto	8. Ud. debe de estar
4. hace muchas preguntas	9. otra vez
5. Por eso	10. a las siete y media de la mañana

Ejercicio No. 71–Reading Selection

A Visit to the Puerto Rican District of New York
It is Saturday. Mr. Adams gets up at 8 o'clock and looks out of the window. The sky is blue. It is very sunny. He says to his wife: "Today we are going to visit the Puerto Rican district which is near Central Park."

"That's fine," says Mrs. Adams.

At nine o'clock they get into their auto and after one hour of riding they arrive at 116th Street. They get out of the auto and begin to walk through the street. In a little while they see a group of Puerto Rican boys who are standing near a shop and are talking very fast in Spanish.

Mr. Adams greets the boys and begins to chat with one of them. The conversation follows:

"Hello, young man! Are you a Puerto Rican?"

"No sir, I am a North American, but I know how to speak Spanish well. I have many Puerto Rican friends and they are my teachers. At home I have a Spanish book and every afternoon I study a little. By the way, are you Spanish?"

"No, young man, I am a North American and like you I am studying Spanish. I like the language very much. It seems that in New York there are many people who are studying Spanish. So long, friend."

"So long, sir," says the boy and in a few minutes he disappears among his group of friends who continue talking in Spanish.

—¡Qué muchacho tan simpático!—says Mr. Adams to his wife. And then he translates the sentence because his wife does not understand Spanish:

"What a nice boy!"

CAPÍTULO 23

Ejercicio No. 72
1. ¡Qué tiempo tan lluvioso!
2. Pase, pase, mojado
3. Déme
4. Ponga
5. pescar un catarro (resfriado)
6. Venga conmigo
7. Tome
8. Permítame
9. Mientras toman
10. Sigue lloviendo

Ejercicio No. 73A
1. Póngala
2. No la abra
3. Repítalas
4. No lo deje
5. Tráigalos
6. No lo tomen
7. Salúdenlos
8. Cómprenlos
9. Invítelo
10. Háganlo

Ejercicio No. 73B
1. escribo, I write, escriba Ud., escriban Uds., Write, escríbe (tú)
2. leo, I read, lea Ud., lean Uds., Read, lee (tú)
3. tengo, I have, tenga Ud., tengan Uds., Have, ten (tú)
4. veo, I see, vea Ud., vean Uds., See, ve (tú)
5. pregunto, I ask, pregunte Ud., pregunten Uds., ask, pregunta (tú)
6. recibo, I receive, reciba Ud., reciban Uds., receive, recibe (tú)
7. repito, I repeat, repita Ud., repitan Uds., repeat, repite (tú)
8. voy, I go, vaya Ud., vayan Uds., go, ve (tú)
9. doy, I give, dé Ud., den Uds., give, da (tú)
10. soy, I am, sea Ud., sean Uds., be, sé (tú)

Ejercicio No. 74
1. Hace mal tiempo.
2. La señora Adams abre la puerta.
3. Lo pone en el paragüero.
4. Llueve pero no hace frío.
5. Pasan al comedor.
6. Toman té con ron.
7. Pone en la mesa dos tazas y platillos, una tetera, un azucarero y unas cucharitas.
8. Sale del comedor.
9. El Sr. Adams le sirve al Sr. López.
10. Echa té con ron en las tazas.

CAPÍTULO 24

Ejercicio No. 75
1. Está lloviendo
2. están charlando y tomando
3. hace calor, hace frío
4. prefiere Ud.
5. Dígame
6. Acabamos de hablar
7. Al atravesar: se sube
8. se elevan
9. más alta de México
10. La mitad, tórrida

Ejercicio No. 76A
1. Estamos estudiándolas.
2. Carlos está escribiéndola.
3. ¿Estás leyéndolo?
4. La señora Adams está poniéndola.
5. Los señores están tomándolo.
6. Juan y yo estamos contándolo.
7. ¿Están comprándolos Uds.?
8. No estoy leyéndolas.
9. ¿Quién está escribiéndolas?
10. Están vendiéndolos.

Ejercicio No. 76B
1. No, no estoy leyéndola.
2. No, no estoy esperándola.

3. No, no estoy esperándolo.
4. No, no está mirándolas.
5. No, no está comiéndola.
6. No, no estamos aprendiéndolos.

Ejercicio No. 76C

1. Estamos estudiando	7. ¿Está tomando Ud.?
2. Está poniendo	8. Estás hablando
3. Estamos abriendo	9. No estoy escribiendo
4. ¿Está leyendo Ud.?	10. ¿Está trabajando María?
5. Está trayendo	11. Está buscando
6. ¿Quién está esperando?	12. Están enseñando

Ejercicio No. 77

1. Están hablando del clima.
2. Hace buen tiempo.
3. No se pone verde en el invierno.
4. Ve el gran panorama de sierras y picos altos.
5. Está situada en la Mesa Central.
6. Su altura varía desde cuatro mil (4000) hasta ocho mil (8000) pies.
7. El Pico de Orizaba es la cima más alta de México.
8. Las montañas determinan en gran parte el clima.
9. La mitad de México está situada en la zona tórrida.
10. En la zona tórrida hace mucho calor.

CAPÍTULO 25

Ejercicio No. 78

1. seguimos charlando	6. Nunca, excepto
2. en el mes de junio	7. Tenga cuidado con
3. a la misma hora	8. quedarse, sin
4. Por lo tanto	9. acordarme
5. Vale la pena	10. Al hacer, a olvidar

Ejercicio No. 79

1. nada	6. nadie	11. Nadie
2. Nada	7. nunca	12. ningún
3. Nunca	8. nunca	13. nada
4. Tampoco	9. Tampoco	14. nada
5. Nadie	10. ni, ni	

Ejercicio No. 80

1. Son la estación de lluvias y la estación seca.
2. La estación de lluvias comienza en el mes de junio.
3. Termina en el mes de septiembre.
4. Suele llover a eso de las cuatro de la tarde.
5. Nunca hace frío en la ciudad.
6. Porque a veces hace fresco por la noche.

CAPÍTULO 26

Ejercicio No. 81

1. se siente un poco débil
2. un dolor de cabeza, dolor de muelas, dolor de estómago
3. Se dice
4. ¿Qué se puede hacer...?
5. Descanse, Camine despacio.
6. ¿Qué me aconseja Ud....?
7. Tiene cuidado

8. se venden	12. Les gusta
9. parecen	13. debe
10. se parece	14. Comemos, No vivimos
11. qué clase de carne	15. a olvidar

Ejercicio No. 82A

1. Se puede	8. Conoce Ud.
2. Cómo se dice	9. No los conozco.
3. se venden	10. Sabe Ud.
4. Se ven	11. me voy
5. Se dice	12. Sabemos
6. se habla español	13. se parece
7. Se comen	

Ejercicio No. 82B

1. (i)	5. (a)	9. (d)	13. (j)
2. (m)	6. (c)	10. (n)	14. (p)
3. (f)	7. (b)	11. (g)	15. (l)
4. (k)	8. (e)	12. (h)	16. (o)

Ejercicio No. 83

1. México DF está a una altura de 7500 pies.
2. Los mangos y las papayas.
3. Las naranjas, los plátanos, las peras y los melones.
4. Se venden en los mercados.
5. Es mejor tomar frutas ordinarias.
6. Es la tortilla.
7. Se hacen de maíz.
8. Se usa la tortilla para hacer tacos y enchiladas.
9. Comen un dulce, flan o frutas.
10. Porque el estómago norteamericano no se acostumbra rápidamente a la comida picante de México.
11. Porque el sol tropical es muy fuerte.
12. No se va a olvidar del impermeable.
13. Van a platicar de los efectos de la altura.

CAPÍTULO 27

REPASO 5 CAPÍTULOS 23–26

Ejercicio No. 84

1. (b)	4. (k)	7. (i)	10. (d)
2. (a)	5. (j)	8. (l)	11. (c)
3. (g)	6. (h)	9. (e)	

Ejercicio No. 85

1. tengo frío.
2. tengo calor.
3. hace buen tiempo.
4. llueve mucho.
5. hace fresco.
6. hace frío.
7. llevo impermeable.
8. llevo abrigo.
9. hay polvo.
10. todas las estaciones.

Ejercicio No. 86

1. (d)	3. (a)	5. (c)	7. (e)	9. (g)
2. (f)	4. (b)	6. (h)	8. (j)	10. (i)

Ejercicio No. 87

1. La abro.
2. Los cuento.
3. La como.
4. La pongo.
5. Las repito.
6. Los dejamos.
7. Las tomamos.
8. Las aprendemos.
9. Lo escribimos.
10. Lo leemos.

Ejercicio No. 88

1. lloviendo
2. echando
3. pidiendo
4. leyendo
5. pensando
6. trayendo
7. escribiendo
8. contando
9. poniendo
10. haciendo

Ejercicio No. 89–Reading Selection

Philip Does Not Like to Study Arithmetic

One day upon returning from school Philip says to his mother:

"I don't like to study arithmetic. It is so difficult. Why do we need so many excercises and problems nowadays. Isn't it true that we have calculators?"

Mrs. Adams looks at her son and says: "You are wrong, son. It is not possible to get along without numbers. For example, one must always change money, calculate distances, and..."

The mother stops speaking on seeing that Philip is not paying attention to what she is saying.

"By the way," continues the mother with a smile, "does not baseball interest you either, my son?"

"I should say so, mama."

"Well, if the Dodgers have won eighty games and have lost thirty, do you know what percentage of the games they have won?"

On hearing this, Philip opens his mouth and exclaims:

"You are right, mother. Numbers and mathematics are very important. I think I'm going to study much more."

CAPÍTULO 28

Ejercicio No. 90

1. hacerle
2. acerca del pueblo
3. Aquí tiene Ud., Continúe
4. Quiénes
5. hoy día
6. hermosa y cosmopolita
7. A causa de la variedad, una variedad
8. el producto más importante
9. artistas y artesanos
10. se ocupan
11. Se ocupan
12. cestas y artículos de cuero
13. Acabo de recibir
14. Volvemos a platicar
15. Que la pase bien.

Ejercicio No. 91B

1. ¿Cuándo vuelven a casa?
2. Vuelven a casa a las diez de la noche.
3. Los alumnos vuelven a escribir los ejercicios.
4. Vuelvo a leer la guía de viajero.
5. Acabamos de recibir un envío de mercancía.
6. Acabo de hablar sobre el clima.
7. Ella acaba de volver de la joyería.
8. Acaban de comprar aretes de plata.
9. ¿Acaba de venir Ud. del cine?
10. Acabamos el trabajo.

Ejercicio No. 92

1. El Sr. Adams va a hacer algunas preguntas.
2. La primera pregunta es—¿Quiénes son los mexicanos?
3. Son descendientes de los indios indígenas y de los españoles, conquistadores de México.
4. México tiene 59 millones de personas más o menos.
5. El Sr. Adams acaba de recibir un envío de mercancías.
6. Viven en el campo.
7. El maíz es el producto más importante.
8. Se ocupan de las artes populares.
9. Para hacer artículos artísticos se usa cuero, cobre, hojalata, plata, etc.

CAPÍTULO 29

Ejercicio No. 93

1. a ver
2. Entretanto, las artes populares
3. de uso diario
4. El vestido típico, pintoresco
5. faldas largas
6. un traje blanco

7. El sombrero de paja
8. un artículo de ropa
9. Me gustan
10. de lana o de algodón
11. sirve para todo
12. Por supuesto, cestas de varios tamaños
13. Tenemos que hablar
14. ¿Le parece bien el martes?
15. Me parece bien.

Ejercicio No. 94A

1. Visto	5. se visten	9. llevan
2. Me visto	6. lleva Ud.	10. Llevamos
3. Visten de	7. Llevo	
4. Vestimos	8. llevan	

Ejercicio No. 94B

1. Este, ése	4. Esta, ésa	7. eso
2. Estos, ésos	5. Aquella, ésta	8. esto, eso
3. Esas, éstas	6. éste	9. Eso

Ejercicio No. 95

1. El Sr. Adams acaba de recibir una caja de mercancía de México.
2. Los hombres llevan sarape.
3. Son de Oaxaca.
4. Son de Toluca.
5. Llevan fajas.
6. Dibujos de pájaros y de animalitos adornan la bolsa.
7. El rebozo (la chal) sirve de manta y cuna del nene.
8. Llevan máscaras.
9. Sabe muy poco de las fiestas.
10. Dice—Que Ud. lo pase bien.

CAPÍTULO 30

Ejercicio No. 96

1. en algún pueblo u otro
2. se celebran
3. Por supuesto
4. cantando canciones y pidiendo «posada».
5. pasan un buen rato
6. cubierta de papel
7. trata de romperla
8. a romperla
9. Ud. debe ver
10. El Día de los Difuntos
11. Los panaderos venden
12. Se pueden comprar
13. mercados
14. Los compradores, hecha por
15. El 16 de septiembre, Grito de Dolores

Ejercicio No. 97A

1. primer	5. gran, grande	9. buenos
2. tercer	6. tercera	10. Algún
3. bien	7. mal	
4. bueno	8. primero	

Ejercicio No. 97B

1. Cantan	5. Estoy preparando	9. cogen
2. Celebramos	6. Usa Ud.	10. llevan (traen)
3. Visitan	7. contiene	
4. dura	8. trata	

Ejercicio No. 98

1. Está titulada—Los días de fiesta.
2. Hay fiestas nacionales y fiestas dedicadas a varios santos.
3. Se celebran con bailes, cohetes, juegos y dramas.
4. Dura diez días.
5. Grupos de personas van de casa en casa.
6. Piden «posada».
7. La pasan bien , cantando, bailando y rompiendo la piñata.
8. Es una olla cubierto de papel de colores vivos.
9. Contiene dulces y juguetes.
10. Un niño con los ojos vendados trata de romperla.
11. Recogen los dulces.
12. Los reciben de los Reyes Magos.
13. Debe ver la fiesta de la Semana Santa en Tzintzuntzán.
14. Los habitantes del pueblo lo interpretan.
15. Es el 16 de septiembre, el Día de la Independencia.

CAPÍTULO 31

Ejercicio No. 99

1. Estoy leyendo
2. Viajaré
3. Visitaré
4. Veré
5. Pasaré
6. Estoy seguro
7. un clima de primavera
8. bonitos, llenos de flores
9. muchos árboles, hermosas vistas
10. el pueblo de los plateros
11. Iré
12. fuera de los grandes centros
13. No deje de ver, con callejones tortuosos
14. una cantidad de cosas interesantes
15. Tengo ganas

Ejercicio No. 100A

1. We shall visit Taxco.
2. I shall spend a week there.
3. I shall be glad to see the murals.
4. Who will travel to Mexico?
5. They will not work hard.
6. Will you study the lesson?
7. Will you have coffee?
8. Philip will not write the letter.
9. I shall not be cold.
10. He will not come here.
11. We shall leave at 8 o'clock.
12. I shall play this role with enthusiasm.
13. They will want to eat.
14. She will put it on the table.
15. I shall not be able to go there.

Ejercicio No. 100B

1. Compraré una corbata.
2. Costará cinco pesos.
3. Iré al campo.
4. Mi hermano irá conmigo.
5. Volveré a las nueve de la noche.
6. Veré a mi amigo Guillermo.
7. Saldré a las ocho de la mañana.
8. Cenaremos a las siete.
9. Visitaremos a nuestros amigos.
10. Estudiaremos nuestras lecciones de español.

Ejercicio No. 100C

1. Aprenderé
2. Escribirá
3. Irán
4. Comeremos
5. Hablará
6. ¿Trabajará Ud.?
7. ¿Verá Juan?
8. ¿Quién visitará?
9. No viajaré
10. ¿Estudiarán?
11. Haré
12. Vendrá
13. Ud. pondrá
14. No querrán
15. ¿Saldrá Ud.?
16. Tendré
17. Estarán aquí.
18. Irán Uds.?

Ejercicio No. 101

1. ¿Se titula—¿Qué lugares quiere Ud. visitar, Sr. Adams?
2. El Sr. Adams va a salir pronto.
3. Está leyendo guías de viajero.
4. Viajará por avión.
5. Usará el centro de la ciudad.
6. Está cerca de la Alameda.
7. Verá las pinturas murales.
8. Pasará un día en el parque de Chapultepec.
9. Verá la gran pirámide del Sol y la de la Luna.
10. Se dice que son tan imponentes como las de Egipto.
11. Tal vez irá a una corrida de toros.
12. Cuernavaca tiene un clima de primavera.
13. Taxco es el pueblo de los plateros.
14. Le interesa más la gente del campo.
15. El Sr. López tiene ganas de acompañar al Sr. Adams.

CAPÍTULO 32

REPASO 6 CAPÍTULOS 28–31

Ejercicio No. 102

1. (c) 3. (a) 5. (d) 7. (i) 9. (f) 11. (l)
2. (e) 4. (g) 6. (h) 8. (j) 10. (b) 12. (k)

Ejercicio No. 103

1. los pantalones
2. el sombrero
3. el traje
4. la corbata
5. la faja
6. los zapatos
7. los guantes
8. las camisas
9. los vestidos
10. el abrigo

Ejercicio No. 104

1. (c) 2. (e) 3. (b) 4. (f) 5. (d) 6. (a)

Ejercicio No. 105

1. El panadero, la panadería
2. El platero, platería
3. El zapatero, zapatería
4. El sastre, sastrería
5. vendedor
6. comprador
7. boca
8. oídos
9. ojos
10. cara, la nariz, los labios

Ejercicio No. 106–Reading Selection

Mrs. Adams' Birthday

It is March 22, the birthday of Mrs. Adams. Today she is 35 years old. In order to celebrate this day the Adams family is going to dine in a fine restaurant on 52nd Street in New York City.

When they enter the restaurant they see a beautiful basket full of red roses in the center of the table reserved for the Adamses. Naturally Mrs. Adams is very surprised and gives her dear husband a thousand thanks and kisses.

After a delicious meal, Annie, the younger daughter, says in a low voice to her brothers and sister: "Now!" And each one of the four children takes out from under the table a pretty little box. They are gifts for the mother.

Annie gives her a silk handkerchief; Rosie, a cotton blouse; William, a pair of gloves; and Philip, a woolen shawl.

CAPÍTULO 33

Ejercicio No. 107

1. a leerle
2. Me gustará mucho
3. de informarle

4. lo he apreciado
5. Tenga la bondad de, más conveniente
6. muy ocupado
7. Por eso, de antemano
8. de verlo a Ud.
9. le mostrará a Ud.
10. en entenderme
11. No hay ninguna
12. titulado, me ayuda
13. darle a Ud. mis agradecimientos más sinceros
14. Ud. es muy amable.
15. ¿Me hará Ud. el favor...?

Ejercicio No. 108A
1. Will you give him the oranges?
2. Take my shoes to the shoe repairer's.
3. Kindly read us the letter.
4. As soon as possible I shall write her a letter.
5. Will you teach me the new words?
6. We are not able to send you the money.
7. Who will read the story to us?
8. Tell me: What is Mary doing in the kitchen?
9. I shall not like the bullfight.
10. Does that date seem all right to you?
11. It suits me.
12. These things don't matter to me.

Ejercicio No. 108B
1. le
2. Nos
3. Le
4. Me
5. Les
6. Dígame
7. les
8. les
9. Me
10. comprándoles
11. Le
12. trayéndole
13. Tráiganos
14. Me
15. Nos

Ejercicio No. 109
1. Están sentados en la sala del Sr. Adams.
2. Tiene en la mano una copia de la carta a su agente.
3. Va a leerle al Sr. López la carta.
4. Le gustará mucho al Sr. López oírla.
5. La fecha es el 4 de mayo de 2004.
6. Escribe la carta al Sr. Rufino Carrillo.
7. Usa el saludo—Muy señor mío:
8. El Sr. Adams irá de viaje a México.
9. Saldrá de Nueva York el 31 de mayo.
10. Llegará al aeropuerto de México D.F. a las siete menos cuarto de la tarde.
11. Se quedará en la capital dos meses.
12. Hará viajes a lugares de interés en México.
13. Irá a Guatemala y tal vez a Colombia.
14. Ha apreciado los servicios del Sr. Carrillo.
15. Desea conocer al Sr. Carrillo personalmente.

CAPÍTULO 34
Ejercicio No. 110
1. una carta en la mano
2. Estoy muy agradecido
3. de informarme
4. Tendré el gran placer
5. platicaré
6. felicitarlos
7. Entiendo bien, ¿Cómo no?
8. sin duda alguna, simpático
9. Perdóneme, orgulloso
10. por sí mismo, muy simpáticos
11. Estoy seguro, podré
12. Lo mejor es
13. Lo peor es
14. Nos
15. algunos últimos consejos

Ejercicio No. 111A
1. Cuánto tiempo
2. Hace seis meses
3. Hace diez años
4. Hace cuarenta y cinco minutos
5. Hace tres días
6. lo conozco
7. viven en esta casa
8. están en el cine
9. está en este país
10. estoy aquí

Ejercicio No. 111B
1. No los pongan Uds...
2. No les escriba Ud...
3. No los traigan...
4. No me diga...
5. No le mande...
6. No me lleve...
7. No me dé...
8. No me compre...
9. No les lean...
10. No le venda...

Ejercicio No. 111C
1. Sí, lo visitaré. No, no lo visitaré.
2. Sí, la escribiré. No, no la escribiré.
3. Sí, lo compraré. No, no lo compraré.
4. Sí, los traeré. No, no los traeré.
5. Sí, lo tomaré. No, no lo tomaré.
6. Sí, los pediremos. No, no los pediremos.
7. Sí, la venderemos. No, no la venderemos.
8. Sí, las querremos. No, no las querremos.
9. Sí, los seguiremos. No, no los seguiremos.
10. Sí, las repetiremos. No, no las repetiremos.

Ejercicio No. 112
1. Acaba de recibir una carta de su agente en México.
2. Estará en la capital durante los meses de junio y julio.
3. Esperará al Sr. Adams en el aeropuerto.
4. Conversará con él en español.
5. Quiere felicitar al Sr. Adams y a su maestro.
6. Entiende bien que el Sr. Adams usará muchos modismos mexicanos.
7. El Sr. López está orgulloso de su pueblo.
8. Verá que el Sr. Carrillo está muy simpático como tantos mexicanos.
9. Será el martes que viene.
10. Se verán en la oficina del Sr. Adams.

CAPÍTULO 35
Ejercicio No. 113
1. Me alegro de
2. Tengo ganas
3. Por lo menos, darme
4. Eso de la cortesía
5. Quiere decir, es digno
6. Les gusta, acerca de
7. conocerse el uno al otro
8. Como le he dicho
9. Se dice, Espero que sí
10. de estar de prisa
11. Ha leído Ud.
12. En cuanto a mí
13. He gozado
14. despedirnos
15. Se dan las manos.

Ejercicio No. 114A
1. We have had a good trip.
2. The pitchers have fallen on the floor.
3. They have said nothing.
4. What has Paul done with the money?
5. No one has opened the doors.
6. We have not read those newspapers.
7. Have you been at the movies?
8. Has the child been sick?
9. I have never believed that story.
10. What have they said?

Ejercicio No. 114B
1. He notado
2. Ha dicho
3. No han leído
4. Han sido
5. Hemos estado
6. No he trabajado
7. ¿Ha enseñado Ud.?
8. ¿Quién no ha escrito?
9. ¿Qué han hecho Uds.?
10. Has abierto
11. ¿Qué ha dicho Juan?
12. Ha tomado
13. No he creído
14. Hemos oído
15. ¿Han oído Uds.?

Ejercicio No. 114C
1. El Sr. García venderá...	El Sr. García ha vendido...
2. Trabajaré...	He trabajado...
3. Escribiremos...	Hemos escrito
4. Leerán...	Han leído...
5. ¿Cenará Ud...?	¿Ha cenado Ud.?
6. Tú no aprenderás...	Tú no has aprendido...
7. ¿Buscará el niño...?	¿Ha buscado el niño...?
8. ¿Comprarán Uds...?	¿Han comprado Uds...?
9. Saldré...	He salido...
10. Entrarán...	Han entrado...

Ejercicio No. 115
1. Se encuentran en la oficina del Sr. Adams.
2. Hace calor.
3. Se oye el ruido de la calle.
4. El Sr. Adams se alegra de irse de la ciudad.
5. El Sr. López tiene ganas de acompañarlo.
6. Desgraciadamente, no es posible.
7. Sí, es más formal.
8. Quiere decir que cada hombre es digno de respeto.
9. Ha notado que entre los negociantes hay más formalidad en México que en los E.E.U.U.
10. El Sr. Adams está cansado de estar de prisa.
11. El Sr. Adams ha leído libros sobre México.
12. El Sr. López los ha recomendado.
13. Pasará el verano en Nueva York.
14. Pensará a menudo en su maestro.
15. Sí, le escribirá cartas.

CAPÍTULO 36
Ejercicio No. 116
1. Hace cinco meses
2. ha conseguido
3. Desde luego
4. Al fin
5. a acompañarlo
6. no es solamente, sino también
7. está lista
8. ha hecho dos maletas
9. suben al automóvil
10. Se pone en marcha, a eso de
11. de su equipaje, libras
12. tiene que
13. se despide de
14. A las once en punto
15. El Sr. Adams está en camino.

Ejercicio No. 117A
1. We are beginning the lesson.
2. We have begun the exercise.
3. I do not remember him.
4. I have remembered her.
5. Are they sitting down?
6. Have they sat down?
7. Are you repeating the words?
8. Have you repeated the words?
9. The maid is setting the table.
10. The maid has not set the table.
11. The table is set.
12. She is serving the coffee.
13. She has served the tea.
14. What fruits do you prefer?
15. What fruits have you preferred?
16. The children are going to bed.

Ejercicio No. 117B
1. abierta
2. cerrada
3. despiertos
4. puesta
5. vendida
6. vestidos
7. sentados
8. escritas
9. terminado
10. hecho

Ejercicio No. 117C

1. Duermo
2. Está durmiendo
3. Duermen
4. ¿Duerme Ud.?
5. Me despido
6. Se despiden
7. No nos despedimos
8. He dormido
9. ¿Ha dormido Ud.?
10. No hemos dormido
11. Me he despedido
12. No se han despedido
13. ¿Se han despedido Uds.?
14. Duerma Ud.
15. No duerman Uds.

Ejercicio No. 118

1. Hace cinco meses que el Sr. Adams estudia español.
2. Han pasado muchas horas en conversación con su maestro.
3. Ha aprendido la gramática necesaria.
4. Ha trabajado mucho.
5. Ahora habla español bastante bien.
6. Ha conseguido los boletos para el vuelo.
7. Ha obtenido el certificado de vacuna.
8. Ha escrito a su agente.
9. Su agente le ha prometido recibirlo en el aeropuerto.
10. Están despiertos a las cinco de la mañana.
11. Sale a las ocho menos cuarto de la mañana.
12. Cada pasajero tiene que mostrar su boleto.
13. No, la familia no va a acompañarlo.
14. Tienen que terminar el año escolar.
15. La señora tiene que quedarse en casa para cuidar a los niños.

CAPÍTULO 37

REPASO 7 CAPÍTULOS 33–36

Ejercicio No. 119

1. (f)	3. (e)	5. (d)	7. (g)	9. (i)
2. (c)	4. (a)	6. (b)	8. (h)	10. (j)

Ejercicio No. 120

1. Discúlpeme (c)
2. Hay que (f)
3. hace algún tiempo (i)
4. Tienen la intención de (a)
5. A menudo (b)
6. estoy de prisa (d)
7. se quedará en casa (g)
8. Por lo menos (e)
9. En cuanto a mí (j)
10. bastante bien (h)

Ejercicio No. 121

1. (d)	3. (g)	5. (a)	7. (b)	9. (c)
2. (e)	4. (f)	6. (h)	8. (j)	10. (i)

Ejercicio No. 122

1. Me gusta la carta.
2. Les gusta a ellos viajar
3. Nos gustan los aviones
4. ¿Le gustan a Ud. las pinturas?
5. A él no le gustan los tomates.
6. A ella no le gusta esta moda.
7. ¿Les gusta a Uds. bailar?
8. ¿No te gusta jugar?
9. Nos parece bien.
10. No me importa

Ejercicio No. 123

1. cantado	5. hecho	9. leído
2. vuelto	6. abierto	10. despedido
3. llegado	7. recibido	
4. puesto	8. dicho	

Ejercicio No. 124

1. sentadas	5. hechos	9. acabado
2. cubierta	6. escritas	10. abierto
3. abierta	7. puesta	
4. cerrados	8. escrito	

Ejercicio No. 125

1. Sí, la he comprado
2. Sí, la he abierto
3. No, no lo he oído
4. No, no lo he conseguido.
5. Sí, los he ayudado
6. Sí, los hemos visto
7. Sí, los hemos vendido
8. No, no lo hemos completado
9. No, no las hemos escrito
10. Sí, la hemos leído

Ejercicio No. 126–Reading Selection

An Extraordinary Program in the Movies

This afternoon Mr. Adams and his wife are going to the movies. Mr. Adams does not like most of the Hollywood films, especially those in which the American cowboys fire shots at each other. Neither do the detective pictures interest him.

But on this afternoon an extraordinary program is being shown in a theater which is about four blocks from his house. The film is called: "A Trip Through Mexico." It's a film about the country which our friend Adams is going to visit within a few months and which deals with its history, geography, rivers, mountains, cities, etc., that is to say a film which ought to interest tourists very much.

The Adamses enter the theater at 8:30. Almost all the seats are occupied and therefore they have to sit in the third row. Mr. Adams does not like this, because the movements on the screen hurt his eyes. Fortunately, they are able to change seats after fifteen minutes, and move to the thirteenth row.

The Adamses enjoy this picture very much and also learn a great deal about the customs of Mexico.

On leaving the theater Mr. Adams says to his wife: "Do you know, Charlotte, I believe that I shall get along very well in Mexico. I have understood almost all the words of the actors and actresses in this film."

CAPÍTULO 38

Ejercicio No. 127
1. la sala de espera
2. De repente
3. Discúlpeme
4. Mucho gusto en conocerlo.
5. El gusto es mío
6. un libre
7. López está muy equivocado
8. ¿Quién sabe qué más?
9. ¡No tengo prisa!
10. Ni yo tampoco
11. da a la plaza
12. Quinientos pesos al día.

Ejercicio No. 128A

1. entré	2. comí	3. salí
entraste	comiste	Saliste
entró	comió	Salió
entramos	comimos	Salimos
entrasteis	comisteis	Salisteis
entraron	comieron	salieron

4. vi	5. me senté
viste	te sentaste
Vio	se sentó
vimos	nos sentamos
visteis	os sentasteis
vieron	se sentaron

Ejercicio No. 128B
1. Who forgot the tickets?
2. Yesterday we received the letters.
3. The man bought a new suit.
4. Last night we did not hear the bell.
5. Did the train arrive on time?
6. They looked for the baggage.
7. The child fell in front of the house.
8. They left the airport in a taxi.
9. Where did Mr. Adams wait for his friend?
10. How much did the raincoat cost?

Ejercicio No. 128C
1. No, no compré...
2. No , no volvimos...
3. No, no escribí...
4. No, no llegamos...
5. No, no salí...
6. No, no pasé...
7. No, no oímos...
8. No, no vendí ...
9. No, no dejamos...
10. No, no trabajamos...

Ejercicio No. 128D
1. salí
2. llegamos
3. examinaron
4. oyó
5. Ud. respondió
6. no pregunté
7. llamó
8. Uds. desearon
9. salimos
10. paró
11. no olvidé
12. gritó
13. creyeron
14. vendimos
15. volvieron Uds.
16. leyó

Ejercicio No. 129
1. Los aduaneros mexicanos lo revisaron.
2. Un señor guapo se acercó á él.
3. Dijo—Discúlpeme ¿Es Ud. el Sr. Adams?
4. Contestó—a sus órdenes.
5. Pasó a una velocidad espantosa.
6. Deseó decir—¡Por favor, más despacio!
7. Olvidó el español.
8. Vio camiones, autos y tranvías.
9. Gritó—¡No tengo prisa!
10. Le contestó—Yo tampoco.
11. Llegaron al hotel sanos y salvos.
12. Buenas tardes. Tiene Ud. un cuarto con baño?

CAPÍTULO 39

Ejercicio No. 130
1. me llamó por teléfono
2. a tomar la merienda
3. El día siguiente
4. Me acerqué
5. me invitó a entrar
6. vino a saludarme
7. Ud. está en su casa
8. según la costumbre mexicana
9. Me parece
10. muchas casas semejantes
11. Admiré
12. Me presentó
13. hacerse médico
14. Sintió
15. Nos despedimos, a casa

Ejercicio No. 131A
1. The maid served us "tea."
2. Why did you not wish to invite me?
3. Last night we returned late from the theater.
4. I wanted to telephone you.
5. What did you do after the meal?
6. They said—"We are not in a hurry."
7. I repeated all the answers.
8. My friend did not come on time. I was sorry.
9. They asked for information at the information office.
10. They wanted to buy airplane tickets.

Ejercicio No. 131B
1. Le dije—Pase Ud.
2. Mi hermano hizo un viaje al Perú.
3. Vine a casa a las siete.
4. Se vistieron de falda de algodón.
5. Quiso hacerse médico.
6. Sirvió una taza de chocolate.

7. Pidió información.

8. Quisimos ver la nueva película.

9. El año pasado hicimos un viaje a México.

10. Dijimos—Hasta la vista.

Ejercicio No. 131C

1. quise	6. quisieron	11. ¿Qué dijo?
2. no dije	7. repetí	12. ¿Qué dijeron Uds.?
3. hizo	8. hicimos	13. no quisimos
4. vinieron	9. dijeron	14. no vine
5. sirvió	10. hicieron	15. lo sintieron

Ejercicio No. 132

1. El Sr. Carrillo lo llamó por teléfono.

2. Llegó a su casa a las cinco de la tarde.

3. Una criada le abrió la puerta.

4. El Sr. Carrillo vino a saludarlo.

5. El patio lleno de árboles y flores le encantó.

6. Admiró la fuente de piedra en el centro del patio.

7. Los dos hijos del Sr. Carrillo son serios e inteligentes.

8. Asisten a una escuela secundaria.

9. Quiere hacerse médico.

10. Tienen que volver a su cuarto.

11. Platicaron de la vida en México, de las costumbres y del arte.

12. Sí, vale la pena ir allá.

13. El Sr. Adams quiso ir allá.

14. El Sr. Adams y el Sr. Carrillo se despidieron.

15. Volvió a su hotel.

CAPÍTULO 40

Ejercicio No. 133

1. ¡Qué hermoso!

2. ancha y espaciosa

3. Parece

4. se puede cruzar, del mundo

5. se puede caminar, de las ciudades más grandes

6. Ayer

7. nos encontramos

8. quieren decir algo pequeño

9. No veo más que

10. al rey Carlos IV (Cuarto) de España

11. Ud. conoce bien

12. He leído algo

13. Vi

14. casi enteramente de cristal

15. Pude entender

Ejercicio No. 134A

1. At Christmas I gave gifts to all the children.

2. I did not have the opportunity to know you personally.

3. We were not able to pay the whole bill.

4. This house was constructed in the 16th century.

5. On Sunday we took a walk in Chapultepec Park.

6. I was able to converse with him in his language.

7. He had no difficulty in understanding me.

8. She did not wish to rest much.

9. Mr. Adams's family could not accompany him.

10. I put my new hat on my head.

Ejercicio No. 134B

1. Tuve que estudiar...	6. Fuimos al...
2. El Sr. Adams estuvo...	7. Vinieron...
3. Los árboles se pusieron...	8. No dije nada.
4. El dio...	9. Uds. no hicieron nada.
5. Fui un estudiante...	10. ¿Quisieron Uds...?

Ejercicio No. 134C

1. tuve	5. puso	9. Uds. estuvieron
2. Ud. pudo	6. quisimos	10. nos encontramos
3. fueron	7. dieron	
4. dijo	8. fui	

Ejercicio No. 135

1. Se titula "El Paseo de la Reforma."

2. Es muy ancho.

3. Tuvo que pensar en su conversación con el Sr. López sobre las calles de México.

4. Al norte del Paseo se puede cruzar algunos de los grandes «ríos» del mundo.

5. Al sur del Paseo se puede caminar por algunas de las «ciudades» más grandes de Europa.

6. Fue domingo.

7. Se encontraron cerca del «Caballito».

8. Quieren decir—algo pequeño.

9. Representa a Carlos IV (Cuarto).

10. Es muy grande.

11. Conoce bien los otros monumentos históricos de México.

12. El Sr. Adams leyó algo sobre él.

13. La defendió contra los españoles.

14. El edificio del Seguro Social es casi enteramente de cristal.

15. Está no lejos del Parque de Chapultepec.

CAPÍTULO 41

Ejercicio No. 136

1. La semana pasada	6. por una calle de puestos
2. Vi, que	7. Vi, de siete u ocho años
3. lleno de gente	8. Como los demás vendedores
4. del campo	9. flores, cestas y ropa
5. perderse	10. Entre los puestos

11. a divertirse
12. la plática de las mujeres
13. sobre la vida del campo
14. recordaba
15. un día muy divertido

Ejercicio No. 137A
1. It was raining buckets when we took leave of the young men.
2. I was thinking of you when I was riding in an automobile through the streets whose names are dates.
3. The tourists and vendors were bargaining and all seemed to be enjoying themselves greatly.
4. I was approaching the door when I met Mr. Carrillo's sons.
5. While we were speaking about the folk arts, Mrs. Carrillo was reading a newspaper.
6. It was very hot when we returned to the United States.
7. When the car was starting, a policeman approached.
8. The airplanes were coming and going at all hours.
9. We were tired but we did not want to rest.
10. It was already 4:30 P.M., and we were in a hurry.

Ejercicio No. 137B
1. yo comía
2. estudiábamos
3. estaba
4. Uds. se despedían
5. se paseaban
6. gritaban
7. bajaba
8. hablábamos
9. iban
10. pasábamos

Ejercicio No. 137C
1. caminaba
2. iba
3. dijo
4. jugaban
5. cantaron
6. veíamos
7. corrían
8. Ud perdió
9. vivieron
10. leyó
11. empezó
12. llamaban
13. Uds. no entraron
14. ¿estaba Ud.?
15. eramos
16. oyeron

Ejercicio No. 138
1. Pasaba por las montañas.
2. Era viernes.
3. La gente vino del campo.
4. Sí, había gente de la ciudad también.
5. Porque sabía pedir información en español.
6. Vio a un muchacho.
7. El muchacho se parecía a un viejecito.
8. Llevaba un sombrero de ala ancha.
9. Arreglaba su mercancía.
10. Veía el sentido estético de los vendedores.
11. Una mujer.
12. Cebollas y chiles.
13. Mientras iba a casa.

CAPÍTULO 42

Ejercicio No. 139
1. antes de mi salida, No tenga prisa.
2. No he olvidado
3. No descanso
4. tanto que descubrir
5. ayer, al mediodía
6. se venden
7. No pude
8. Volví a visitar
9. Todavía no
10. Me gustan mucho, pintores

Ejercicio No. 140A
1. mío
2. suyos
3. mías, suya
4. míos, suyos
5. mías, suyas
6. míos, suyos
7. mías, suyas
8. suya
9. suyos
10. nuestros

Ejercicio No. 140B

1. Salía...	I was leaving...
Salí...	I left...
2. Entrábamos...	We were entering...
Entramos...	We entered...
3. Veíamos...	We were seeing...
Vimos...	We saw...
4. Uds. no olvidaban...	You were not forgetting...
Uds. no olvidaron...	You did not forget...
5. El chófer me respondía...	The driver was answering me...
El chófer me respondió...	The driver answered me....
6. Ellos no aprendían...	They were not learning....
Ellos no aprendieron...	They did not learn....
7. Estaba...	I was...
Estuve...	I was...
8. Los jóvenes iban...	The young men were going...
Los jóvenes fueron...	The young men went...

Ejercicio No. 141
1. No ha olvidado los consejos del Sr. López.
2. Hay tanto que ver, tanto que oír, etc.
3. Descansaba en la Alameda.
4. Veía las tiendas en la Avenida Juárez.
5. Las ha visitado muchas veces.
6. No podía resistir la tentación de volver a visitar las tiendas.
7. Nunca se cansa de mirarlas.
8. Volvió a visitar el Palacio de Bellas Artes.
9. No ha asistido a ningún concierto.
10. Le gusta mucho mirarlas.

CAPÍTULO 43

REPASO 8 CAPÍTULOS 38-42

Ejercicio No. 142

1. la comida	7. viajar	13. la respuesta
2. la dificultad	8. secundario	14. la llegada
3. hablador	9. la ventanilla	15. fácilmente
4. la plática	10. el camino	16. el campesino
5. divertido	11. la pintura	
6. el caballito	12. la pregunta	

Ejercicio No. 143

1. he (she) was able, poder
2. I wanted, querer
3. they put, poner
4. I saw, ver
5. they read, leer
6. you said, decir
7. we had, tener
8. I gave, dar
9. he was (went), ser, ir
10. he (she) asked, pedir
11. You did (made) hacer
12. I came, venir
13. he, she made (did), hacer
14. you (fam. sing.) had tener
15. I found out, saber

Ejercicio No. 144

1.(e)	3. (b)	5. (h)	7. (d)	9. (a)
2. (c)	4. (g)	6. (i)	8. (f)	

Ejercicio No. 145

1. recibí, Yesterday I received a package.
2. quedaré, I shall remain at home.
3. fuimos, We did not go to the movies.
4. hacen, Now they are packing the suitcases.
5. escuchan, The teacher speaks and the students listen.
6. saldrán, Will you leave the city the day after tomorrow?
7. Vio, Did you see him the day before yesterday?
8. Viajaré, Next year I shall travel to Europe.
9. podemos, We are not able to hear him.
10. llegué, I arrived last week.

Ejercicio No. 146–Reading Selection 1

A Visit to Xochimilco

On one occasion Mr. Adams took the sons of Mr. Carrillo on an excursion to the town of Xochimilco with its interesting canals. The town is not very far from the capital and our friend arrived without difficulty. On arriving at the town he had a very bright idea. He proposed a lunch in the open air. The boys accepted the project with enthusiasm.

Adams entered a grocery store, bought some tortillas and cheese. Then he bought some cakes and sweet rolls in the bakery. Finally he bought some oranges and some tomatoes at a vegetable stand.

There remained the problem of cold drinks. Now one of the two boys had a bright idea. "Why not buy some bottles of seltzer. Along the canal there are many vendors of cold drinks."

"Wonderful idea," Mr. Adams commented.

They rented a canoe adorned with thousands of carnations. After riding two hours exploring the canals they got out of the canoe in a very quiet spot. Mr. Adams distributed the tortillas and the cheese, which they ate with the tomatoes. They had as dessert the delicious oranges. It was a wonderful lunch and the boys were enchanted. They will not forget this experience for many years.

Ejercicio No. 147–Reading Selection 2

On Juarez Avenue

Finally we walk through Juarez Avenue. It is a wide avenue in the center of the Federal District. It is on one side of the Alameda, a very beautiful park with high trees, fountains, and monuments.

There are many people on Juarez Avenue. All the tourists come there. In the shops are sold all kinds of things typical of Mexico—jewelry, textiles, leather goods, pottery, and various kinds of handmade clothing.

Naturally we are going to visit the National Museum of Folk Arts & Industries. There one can see various articles from all parts of the country.

We walk through this avenue until we arrive at the "Caballito," the statue of Charles IV, on the Plaza de la Reforma. There the avenue ends.

CAPÍTULO 44

Ejercicio No. 148

1. Every town has a plaza/square.
2. Everybody goes to the plaza/square for rest, business, recreation—for everything.
3. Big trees grow on some plazas/squares.
4. In others one sees nothing but dry leaves from some poor little tree.
5. The bandstand is in the center of the plaza.
6. The musicians play Sunday afternoon, Thursday night, or any hour, any day.
7. Six kinds of shops in the arcades are stationery shops, pharmacies, haberdashers, jewelry shops, and bookshops.
8. They get together in the cafe to chat or read the newspapers.
9. They drink a cup of coffee, chocolate, a beer, or soda.
10. One sees an old church in the main plaza and perhaps the hotel of the town.

11. During the siesta hours some people rest on the benches, others sleep.
12. The life of the plaza begins again about 4 o'clock.
13. On Sunday afternoons everybody gets together on the plaza for the "promenade."
14. The boys walk in one direction and the girls in the opposite direction.
15. At night one sees some travelers who come from the market.

Ejercicio No. 149

1. El corazón de cada pueblo
2. mientras estaba sentado
3. Se ve nada más
4. puede ser
5. el domingo por la tarde
6. donde se encuentran
7. se reúnen, por la tarde
8. una iglesia antigua
9. Más tarde, con sus niños pequeños

Ejercicio No. 150A

1. Duermo
2. No estoy durmiendo
3. ¿Quién duerme?
4. Dormimos
5. ¿Duerme Ud.?
6. Duerma Ud.
7. No duerman Uds.
8. Duerme
9. La niña no está durmiendo
10. ¿Quiénes duermen?
11. Duermen
12. está durmiendo

Ejercicio No. 150B

1. que
2. cuyo
3. que
4. de que
5. que
6. lo que
7. todo lo que
8. que
9. de quienes
10. quien

CAPÍTULO 45

Ejercicio No. 151—Test of Reading Comprehension

1. He wanted to take an auto trip to Teotihuacan.
2. He invited the sons of Mr. Carrillo to go with him.
3. They met in front of Mr. Adams's hotel.
4. Mr. Adams had rented a car.
5. They saw nothing but some small adobe houses or an Indian with his donkey.
6. They saw in the distance the plain of the Central Plateau and the mountains.
7. They had a flat tire.
8. They could not find a jack in the trunk.
9. It was noon.
10. A truck driver stopped, loaned them a jack, and helped them change the tire.
11. He thanked him and offered him ten pesos.
12. He climbed up slowly, but was nevertheless out of breath.
13. The boys ran up.

14. Mr. López knows these ruins, the Pyramid of the Moon and the Temple of Quetzalcoatl, better than Mr. Adams.
15. They felt tired but happy.

Ejercicio No. 152

1. conmigo en coche
2. Los jóvenes aceptaron, con alegría
3. Nos encontramos
4. Saqué
5. Lo había alquilado
6. charlando y riendo
7. de vez en cuando
8. No vimos más que
9. De repente
10. ¿Qué pasó?
11. cambiar la llanta, no había gato
12. a pesar de, paró
13. Nos hace falta un gato
14. y nos ayudó a cambiar la llanta
15. Nos dimos la mano y nos despedimos.

Ejercicio No. 153A

1. habíamos, We had seen the movie.
2. había, Had you read many books?
3. había, Who had opened the window?
4. habían, The children had not slept during the night.
5. había, I had not believed the story.
6. habíamos, We had flown over the mountains.
7. habían, They had gone to the theater.
8. Había, Had you had a good trip?
9. habían, You had said nothing.
10. Habías, Had you eaten the sweets, Johnny?

Ejercicio No. 153B

1. Él había comprado...
2. Yo había visto..
3. Habíamos comido...
4. ¿Habían recibido...?
5. ¿Había puesto Ud...?
6. Uds. no habían oído...
7. No habías dormido...
8. se había sentado...
9. Habían tenido...
10. No habíamos dicho...
11. ¿Qué había pasado?
12. No habían hallado...
13. no habían cambiado...
14. se había acercado...

CAPÍTULO 46

Ejercicio No. 154—Test of Reading Comprehension

1. He had never been a gambler.
2. He had noted that everybody was buying lottery tickets.
3. He was thinking of the possibility of winning one of the lesser prizes or perhaps the first prize.
4. He would take trips to all the countries of South America.
5. He would visit again his friends in Mexico.

6. He would buy art objects for his house.
7. He bought a ticket from the woman vendor on the corner of Madero Avenue.
8. Next day he was reading the winning numbers in the newspaper.
9. He saw a number with three zeros.
10. He thought he had won a prize of 200,000 pesos.
11. He was taking trips with his whole family through all the countries of South America.
12. Mr. Adams had the number 25000.
13. The number 26000 won the prize.
14. ¿Qué importa? What does it matter.
15. From that moment I was a gambler.

Ejercicio No. 155
1. llegué, todo el mundo
2. en todas las esquinas
3. el gordo
4. volver a visitar
5. toda la familia
6. soñaba
7. con los tres ceros
8. qué querían decir los tres ceros
9. Los números que ganaron
10. Busqué
11. Al fin, en un bolsillo
12. había, no había

Ejercicio No. 156A
1. Iríamos...   We would go...
2. Juan vendería...   John would sell...
3. No sacarían...   They would not win...
4. Ud. encontraría...   You would meet...
5. Leería...   I would read...
6. ¿Llevaría Ud.?   Would you take?
7. ¿Les gustarían?   Would you like?
8. Saldría....   I would leave...
9. No podríamos...   We would not be able...
10. No dirían...   They would say nothing...

Ejercicio No. 156B
1. yo aprendería   6. ¿trabajaría Ud.?   11. yo haría
2. él escribiría   7. ¿vería Juan?   12. él vendría
3. irían   8. ¿Quién visitaría?   13. no querrían
4. comeríamos   9. yo no viajaría   14. ¿saldría Ud.?
5. ella hablaría   10. ¿estudiarían?   15. Uds. pondrían

CAPÍTULO 47

Ejercicio No. 157—Test of Reading Comprehension
1. Do you want to go to a bullfight?
2. They arrived one hour before the beginning of the bullfight.

3. Mr. Carrillo had bought tickets for seats in the shade.
4. The bullfight fans sit in the sun seats (bleachers).
5. The bullring reminded Mr. Adams of our football or baseball stadiums.
6. Mr. Adams heard the shouts of the refreshment vendors and the cries and laughter of the spectators.
7. A procession of men in brilliant costumes passed through the arena.
8. The bull came out.
9. Mr. Adams liked the music: the brilliant costumes, the shouts and the laughter, and the cheerful sunlight.
10. He does not try to describe the bullfight because Mr. Lopez knows this sport well.
11. He doesn't like it.
12. He pities the poor horses, the poor bull, and often the poor bullfighter.
13. He must confess that he is not and never will be a bullfight fan.
14. He agrees that one may say about football: "the poor players."
15. He prefers a more peaceful sport, chess.

Ejercicio No. 158
1. Estábamos por salir
2. un rato, Pues, posiblemente
3. acepté
4. Faltaba una hora
5. había comprado
6. Al fin, nos sentamos
7. estadio de fútbol o béisbol
8. los gritos y las risas
9. hombres en trajes relucientes
10. Se fueron, salió
11. un deporte muy emocionante
12. tengo que confesarle
13. No pienso
14. Estoy de acuerdo, los pobres jugadores
15. Prefiero

Ejercicio No. 159B
I
1. The children bring them to me.
2. The students send them to us.
3. They don't sell them to us.
4. I give it to you, son.
II.
1. Carlos me lo da.
2. Ana nos los presta.
3. El maestro nos lo dice.
4. Te la damos, niño.

Ejercicio No. 159C
I.
1. We say it to you.
2. We bring it to you (pl.)
3. We give them to him.
4. We send them (f.) to them.
II.
1. Juan se lo dice a Ud.
2. María se la escribe a él.
3. El maestro se los da a Uds.
4. Se las mandamos a ella.

Ejercicio No. 159D

I.

1. Tell it to me.	3. Lend them to me.
2. Give it to us.	4. Send them to him.

II.

1. Préstemelos.	3. Dígasela a él.
2. Mándenoslo.	4. Déselos a ella.

CAPÍTULO 48

Ejercicio No. 160—Test of Reading Comprehension

1. He had read various interesting books about its history and customs.
2. He was able to describe a little of what he had seen and learned.
3. The people interest him most.
4. Four qualities are affection, generous hospitality, humor, and their philosophy in face of difficulties.
5. He finds life in Mexico more tranquil.
6. He has gotten a different impression in the taxi which brought him to his hotel at fearful speed.
7. He preferred to get a better knowledge of Mexico.
8. He will take his whole family with him.
9. He is sure there will be no difficulties.
10. He leaves for New York August 1.
11. He will be glad to telephone Mr. Lopez and invite him to supper as soon as possible.
12. They will spend much of the night speaking of their beloved Mexico.

Ejercicio No. 161A

1. I shall read.	11. I liked your letter.
2. I had read.	12. I shall like your letter.
3. I have read.	13. They finish.
4. We have visited.	14. They finished.
5. We had visited.	15. They have finished.
6. We shall visit.	16. They have much to tell me.
7. I can describe it.	17. They will have.
8. I was able to describe it.	18. They had.
9. I shall be able.	19. We shall return home.
10. I like your letter.	20. We returned.

Ejercicio No. 161

1. sabe	6. Sé
2. Conocemos, no sabemos	7. Ud. sabe, Ud. puede
3. No puedo	8. Ud. conoce
4. conocer	9. conocerlo
5. se conocen	10. no pueden

Ejercicio No. 161C

1. ¿Ha aprendido Ud. mucho sobre México?
2. Sí, he estado allí y he leído muchos libros.
3. ¿Sabe Ud. hablar español?
4. Sí, lo hablo bastante bien.
5. ¿Recuerda Ud. los lugares de que hemos hablado?
6. Los recuerdo bien.
7. ¿Puede Ud. describirlos en español?
8. Sí, puedo describirlos.
9. ¿Qué le gustó más a Ud. en México
10. Me gustó más el pueblo.
11. ¿Es más tranquila la vida de México que la de Nueva York?
12. De veras, es más tranquila.
13. ¿Hay mucho que ver en México.
14. Hay mucho que ver, mucho que oír, mucho que hacer y mucho que aprender.
15. Mi viaje se acabó (se terminó).

CAPÍTULO 49

REPASO 9 CAPÍTULOS 44–48

Ejercicio No. 162

1. Who will ask for information in the railroad station?
2. Paul had already eaten lunch when I saw him.
3. Would you want to take a trip to all the countries of Europe?
4. I know that man, but I do not know where he lives.
5. We were writing our letters when the teacher entered the living room.
6. Take these papers and put them on my desk.
7. We have bought the newspapers and we have read them.
8. When I arrived in Mexico, I noted that everybody was buying lottery tickets.
9. Buy this ticket and you will have luck.
10. I was not able to describe to them everything I had seen.
11. I came to Mexico and they received me with affection.
12. William was speaking all afternoon while I was saying nothing.
13. I did not like the bullfight and therefore I shall not attend another one.
14. The tortilla resembles our pancakes.
15. The parents were working while the children were sleeping.
16. We were in the market when it began to rain.
17. It was 8:30 in the morning and still the children were sleeping.
18. They will not come here because they will not have time.
19. Children, won't you play in the yard?
20. My uncle traveled through all the countries of South America.

21. Mr. Adams liked spicy foods, but he remembered the advice of his teacher and would not eat them.
22. I wanted the toys but Charles would not give them to me.
23. If I find plates with designs of little animals I shall send them to you.
24. He asked for change of a bill of 1000 pesos and the cashier gave it to him.
25. You have Mary's hat. Return it to her.

Ejercicio No. 163

1. es un comerciante de Nueva York.
2. un viaje a México para visitar
3. conocerlo mejor.
4. aprendió a hablar español
5. había leido muchos libros
6. a su amigo y maestro, el Sr. López
7. los lugares de interés histórico
8. el Sr. Adams encontró la vida de México más tranquila que la de Nueva York
9. en el libre (taxí) que lo llevó a su hotel
10. la velocidad espantosa del libre (taxí)
11. pronto terminó sus negocios
12. no pudo visitar ni Colombia ni Guatemala
13. tanto que ver, tanto que oír, tanto que hacer, tanto que aprender.
14. volverá a México
15. toda la familia
16. No ha sacado el gordo, bastante dinero
17. la última carta del Sr. Adams
18. Sin duda, cenar con su familia

Ejercicio No. 164—Reading Selection 1
The Pyramids of Teotihuacan

One sees in the outskirts of Mexico, D.F., the remains of various highly developed and somewhat mysterious cultures—the cultures of the Indian races who lived in Mexico ten centuries ago.

In the valley of Teotihuacan are found some enormous pyramids, monuments of a scarcely known culture, the culture of the Toltecs. They used to live in the valley before the Aztecs. What we know of them exists neither in the history books nor in the legends but in solid stone.

The Pyramid of the Sun dominates the valley. It is 216 feet high and is larger than any pyramid of Egypt. One can climb to the summit by a broad and very steep stairway.

Further to the north, through the Avenue of the Dead, is the Pyramid of the Moon and to the south one sees the Temple of Quetzalcoatl, the Plumed Serpent, God of the Aztecs. This pyramid is decorated with very interesting sculptures.

The people who live nowadays in the valley of Teotihuacan are descendants of the Aztecs. The Toltecs, architects of the pyramids, disappeared a long time ago. We only know that they were an imaginative people with a very advanced aesthetic sense.

Ejercicio No. 165—Reading Selection 2
In Zócalo

We are in Zócalo. It is the principal plaza of Mexico, D.F. We walk to the north toward the cathedral. It is from the 16th century. To the right is the National Palace; it is also old, from the 17th century. To the left is the Arcade of the Merchants. There we see a block of stands and vendors of cheap merchandise. Beyond the arcade is the pawnshop, and behind us to the south are the Municipal Palace and the Palace of Justice. The latter is a modern building. The former is from the 18th century. On all sides we see big buildings and a lot of people.

Hemos terminado. Fue un placer estudiar contigo.

El placer fue mío. Tenías razón, el español es fácil.